VALIDACIÓN

CAROLINE FLECK

VALIDACIÓN

Descubre la herramienta psicológica que mejorará tus relaciones, aumentará tu influencia y cambiará tu vida

Traducción de Remedios Diéguez Diéguez

PAIDÓS Divulgación

Obra editada en colaboración con Editorial Planeta - España

Título original: *Validation*

Bajo el sello editorial PAIDÓS M.R.
Avenida Presidente Masaryk núm. 111,
Piso 2, Polanco V Sección, Miguel Hidalgo
C.P. 11560, Ciudad de México
www.planetadelibros.com.mx
www.paidos.com.mx

Primera edición impresa en España: junio de 2025
ISBN: 978-84-493-4403-9

Primera edición impresa en México: abril de 2026
ISBN: 978-607-639-204-1

Impreso en los talleres de Corporación en Servicios Integrales de Asesoría Profesional, S.A. de C.V.,
Calle E #6, Parque Industrial Puebla 2000,
C.P. 72225, Puebla, Pue.
Impreso en México - *Printed in Mexico*

A Havana:
«When you came into the world,
you cried and it broke my heart»
[Cuando llegaste al mundo,
tu llanto me rompió el corazón]

SUMARIO

Tercera parte
Y AHORA LLEGAN LOS CAMBIOS

NOTA DE LA AUTORA

La palabra *paciente* implica un grado de pasividad que no concuerda con la relación de colaboración que intento fomentar en mi consulta. Por eso, como muchos terapeutas antes que yo, me refiero a las personas a las que trato como *clientes*. Además, he utilizado seudónimos para los clientes que menciono en este libro, así que, si conoces a alguna Dev que encaja con la descripción de la cliente del capítulo 2, no es ella.

INTRODUCCIÓN

Siempre he sido una persona sensible. Cuando era más joven, ese rasgo parecía una bendición. La gente acudía a mí. Tengo vagos recuerdos de infancia en los que diferentes personas me confiaban sus inseguridades y sus secretos más profundos como si se hablasen a sí mismas ante un espejo. Y no solo eran niños, sino también adultos. Recuerdo que iba a tercer curso cuando la madre de mi amiga Jenny me contó que su marido tenía una aventura. Estaba en su casa esperando a que Jenny volviese del ensayo de baile para bajar a su sótano y jugar a que el suelo era de lava y, casi sin darme cuenta, me encontraba agachada junto a su madre, en el suelo, intentando ignorar los dos litros de Pepsi que había derramado por accidente. Los detalles sobre su matrimonio en crisis parecían brotar de ella, casi incontrolablemente, entre gemidos profundos. No recuerdo ni una palabra de lo que me dijo; supongo que apenas entendí nada. Sin embargo, nunca olvidé la expresión de su cara: los ojos desorbitados y las mejillas cubiertas de lágrimas y saliva. Me estaba describiendo algo de lo que yo no sabía nada, pero aun así intenté conectar con ella.

—Es horrible —dije, mientras el refresco se acumulaba a mis pies—. Es como nacer y morir al mismo tiempo.

Tenía nueve años, ¿qué sabía yo de divorcios o de volver a empezar? Aunque no tenía la menor idea de lo que estaba hablando, me pareció que la madre de Jenny se sintió identificada con mis palabras.

No siempre conseguía decir o hacer lo correcto en momentos como aquel. No recuerdo haber empeorado nunca la situación, pero en muchas ocasiones no supe intuir lo que los demás sentían o necesitaban. Sin embargo, cuando conseguía conectar, la experiencia era electrizante. Me sentía valiosa, útil y compasiva.

Por desgracia, mi sensibilidad se convirtió con los años en algo más parecido a una maldición. En lugar de atraer a la gente hacia mí, empezó a tener el efecto contrario: me distanciaba de los demás. Parecía que las cosas me dolían más que al resto y, en mi adolescencia, tardaba mucho más que mis amigas en recuperarme de las heridas emocionales propias de esa etapa. Empecé a sentirme sola y vulnerable. El nombre técnico de lo que experimenté es síndrome de la reina Elsa de Arendelle. Es broma; era un trastorno depresivo mayor. Me lo diagnosticaron a los dieciséis años y pasé más de una década luchando contra los síntomas debilitantes. Me mostré introvertida y reservada durante gran parte de ese tiempo. Sin embargo, de vez en cuando intentaba redescubrir las conexiones mágicas que buscaba de pequeña. Y de vez en cuando me recompensaban con la exquisita experiencia de conectar con alguien como si fuera yo misma.

Esos momentos de conexión me ofrecían un breve alivio temporal del sufrimiento que había acabado por definirme. La otra vía de escape que encontré fueron los libros y el estudio. En mi etapa de estudiante pasé muchas noches resguardada en las salas de estudio de la biblioteca tras una fortaleza de artículos y documentos que parecían protegerme de mí misma. En el último año decidí hacer un doctorado en psicología clínica, sabiendo que me proporcionaría muchos años más de tareas en las que esconderme. Además, esperaba poder aprender algún día a canalizar mi sensibilidad para ayudar más a otras personas y sufrir menos yo misma. La fuerza de mis emociones era evidente; lo que deseaba era aprender a aprovecharla. Y llegó un momento en que aprendí a hacerlo.

No me atrevería a decir que nunca olvidaré el día en que descubrí qué era la validación porque, como la mayoría de la gente, olvido muchas cosas. Sin embargo, recuerdo con toda claridad una diapositiva de PowerPoint de color morado oscuro con el título «Estrategias de aceptación: validación», y recuerdo perfectamente que pensé

«¡¿Por qué no enseñan esto en primaria?!» mientras escuchaba la conferencia.

Aprender sobre la validación y las técnicas utilizadas para transmitirla fue como descubrir piezas de un rompecabezas que no sabía que me faltaban. Hablo de piezas clave como las de las esquinas. De repente entendí que la sensibilidad que me atormentaba podía convertirse en un salvavidas para los que me rodeaban. La «magia» que había buscado toda mi vida se reveló como un método sencillo que cualquiera podía dominar. Cuanto más practicaba la validación, mejor se me daba y más conectada me sentía conmigo misma y con los demás. Con el tiempo, mi perspectiva de las emociones (y mi relación con ellas) cambió. **La validación transformó mi sensibilidad en un superpoder que podía utilizar para ayudar a los otros; hasta entonces, yo la había considerado una debilidad y había tratado de no exhibirla para protegerme.**

Quiero dejar claro que la práctica de la validación por sí sola no curó mi depresión, ni conozco datos que sugieran que podría hacerlo. Lo que sí sé, gracias a mi experiencia personal y a una amplia investigación, es que la validación tiene un profundo efecto en las relaciones y en la capacidad de cambiarlas. Esto es válido para tus relaciones con los demás y contigo mismo. Los cambios positivos que puedes esperar de la validación son diversos, pero en general se dividen en cinco categorías:

1. **Mejora de las relaciones:** la validación influye en cómo se sienten las relaciones. Es de esperar que aumente la intimidad, el compañerismo, la confianza y la seguridad psicológica después de validar profundamente la experiencia de alguien. El hecho de cambiar cómo se sienten las personas afecta inevitablemente a su comportamiento. Si aumentas la confianza y la seguridad a través de la validación, verás más transparencia y compromiso en la relación.
2. **Disminución de los conflictos:** la incorporación de la validación a las conversaciones difíciles evita que se dé vueltas a las

cosas o que desemboquen en discusiones. Las personas tienden a usar la fuerza o a «atacar» cuando creen que no pueden transmitir su punto de vista de otra manera. Del mismo modo, la gente se pone a la defensiva cuando siente la necesidad de defender una postura que no se está respetando. Una respuesta de validación no deja nada que atacar, y mucho menos nada de lo que defenderse.

3. **Aumento de la influencia:** resulta difícil resolver un problema o convencer a la gente de algo si piensan que no entiendes su punto de vista. Validar a los demás te ayuda no solo a transmitir comprensión, sino también a cultivarla. De ese modo, es más probable que la gente te hable y te escuche.
4. **Mayor capacidad para impulsar cambios de conducta:** la validación es gratuita, todo el mundo la quiere y, a diferencia de los caramelos, la gente no se cansa de ella. Estos atributos hacen de la validación un poderoso refuerzo que puede impulsar todo tipo de cambios de conducta, como lograr que alguien haga ejercicio e incluso reducir el consumo de opiáceos.[1]
5. **Aumento de la autocompasión:** validar a los demás transforma el modo de relacionarnos con ellos y con nosotros mismos. Así como la meditación a solas mejora la conexión con las personas que nos rodean, conectar con otros a través de la validación mejora la relación con nosotros mismos. Estos beneficios se pueden potenciar todavía más mediante la práctica de la autovalidación que se describe más adelante.

En la década que ha transcurrido desde que aprendí las técnicas de validación, mi misión ha sido compartirlas con el mayor número posible de personas. Durante este tiempo, he visto cómo recuperaban matrimonios, redefinían dinámicas entre padres e hijos e incluso salvaban vidas (profundizaremos en esto después). La validación es casi siempre lo primero que enseño en terapia, talleres de crianza y formaciones empresariales. Cuando una de las cinco grandes empresas tecnológicas me pidió que diseñara un curso de eficacia interpersonal de doce semanas para cien empleados, dediqué un tercio del tiempo a la validación. Los resultados de aquella clase superaron las expectativas de los líderes de la firma; el *feedback* más frecuente que recibimos fue la petición de libros sobre validación.

No es necesario ser una persona sensible o empática para desarrollar las técnicas de validación que te permitirán lograr estos cambios. El hecho de tropezar con la magia de la validación a una edad temprana significa que tenía facilidad para ejercerla, pero el talento natural no es imprescindible para desarrollar estas técnicas. Irónicamente, he descubierto que las personas más sensibles y que adoptan estas técnicas de forma natural son menos propensas a practicarlas y, por tanto, a dominarlas (más adelante explicaré por qué). La sensibilidad emocional es una ventaja, eso está claro, pero sin práctica no pasarás de cierto punto.

En las siguientes páginas te mostraré el modo de lograr de manera sistemática esas conexiones mágicas que he buscado durante tanto tiempo y de convertirlas en cambios significativos. A la hora de organizar el contenido de este libro, me he basado en gran medida en principios de aprendizaje como la repetición y la imitación para asegurarme de que aproveches al máximo el esfuerzo que le dediques. Aun así, no hay duda de que tendrás que hacer algo más que leer este libro para conseguir las transformaciones que promete. Como ocurre con cualquier idioma, estudiarlo en un libro solo te proporcionará ciertos conocimientos sobre él. Para hablarlo con fluidez, es preciso practicar.

Primera parte

QUÉ Y POR QUÉ

Capítulo 1

VALIDACIÓN: EL SECRETO MEJOR GUARDADO DE LOS PSICÓLOGOS

De una manera suave, se puede agitar el mundo.

Frase atribuida a MAHATMA GANDHI

Yo era una estudiante de doctorado en psicología clínica de veintisiete años sentada frente a un hombre de veintidós que acababa de decirme, con toda naturalidad, que estaba pensando en suicidarse aquella noche. Detrás de él había una cámara que me enfocaba y un monitor en el que apareció la frase «¡Evalúe siempre las tendencias suicidas al PRINCIPIO!». Miré el reloj. Estábamos en los últimos cinco minutos de una sesión de una hora. Al final del pasillo, mi cara pixelada se proyectaba en una pantalla delante de un aula con otros diez estudiantes y mi instructor clínico, que me iba transmitiendo sus comentarios en tiempo real.

Rápidamente formulé una serie de preguntas para evaluar el riesgo de mi cliente: ¿Tenía acceso a medios letales? ¿Había pensado en un plan?, etcétera. Determiné que su riesgo era moderado. Me contó que había roto con su novio hacía dos noches. No lo había mencionado antes porque no quería hablar de ello. A medida que la sesión se acercaba a su fin, empezó a pensar en volver al apartamento vacío que había compartido con su pareja hasta hacía muy poco. Dijo que no creía que pudiese soportar otra noche solo.

Yo sabía lo que tenía que hacer. Tenía que ayudarle a utilizar las técnicas que estaba desarrollando para reducir su desesperación en la sesión y luego discutir cómo podría emplearlas en casa para pasar la noche. Pero había un problema. Él no quería usar ninguna habilidad;

estaba convencido de que no funcionarían. Tampoco quería hablar de la ruptura y estaba molesto conmigo por hacerle tantas preguntas. Dijo que desearía no haber dicho nada, que solo quería irse a casa.

Si no conseguía cambiar las cosas rápidamente, como él no quería ir al hospital por voluntad propia, tendría que considerar la posibilidad de ingresarlo contra su voluntad, y si hacía eso, corría el riesgo de perderlo como paciente y de que rechazase la terapia que necesitaba desesperadamente. Miré el monitor en busca de respuestas. Estaba en blanco. Empecé a tirar de todas las estrategias cognitivo-conductuales que se me ocurrieron. Refuerzo positivo, cuestionamiento socrático, refuerzo negativo, imitación, suplicar (vale, técnicamente no es una estrategia): ninguna funcionó. Miré el reloj y, acto seguido, el monitor. Hasta el día de hoy, todavía puedo ver las letras V-A-L-I-D-A-C-I-Ó-N apareciendo lentamente en la pantalla. Por un momento, me sentí confusa. El paciente había dicho de forma muy clara que no quería hablar de la ruptura. Entonces lo entendí.

—Esto es una pesadilla —dije.

Levantó la vista. Más bien diría que me fulminó con la mirada.

—Bajas la guardia un segundo y de inmediato te ves atacado con preguntas de la estudiante de doctorado demasiado entusiasta a la que no le importas absolutamente nada, o eso quieres creer, cuando lo más probable es que solo esté haciendo lo que le dicen.

Miré el monitor. Apareció la palabra *bien*.

—Y, por si fuera poco, esta sala está llena de gente que no conoces viendo todo esto.

—Normalmente, se me da bien desconectar de esa circunstancia. Gracias por recordármelo —dijo... ¡con una sonrisa!

—A mí también, pero ahora mismo me está distrayendo —admití.

Me levanté, me acerqué al monitor y lo apagué. A continuación, le propuse dar un paseo. Pasamos los siguientes veinte minutos caminando por los jardines frente al centro de tratamiento cognitivo-conductual. Durante nuestra conversación, una prolongación de la que habíamos tenido en la sala, intenté ponerme en su lugar. No traté de disuadirlo del suicidio ni de reducir su riesgo de ninguna manera; me centré en intentar conectar con la experiencia de aquella persona que necesitaba ayuda desesperadamente, pero que había aprendido a no confiar en nadie que se la ofreciera.

Cuando regresamos, nos pusimos manos a la obra. La sesión duró más de dos horas. Al final, tomé la decisión de no ingresarlo. Fue una decisión acertada. Esa noche, en casa, utilizó las técnicas que practicamos en la sesión y funcionaron. Volvió a hacer lo mismo la noche siguiente, y la siguiente... Han pasado casi dos décadas desde que trabajamos juntos. A menudo me escribe para ponerme al día de cómo le van las cosas y me manda fotos de la «vida que vale la pena vivir» que se ha creado. Ahora también es terapeuta, y excelente además.

Convencer a alguien para hacer frente al dolor extremo en lugar de suicidarse es un ejemplo de influencia de alto riesgo en la conducta ajena. Sin embargo, las estrategias que funcionan en situaciones delicadas como estas son igual de efectivas, si no más, en escenarios menos extremos. Siempre digo que la única diferencia entre influir en las personas en terapia y hacerlo fuera de ella es que en terapia suele ser más complicado. Está claro que es mucho más difícil obligar a alguien a hacer ejercicio con regularidad si sufre una depresión paralizante y ha perdido la motivación incluso para hacer sus actividades favoritas. Es cierto que los expertos en psicología clínica conocemos los tipos de cambios que pueden mejorar diversos síntomas y trastornos de salud mental,* pero las estrategias que utilizamos para fomentar el cambio se aplican a las personas en general, no solo a quienes padecen alguna enfermedad mental.[1]

Obviamente, los psicólogos no somos los únicos interesados en cambiar la forma de pensar o el comportamiento de las personas. Todos invertimos demasiado tiempo en intentar que la gente nos escuche, y casi siempre fracasamos por mucho que nos esforcemos.

---

* El ejercicio regular, por cierto, es tan eficaz como los antidepresivos para tratar la depresión (James A. Blumenthal y otros, «Exercise and Pharmacotherapy in the Treatment of Major Depressive Disorder», *Psychosomatic Medicine*, 69, núm. 7 [1 de septiembre de 2007], págs. 587-596, <https://doi.org/ 10.1097/psy.0b013e318148c19a>).

Estoy segura de que, ahora mismo, hay al menos una persona en tu vida en la que intentas influir sin éxito. Puede ser alguien de la familia (un hijo, tu pareja, tu madre o tu padre) o alguien del trabajo (un jefe o un compañero). Quieres que trabaje más, que trabaje menos, que deje de hablar de trabajo, que responda a tus mensajes, que deje de enviarte mensajes, que aprenda a usar Messenger... Los cambios que queremos ver en la gente que nos rodea son infinitos.

No en vano, el cambio es un negocio multimillonario. Cada año acudimos en masa a talleres y retiros o leemos libros que prometen ayudarnos a cambiar la conducta de los demás o a mejorar nuestras relaciones. Estos recursos suelen centrarse en tipos de dinámicas o problemas concretos para ayudarte a influir en la conducta: «Cómo liderar para que la gente escuche» o «Cómo educar a niños conflictivos», por ejemplo. Sin embargo, su objetivo es esencialmente el mismo: ayudarte a influir en la conducta.

Existe un montón de pseudociencia y auténticas patrañas sobre cómo influir en los demás, pero también hay una cantidad sorprendente de información fiable. Las estrategias de cambio científicamente probadas, como el refuerzo positivo, son cada vez más habituales. Estas técnicas, utilizadas desde hace décadas en las terapias cognitivo-conductuales, representan ahora el sello distintivo de programas de éxito para cuestiones que van desde el control de esfínteres hasta la retención de empleados (detengámonos un momento para apreciar que el control de esfínteres y la retención de empleados se pueden lograr con métodos similares).

Parece lógico que la gente se interese por los métodos científicos que utilizamos los psicólogos para influir en la conducta, sobre todo en situaciones difíciles. Como he dicho, todos tenemos personas a nuestro alrededor que parecen inmunes a la influencia, y la idea de llegar a ellas de verdad resulta emocionante. Lo que parece más difícil de entender es por qué todo el mundo sigue repitiendo un puñado de estrategias conductuales de hace más de setenta años sin mencionar ninguna de las investigaciones más recientes sobre las posibilidades de mejorarlas. NO-LO-ENTIENDO. Nuestros conocimientos sobre el modo de influir en el comportamiento humano no terminaron con B. F. Skinner.* ¡Empezaron ahí!

Los primeros descubrimientos de la investigación sobre la conducta continúan siendo relevantes. Cualquiera que haya entrenado a un perro sabe que el refuerzo positivo con una golosina es muy útil para conseguir que se siente o dé la pata al darle una orden. Y está bien establecido que esas primeras investigaciones sobre el conductismo no se aplican solo a los animales; la simple idea de avanzar en un juego basta para que algunas personas se encierren en cibercafés durante días. Lo que hemos aprendido en los años transcurridos desde Skinner, sin embargo, es que cuando la gente se resiste a cambiar, no basta con saber cómo se aplican los principios básicos del cambio. También hay que saber demostrar aceptación.

POR QUÉ EL CAMBIO REQUIERE ACEPTACIÓN

Los psicólogos clínicos llevan investigando la relación entre la aceptación y el conductismo desde principios de la década de 1990, cuando la doctora Marsha Linehan introdujo un nuevo tipo de tratamiento llamado terapia dialéctica conductual (TDC). El tratamiento de Linehan causó conmoción no solo porque expuso que la aceptación es un catalizador para el cambio, sino también porque demostró ser capaz de hacer lo que ninguna otra terapia había logrado en la historia: reducir de forma fiable las autolesiones y la conducta suicida en personas con estas afecciones.[2]

En el panorama de la psicología moderna, aceptación significa reconocer la realidad de una situación sin juzgarla ni intentar cambiarla. Según esta definición, la aceptación y el cambio son literalmente incompatibles. Sin embargo, en su papel de joven investigadora que se enfrentaba a la dificultad de tratar a clientes suicidas con estrategias

* A B. F. Skinner se le considera el padre del conductismo. Destacó su trabajo sobre el condicionamiento operante, que introdujo los conceptos de *refuerzos* y *castigos*.

conductuales tradicionales, Linehan empezó a pensar que la aceptación y el cambio podrían ser las dos caras de la misma moneda. Planteó la teoría de que insistir demasiado en el cambio podría hacer que la gente se resistiera a él. Imagina cómo habría ido la sesión que describo al principio de este capítulo si hubiera seguido presionando a mi cliente para que usara sus técnicas. Linehan también sospechó que ciertos problemas de salud mental están causados por la invalidación generalizada (mensajes frecuentes del entorno según los cuales una persona o sus emociones son inaceptables). Si comparamos las tasas de suicidio de los miembros de la comunidad LGBTQIA+ con las de los que no pertenecen a ella, podemos comprobar el valor de esta perspectiva.[3]

Linehan pensaba que, si las personas se sintieran realmente aceptadas, podrían ser más receptivas al cambio. Para probar su hipótesis, desarrolló un nuevo tipo de terapia, la TDC, que llevó a los terapeutas a utilizar sus estrategias de cambio conductual de confianza acompañadas del nuevo conjunto de estrategias de aceptación de Linehan. Estas consistían principalmente en técnicas de validación diseñadas para ayudar a los terapeutas a transmitir aceptación, así como algunas técnicas para ayudar a los clientes a aceptarse a sí mismos y sus circunstancias. El término *estrategias de aceptación* describe este conjunto de técnicas de terapeuta y cliente, y la validación figura entre las más importantes. En palabras de Linehan, «Sería difícil sobreestimar la importancia de la validación en la TDC».[4] En mis propias palabras, validación es lo que Justin Timberlake era para *NSYNC o Beyoncé para Destiny's Child. Las otras estrategias de aceptación tienen su lugar en el conjunto, pero palidecen en comparación con la validación.

Tras el éxito de la TDC, se extendió una nueva ola de terapias basadas en el modelo de aceptación y cambio. En conjunto, estas terapias han demostrado su eficacia en la reducción de una amplia variedad de problemas de salud mental, y actualmente son la referencia para tratar trastornos como la depresión recurrente[5] y el trastorno límite de la personalidad,[6] que confundieron a los psicólogos durante generaciones.

En las últimas décadas, a medida que los temas de salud mental han dejado de ser tabú, las estrategias de aceptación han empezado a formar parte de la corriente dominante. El año pasado vi un vídeo en el que Lady Gaga enseñaba a Oprah la «aceptación radical»,[7] técnica de TDC que, según ella, transformó su vida al ayudarla a sobrellevar el dolor crónico.[8] Como psicóloga, pocas cosas me gustan más que entrar en una librería y descubrir que una estrategia de aceptación que solo había visto en manuales de tratamiento psicológico es el título de un nuevo superventas. Con la gran demanda actual de los enfoques científicos sobre el cambio y la aceptación, cabría esperar que esas técnicas de validación superpoderosas tengan la atención de todo el mundo. Pero no es así.

Como palabra de moda, no cabe duda de que la *validación* ha sido tendencia. Parece que todos hemos asimilado en algún momento el mensaje de que es buena para las relaciones. Lo que ocurre es que no hay mucha información sobre lo que significa, y mucho menos sobre cómo practicarla. Las técnicas de validación que han demostrado ayudar a las personas a comunicar aceptación no pertenecen al saber popular. En cuanto al descubrimiento de que la validación es un agente de cambio, también supone un secreto para la mayoría. Aunque muchas estrategias de aceptación han entrado en el espíritu cultural de la época, no podemos decir lo mismo de las revolucionarias técnicas de validación de la TDC.

No pretendo sugerir que otras técnicas de aceptación de las que tal vez hayas oído hablar, como la aceptación radical, no sean transformadoras. ¡Lo son! Practicarlas con regularidad influirá en tu forma de relacionarte contigo mismo y, posiblemente, en la forma en que los demás se relacionan contigo. No obstante, no te harán inmediatamente más eficaz a la hora de influir en la conducta de alguien, ni aumentarán las probabilidades de que acepten tu consejo. Un puñado de técnicas de validación, sin embargo, pueden lograr precisamente eso. **La validación mejorará tu capacidad de influir en la conducta, punto. El hecho de no validar a las personas te impedirá ser eficaz en muchos casos, y en ciertos escenarios dañará a la persona o a la relación en la que esperas influir.**

Es importante destacar que esta conexión entre validación y cambio se aplica tanto a uno mismo como a los demás; saber cómo autovalidarte mejorará tu relación contigo mismo y la probabilidad de que consigas hacer los cambios que deseas. Si tenemos en cuenta el éxito de la TDC y la popularidad de muchas de las técnicas y los conceptos que introdujo, resulta extraño que su ingrediente secreto (la validación) continúe siendo relativamente desconocido. Después de varios años tratando de llegar al fondo de esta cuestión, he llegado a la conclusión de que la validación adolece de tres problemas principales:

1. La validación tiene diferentes significados para cada persona.
2. Las técnicas de validación se han reservado para tratar enfermedades mentales.
3. Las técnicas de validación están en todas partes y en ninguna.

Estos tres problemas explican por qué la validación sigue siendo el secreto mejor guardado de la psicología. En un esfuerzo por desvelar este secreto, a continuación expondré «rápidamente» cada uno de los problemas y posibles soluciones. **Comprender las cuestiones vinculadas a la validación es el primer paso para entender el concepto en sí.**

PROBLEMA N.º 1: LA VALIDACIÓN TIENE UN SIGNIFICADO DIFERENTE PARA CADA PERSONA

Si no tienes claro qué significa la validación, no eres el único. Las definiciones del término son muy variadas. El concepto de *mindfulness* pasó por una situación similar cuando empezó a causar problemas en el campo de la psicología tras el éxito de la reducción del estrés basada en el mindfulness (REBM).[9] El programa de REBM consiste en ocho semanas de clases que enseñan mindfulness a personas sin formación previa en meditación o budismo. A principios de la década de 1990, los investigadores demostraron que la REBM mejoraba enfermedades tan diversas como el dolor crónico[10] y la ansiedad,[11] pero el concepto de mindfulness seguía confundiendo al público en general. ¿Es una religión? ¿Un estado mental? ¿Un café de Los Ángeles? Como ocurre con la validación, pocos se ponían de acuerdo sobre su significado, y mucho menos sobre el modo de practicarlo.

EN POCAS PALABRAS, VALIDAR ES DEMOSTRAR QUE ESTÁS AHÍ, QUE LO ENTIENDES Y QUE TE IMPORTA.

Finalmente, en 1994, el doctor Jon Kabat-Zinn (el psicólogo que desarrolló la REBM) escribió un libro sobre mindfulness para un público no académico titulado *Mindfulness en la vida cotidiana. Donde quiera que vayas, ahí estás*, en el que definía el mindfulness como la conciencia que surge de «prestar atención de una manera determinada: de forma deliberada, en el momento presente y sin juzgar».[12] El hecho de incluir las instrucciones para practicar mindfulness en la definición logró que el concepto fuese más accesible de manera inmediata, y el lenguaje llano alejó el término de las connotaciones espirituales de la meditación. Hoy, la de Kabat-Zinn continúa siendo una de las definiciones de mindfulness más citadas en el mundo occidental.

A diferencia del mindfulness, que se asoció con conceptos como la meditación y se considera básicamente un proceso cognitivo, la validación se asocia con términos como *elogio* y se considera la fuerza impulsora que explica por qué la gente usa Instagram. Sin embargo, según Linehan, «La validación no tiene nada que ver con el atractivo social y no es sinónimo de elogio».[13] La confusión en torno a la validación se ve agravada por el hecho de que se nos ha advertido de que no la busquemos. El mensaje parece ser que la validación es algo bueno para nuestras relaciones, pero que esperarla es señal de dependencia y no resulta sano.

Si el problema es que la validación ha llegado a tener significados distintos para cada persona, la solución obvia consiste en definirla con claridad. Resulta más fácil decirlo que hacerlo. A mí, por ejemplo, me costó años encontrar una definición concisa con la que se identificasen mis clientes y que encajara con las técnicas que les enseñaba. Mis conocimientos de la validación procedían de la bibliografía de investigación, y esas descripciones tendían a ser demasiado técnicas. Después de experimentar con el enfoque de Kabat-Zinn de guiar con instrucciones, por fin di con una definición que encajó con mis clientes y sentó las bases para mi propio enfoque: ***Validación* es la comunicación mediante la cual uno es consciente, entiende y empatiza con la experiencia de otra persona, aceptándola como válida.** En pocas palabras, la validación demuestra que estás ahí, que lo entiendes y que te importa.

Las técnicas de validación que aprenderás en este libro son de probada eficacia para transmitir atención, comprensión y empatía de manera que reflejen aceptación.

PROBLEMA N.º 2: LAS TÉCNICAS DE VALIDACIÓN SE HAN RESERVADO PARA TRATAR ENFERMEDADES MENTALES

Los clientes de TDC aprenden numerosas técnicas que les ayudan a gestionar las emociones, tomar más conciencia, aumentar la eficacia interpersonal y cultivar la aceptación. Sin embargo, las técnicas de validación que se enseñan a los terapeutas y las instrucciones para dominarlas no se ofrecían originalmente a los clientes cuando se introdujo la TDC, en la década de 1990. Al igual que los terapeutas, las personas que empezaron a utilizar la TDC aprendieron que la validación es esencial para desarrollar y mantener relaciones. Lo que ocurre es que no se les enseñó cómo se hacía. Al menos no hasta 2014, cuando Linehan actualizó el manual de tratamiento e incluyó las técnicas de validación entre las que se enseñaban a los clientes.[14] Actualmente, estas técnicas todavía se consideran opcionales en muchos casos y pueden enseñarse o no en los programas de TDC. Teniendo en cuenta que las técnicas de validación se han reservado históricamente a los terapeutas, no es de extrañar que hayan tardado en calar entre el público.*

Esto me lleva al siguiente punto: Linehan se centró en ayudar a salir del infierno a las personas que habían caído en él, una tarea loable que ocupó una buena parte de su carrera. A diferencia de Kabat-Zinn, que definió el mindfulness en un libro dirigido al público en general, el enfoque de Linehan respecto a la validación se limitó principalmente a manuales de tratamiento psicológico, artículos de investigación clínica y los escasos folletos que se elaboraron posteriormente para los clientes. ¿Significa esto que la validación solo es eficaz cuando la utilizan terapeutas o personas con alguna enfermedad mental? No. Qué va. Para nada. Como verás en el capítulo 2, se ha demostrado que la validación reduce el conflicto, intensifica la conexión e impulsa todo tipo de cambios de conducta, desde motivar a presos hasta revelar información fiable durante los interrogatorios o animar a los adolescentes a seguir el consejo de sus padres. ¿Significa esto que los profesionales tendrían que mejorar en lo que respecta a compartir esta investigación y enseñar estas técnicas? Sí. ¿Deberían pensar más en el modo de darlas a conocer y demostrar su utilidad? ¡Por supuesto que sí!

Este libro es la culminación del trabajo que he realizado durante la última década para mejorar, reformular y ampliar las técnicas de validación de la TDC a fin de que cualquiera pueda utilizarlas para transmitir comprensión y lograr el entendimiento en las diferentes situaciones y relaciones. Aquí encontrarás respuestas a preguntas como «¿Qué debería decir?» y «¿Cómo debería decirlo?», que muchas veces se interponen entre nosotros y las personas en las que queremos influir.

---

* La falta de énfasis inicial en la enseñanza de la validación a los clientes de TDC no fue un descuido. Linehan pasó décadas perfeccionando su trabajo sobre la validación y probando diferentes formas de enseñarla a los clientes. Este tipo de investigación meticulosa requiere tiempo, pero es lo normal cuando se desarrollan protocolos de tratamiento.

PROBLEMA N.º 3: LAS TÉCNICAS DE VALIDACIÓN ESTÁN EN TODAS PARTES Y EN NINGUNA

Es cierto que las técnicas de validación se han tratado principalmente en relación con la terapia, pero si sabes lo que buscas, comprobarás que estas técnicas aparecen continuamente con diferentes nombres. El problema es que rara vez se denominan *técnicas de validación* o se asocian con la palabra *validación*. Más bien se presentan como soluciones puntuales para problemas específicos de una relación. Por ejemplo, si acudes a un taller para parejas, es probable que aprendas la técnica del hablante-oyente, que te ayudará a comunicarte mejor con tu pareja.[15] Si lees *Conversaciones cruciales* para el trabajo, aprenderás la técnica de la paráfrasis, que te ayudará a mitigar los conflictos de manera eficaz.[16] Y si te cuesta conectar con tu hijo de nueve o diez años, es posible que te animen a practicar la técnica del espejo (*mirroring*).[17] Lo que podría no ser obvio para alguien que no compara estas estrategias es que, básicamente, todas requieren que hagas lo mismo: resumir o reflejar lo que alguien ha dicho para demostrar que estás escuchando y prestando atención. En esencia, todas son variaciones de la misma técnica de validación. Veremos esta técnica en particular en la segunda parte.

Dado que las técnicas de validación rara vez se asocian con el término *validación* y se reformulan constantemente como antídotos para problemas muy específicos, resulta difícil identificarlas. Esta dificultad se ve agravada por el hecho de que, como ya he mencionado, nuestros conocimientos generales sobre la validación han sido turbios en el mejor de los casos. Así, parece que las técnicas de validación están en todas partes y en ninguna.

Comprender qué es la validación y cómo transmitirla te ayudará a identificar las técnicas de validación, independientemente de su nombre. Cuando reconozcas que la validación es lo que la situación requiere, podrás utilizar cualquiera de las técnicas de este libro para lograr resultados similares o mejores. Dado que la validación está en todas partes y en ninguna, dominarla es un poco como descubrir Matrix; entender cómo, por qué y en qué condiciones funciona la validación te ayudará a influir para el cambio de manera infinitamente más eficaz.

MIRAR HACIA EL FUTURO

Este libro se divide en tres partes. Los capítulos de esta primera parte desarrollan a fondo el concepto de validación, repasan los notables resultados vinculados con ella y analizan brevemente cómo se han logrado. La segunda parte presenta la Escala de la Validación (el marco que he desarrollado para enseñar técnicas de validación) y las instrucciones hasta ahora inéditas para dominar dichas técnicas. Por último, la tercera parte te explica cómo se utilizan estas técnicas con estrategias de cambios conductuales estándares, como el refuerzo y la resolución de problemas, para transformar tu vida en los aspectos que más te importan (por ejemplo, salvar tu matrimonio o silenciar a tu crítico interior). Al final de este libro contarás con todo lo que necesitas para empezar a experimentar el poder de la validación de primera mano.

Me he centrado mucho en la TDC en este capítulo, pero quiero señalar que más adelante no la mencionaré demasiado. La excepción se encuentra en el capítulo 4, donde hablo de la ciencia y la filosofía que hay detrás de la validación y explico cómo me cuestioné todo lo que creía saber acerca de esta estrategia (y de la esclerosis múltiple, si vamos al caso) después de conocer a Marsha Linehan. Para aquellos que deseen aprender más sobre TDC, recomiendo encarecidamente las memorias de Linehan, *Building a Life Worth Living*.

Por último, quiero dejar claro que este libro no te enseñará a doblegar a las personas a tu voluntad. Es cierto que la validación desbloquea el potencial de cambio, pero lo hace a través de la aceptación. Todos y cada uno de nosotros quiere ser visto y aceptado tal como es. Satisfacer esta necesidad animará a la gente a escucharte. Es un hecho. Los demás, a su vez, te inspirarán para ser mejor. Como afirmó Barack Obama, «Aprendiendo a ponerse en el lugar del otro, a ver a través de sus ojos: así es como empieza la paz. Y depende de ti hacer que eso ocurra».[18] Ver a través de los ojos de otra persona –atestiguar, comprender y preocuparse de verdad por la experiencia ajena– resulta más fácil de decir que de hacer. No basta con quererlo o saber que es importante; hay que saber cómo hacerlo. Las técnicas y las estrategias incluidas en este libro están diseñadas precisamente para eso. Fomentan la conexión, la resolución y el crecimiento, pero también te exigen todo eso a cambio.

Capítulo 2

UN REMEDIO PARA TODO: POR QUÉ HABRÍA QUE DETENERSE UN MOMENTO Y APRENDER A VALIDAR

Cuando empezó el estudio, a nadie le importaba la empatía o el apego. Pero la clave de un envejecimiento saludable está en las relaciones, las relaciones, las relaciones.

GEORGE VAILLANT, acerca del Estudio de Harvard sobre el Desarrollo de Adultos*

Hace unos años empecé a trabajar con una mujer, Dev, que estaba desesperada por recuperar la conexión con su hija, de la que llevaba distanciada bastante tiempo. Puedo asegurar sin ninguna duda que Dev era una de las personas más amables e increíbles que he tenido el placer de conocer. Era una cirujana cardíaca recién jubilada que cada año donaba más de la mitad de sus ingresos a organizaciones benéficas. Cuando no estaba trabajando con Habitat for Humanity, acogía a animales destinados a ser sacrificados. Dev era toda una personalidad de voz suave que no pasaba desapercibida, de modo que no era fácil imaginar cómo podía haberse deteriorado su relación con su hija, Kamia, hasta llegar a aquel distanciamiento. Le pedí que me enviara los numerosos mensajes y correos electrónicos que había mandado a Kamia en su intento por

---

* El Estudio de Harvard sobre el Desarrollo de Adultos se llevó a cabo a lo largo de ochenta años, con el propósito de descubrir qué factores (riqueza, fama, relaciones, etcétera) tienen más peso en la salud y la felicidad de las personas. Alerta espóiler: la respuesta es *las relaciones* (Liz Mineo, «Over Nearly 80 Years, Harvard Study Has Been Showing How to Live a Healthy and Happy Life», *Harvard Gazette* [5 de abril de 2023], <https://news.harvard.edu/gazette/story/2017/04/over-nearly-80-years-harvard-study-has-been-showing-how-to-live-a-healthy-and-happy-life>).

recuperar la conexión. Los mensajes de Dev eran cálidos, optimistas y positivos, cualidades que había observado en mis interacciones con ella. Y también eran invalidantes. No era lo que habría esperado de ella, pero tampoco me sorprendió teniendo en cuenta los problemas a los que se enfrentaban.

Kamia se acercaba al final de su último año de universidad. Aunque le encantaba la facultad y disfrutaba de una beca completa, sufría de leucemia crónica y había tenido dificultades durante toda la carrera. Dev no hablaba con su hija desde Acción de Gracias de su segundo año en la universidad, cuando tuvieron una acalorada discusión (al parecer, sobre si ver o no una película). Kamia acabó diciéndole a Dev: «Bruja que se cree moralmente superior, que le ha robado toda la alegría a la vida y la ha sustituido por veneno». En los años siguientes, estuvo hospitalizada en dos ocasiones después de beber mucho, y Dev se enteró porque el personal de urgencias contactó con ella en plena noche. Las hospitalizaciones son una fuente de preocupación para cualquier padre o madre, pero para Dev eran especialmente angustiosas debido a la enfermedad de Kamia y a su distanciamiento. Estaba ansiosa por dejar atrás el pasado y atender a su mayor prioridad: la salud de su hija.

No es de extrañar que los mensajes de Dev a Kamia tras su distanciamiento se centrasen principalmente en su enfermedad. Dejaba caer de vez en cuando una especie de comentario sobre el estado actual de su relación: «Sé que probablemente te horroriza ver otro mensaje de tu vieja madre...». Sin embargo, de inmediato minimizaba los problemas y las emociones que los rodeaban: «Todas las madres e hijas pasan por este tipo de cosas. Cuanto antes podamos reírnos de ello, mejor estaremos». Estos tópicos se utilizaban casi exclusivamente para abrir o cerrar un mensaje, cuyo contenido se centraba siempre en la salud de Kamia. «He encontrado un artículo que explica cómo el alcohol pone en peligro el funcionamiento inmunológico 😳» o «Estoy pensando en ir en marzo para llevarte algunos medicamentos sobrantes y un EpiPen actualizado. Supongo que el tuyo caducó hace cuatro años 😭». O mi favorito: «Te he programado una cita por internet con la doctora Jones. Sé que no te cayó bien cuando os conocisteis en el instituto, pero es una de las mejores oncohematólogas del país 🤞». De nuevo, Kamia no respondió a ninguno de los mensajes de su madre en casi tres años. Huelga decir que no se presentó a su cita médica virtual con la doctora Jones 😔.

Dev aceptó dejar de escribir a Kamia mientras trabajaba en desarrollar las técnicas de validación que comparto en este libro. Se centró en aprender y practicar una habilidad a la semana hasta que se las sabía al dedillo y era capaz de utilizarlas e identificarlas de manera fiable. Cuando estuve segura de que era capaz de hablar el lenguaje de la validación, le pedí que revisara los mensajes que había compartido conmigo cuando empezamos a trabajar juntas. Dev dijo que recordaba lo que había escrito, pero le pedí que los volviese a leer de todos modos. Revisó cada mensaje con atención mientras movía lentamente la cabeza de izquierda a derecha, haciendo muecas de vez en cuando; en un momento dado se mordió el labio y dijo: «Vale, supongo que no recordaba lo que escribí. Resulta que soy una bruja que se cree moralmente superior y que le roba toda la alegría a la vida para sustituirla por veneno».

Obviamente, Dev no era una bruja que se cree moralmente superior. Al menos era obvio para mí. Era una madre cariñosa y entregada que aparecía en mi consulta semana tras semana porque quería reparar la relación con una hija que la había herido profundamente. Sin embargo, debido a lo mucho que se habían distanciado y a las palabras de Kamia, a Dev le estaba costando mucho verse a sí misma como algo más que una «mala madre». Para mí, abordar esa creencia era tan importante como mejorar la comunicación que tenía con su hija. **La autoinvalidación es como un cáncer: se extiende por todo el sistema y cada vez resulta más difícil de contener.** También funciona como una cruel profecía autocumplida. Los sentimientos de inseguridad socavan la capacidad de la persona para ser eficaz, lo que a su vez refuerza su inseguridad. Para ayudar a Dev a arreglar su relación con Kamia, me centré también en ayudarla a validarse a sí misma. Profundizaremos en esto más adelante.

Al principio, los avances en la relación fueron lentos. Dev se centró primero en reconocer el estado actual de su relación: «No debería haberle quitado importancia al hecho de que no nos habláramos. La verdad es que es desgarrador, y siento que estemos en este punto». A continuación, pasamos a que validase las dificultades y el dolor de padecer una enfermedad crónica en lugar de intervenir proporcionando medicamentos o concertando citas médicas. Al cabo de cuatro semanas, Dev recibió su primera respuesta: «Te quiero, mamá. NO interpretes esto como que quiero que vengas». A finales del tercer mes, se intercambiaban mensajes con frecuencia; poco después empezaron a hablar por teléfono. Con el tiempo, no solo repararon su relación, sino que además la mejoraron. Desde entonces, todos los años por Acción de Gracias recibo una postal de Dev con una foto de ella y Kamia en Habitat for Humanity.

He empezado este libro haciendo algunas afirmaciones bastante atrevidas sobre la capacidad de la validación para transformar tu vida. En concreto, dije que saber validar a las personas te ayudará a conseguir lo siguiente:

1. Mejorar las relaciones.
2. Reducir los conflictos.
3. Influir en las personas.
4. Impulsar el cambio.
5. Desarrollar la autocompasión.

Historias como la de Dev me ayudan a ilustrar mis afirmaciones, pero una anécdota no sustituye a las pruebas científicas. Siempre me parece decepcionante, y sospechoso, cuando la gente pregona los notables efectos de su enfoque sin aportar ningún dato que corrobore sus afirmaciones. «¿En serio? –me pregunto–. ¿Su plan en cuatro pasos me ayudará a encontrar el amor, perder peso, conseguir un ascenso y teclear más rápido? Me encantan las historias bien elaboradas, pero ¿podría compartir un par de estudios para aplacar mis dudas?». En lugar de pedirte que te fíes de mi palabra, quiero compartir la investigación que respalda cada una de mis cinco afirmaciones. ¡Lo sé, lo sé, lo de la investigación suena superaburrido, pero te prometo que no lo será! En conjunto, esta ciencia defiende de manera convincente los motivos por los que deberías detenerte un momento y aprender a validar. Los datos demuestran que la validación no solo mejora vidas, sino que puede salvarlas.

AFIRMACIÓN N.º 1: LA VALIDACIÓN MEJORARÁ TUS RELACIONES

Sé que acabo de prometer que voy a hablar de ciencia, pero la voy a respaldar con la imaginación. Piensa en algo que no te atreves a compartir con otra persona. Puede ser un secreto que nunca le has contado a nadie, una transgresión del pasado que sigue avergonzándote o una creencia que los demás probablemente no compartirán contigo. A continuación, visualízate sentado frente a una persona cuya opinión valoras, como tu pareja, tu padre, tu madre o un amigo, contándole ese secreto. Tal vez incluso puedas decir lo que piensas en voz alta (si estás solo) como si estuvieses hablando con esa persona. Ahora imagina que esa persona reacciona de una manera que te hace sentir totalmente visto y aceptado (es decir, validado). Visualiza sus expresiones faciales e imagina lo que podría decir para transmitirte que no piensa mal de ti. ¿Cómo crees que te haría sentir esta experiencia? ¿A salvo? ¿Feliz? ¿Seguro? ¿Te sentirías más cerca de esa persona y más inclinado a confiar en ella en el futuro? Si has respondido afirmativamente a alguna de estas preguntas, no estás solo.

La validación mejora las relaciones porque transforma cómo las personas se perciben: incrementa la confianza, la intimidad y la seguridad psicológica.[1,*] Las investigaciones demuestran de manera consistente que la validación es uno de los factores que mejor predi-

* Los estudios citados proceden del campo de la psicología social, en el que la validación se denomina receptividad percibida de la pareja (PPR, por sus siglas en inglés). La PPR se define como una respuesta que la persona que la recibe registra como comprensiva, validadora y afectuosa. Se parece tanto a mi discurso que podría decir sin temor que es lo mismo (Yan Ruan y otros, «Can I Tell You How I Feel? Perceived Partner

cen los resultados relacionales, desde el compromiso a la calidad, en diversos tipos de relaciones.[2] Es básicamente como el MDMA, salvo que no resulta perjudicial para el organismo. De hecho, todo lo contrario: al mejorar las relaciones, la validación puede influir en la salud y la esperanza de vida. La falta de relaciones sociales se asocia con la misma tasa de mortalidad que fumar quince cigarrillos al día.[3] **Los datos demuestran que las relaciones de una persona pueden incrementar su esperanza de vida en un 50%.**[4] Hablo en serio cuando afirmo que la validación puede salvar vidas.

Y, lo que es más importante, la validación tiene una gran repercusión independientemente de si compartimos algo vulnerable o si conocemos a la persona que nos valida. En un ingenioso estudio que analizó los efectos de la validación en el dolor,[5] los investigadores hicieron que los participantes sujetasen un cubo de agua con el brazo extendido durante el mayor tiempo posible. Lo repitieron cuatro veces, descansando entre cada «prueba de dolor». Sin que los participantes lo supieran, fueron distribuidos al azar en dos grupos: los del primer grupo recibieron respuestas de validación de los investigadores entre cada prueba, y los del segundo recibieron respuestas invalidantes. Los participantes que recibieron respuestas de validación informaron de sentimientos más positivos y de estar menos preocupados en comparación con los del grupo de invalidación. Literalmente, se sentían mejor. Es más: cuando se les preguntó si estarían dispuestos a participar en una quinta prueba, los del grupo de validación se mostraron dos veces más propensos a aceptar. Insisto: la validación consiguió que algunos participantes estuviesen más dispuestos a participar en otra ronda de dolor.

No sé con certeza cómo funcionó la validación para mejorar la relación de Dev y Kamia. Yo no llegué a conocer a Kamia, y mucho menos le pregunté qué la ayudó a arreglar las cosas con su madre. Sin embargo, si la investigación que acabo de mencionar es un indicativo,

---

Responsiveness Encourages Emotional Expression», *Emotion*, 20, núm. 3 [1 de abril de 2020], pág. 2, <https://doi.org/10.1037/emo0000650>).

es muy probable que la confianza, la seguridad y una mayor disposición a participar, incluso en algo desagradable, tuviesen algo que ver.

AFIRMACIÓN N.º 2: LA VALIDACIÓN TE AYUDARÁ A GESTIONAR LOS CONFLICTOS

Los investigadores Laurence y Emily Alison, de la Universidad de Liverpool, refutaron la noción popular de que la tortura es un método eficaz para obtener información fiable de los detenidos durante los interrogatorios (situaciones definidas por el conflicto). Su extensa investigación demuestra que, en realidad, la tortura deteriora la comunicación y la memoria, aumenta la resistencia, daña la fiabilidad de la información obtenida y culmina en desvinculación, retraimiento y trauma psicológico.[6] ¿Qué es eficaz? Los enfoques orientados a la conexión, como el que desarrollaron basándose en la psicoterapia moderna. Esta conexión es más o menos sinónimo de validación e incluye técnicas como encontrar puntos en común, sincerarse y mostrar comprensión a través de la empatía.[7] Los estudios han demostrado de forma concluyente que las estrategias de conexión ofrecen más probabilidades de garantizar la información y reducen la resistencia táctica de los detenidos, mientras que los enfoques acusatorios (el sarcasmo, la intimidación, la actitud crítica, etcétera) tienen el efecto contrario.[8]

Si alguna vez has mantenido una «conversación» con un representante de atención al cliente que se parecía más a un interrogatorio terrorista, probablemente no te sorprenderá saber que la validación ha demostrado ser fundamental para evitar conflictos y garantizar una comunicación constructiva también en ese ámbito. Se ha demostrado que la validación reduce la actitud defensiva y fomenta las relaciones positivas con los clientes, que se sienten más satisfechos con la resolución de su problema. Por el contrario, cuando los responsables del servicio no se disculpan o no escuchan realmente las preocupaciones del cliente, la conversación tiende a torcerse hasta el punto de que el problema pasa a ser irresoluble[9] (Comcast, espero que estés leyendo esto). Debo señalar que la validación ha demostrado ser igualmente eficaz (de hecho, fundamental) para la gestión de los conflictos de pareja y entre padres e hijos. Ocupa un lugar destacado en diversos enfoques que han demostrado mejorar ambos tipos de relaciones.

Utilizar la validación durante los conflictos es como ponerte un filtro adorable de gato en una reunión por videoconferencia: logra de inmediato que resultes menos amenazante y que discutir contigo sea muy difícil. ¿Por qué? La respuesta parece estar en el efecto que ejerce en la fisiología de la persona validada. Cuando una persona se va alterando más y más, su capacidad de razonar, recordar y concentrarse disminuye de manera drástica. En esencia, las facultades cognitivas necesarias para procesar la información y resolver problemas se van por la borda. Su sistema nervioso simpático toma el mando y sus opciones de respuesta se reducen a luchar, huir o quedarse congelado.

La validación modera esta respuesta; reduce la activación simpática y aumenta la capacidad de la persona para razonar y tomar perspectiva.[10] Se ha demostrado que validar a las personas en situaciones muy estresantes, como las que plantean los conflictos, disminuye el ritmo cardíaco, la respuesta galvánica de la piel (sudoración) y las emociones negativas.[11] No es de extrañar que la invalidación tenga el efecto contrario: aumenta la respuesta fisiológica, limitando la capacidad de responder de manera racional, lo que provoca una escalada del conflicto.[12]

AFIRMACIÓN N.º 3: VALIDAR A LAS PERSONAS AUMENTARÁ TU INFLUENCIA

En el contexto de este libro, influir en las personas significa conseguir que te escuchen. Tú das consejos y ellas los aceptan. Les dices lo que tienen que hacer, y lo hacen. Ten en cuenta que tu influencia no llegará muy lejos si la gente no se compromete contigo. Como médica, Dev tenía todo tipo de grandes consejos y recursos para su hija, pero Kamia no le hablaba. Si quieres aumentar tu influencia, tienes que conseguir que la gente te escuche y hable contigo. En este sentido, la validación es una especie de solución milagrosa, ya que se ha demostrado que consigue ambas cosas.

Conseguir que la gente hable

Como ya he mencionado, las personas tienden a confiar en quienes las validan. Curiosamente, la confianza es una especie de suero de la verdad: logra que la gente hable. La investigación sobre las relaciones íntimas y entre hermanos confirma que la gente es más propensa a abrirse con personas de su confianza, mientras que los datos sobre el lugar de trabajo revelan que las personas priorizan la fiabilidad sobre la amabilidad y la experiencia a la hora de decidir con quién van a hablar de sus problemas.[13] Estos resultados coinciden con las investigaciones de Christina Gamache Martin y sus colegas de la Universidad de Oregón, que estudiaron la conducta de los adolescentes al compartir una experiencia emocionalmente difícil con sus madres por primera vez.[14] La investigación de Gamache Martin demostró que, cuando los adolescentes no esperan que sus madres los validen, acaban hablando menos y guardándose las partes más significativas de la experiencia. En otras palabras, cuanta menos validación y aceptación espera recibir un adolescente, más probable es que dé una versión suavizada de su experiencia; solo las madres capaces de validar llegan a ver lo que está pasando realmente.

Los efectos de la validación en la autorrevelación son válidos incluso para los desconocidos.[15] Al conocerse por primera vez, las personas que son validadas durante una conversación inicial comparten más detalles personales y manifiestan unos sentimientos más intensos de conexión social en comparación con aquellos que mantienen conversaciones agradables sin validación. **En conjunto, la investigación es clara: la validación es una forma infalible de conseguir que la gente hable.**

Conseguir que la gente escuche

Es importante señalar que la validación impulsa a las personas no solo a hablar, sino también a escuchar. Existen numerosas investigaciones al respecto, pero las más convincentes proceden de estudios sobre las personas más obstinadas del planeta, las menos influenciables y con las que resulta imposible razonar: los adolescentes. Un estudio de la Universidad de Columbia llevado a cabo con más de quinientas madres y adolescentes descubrió que los adolescentes que afirmaban que sus madres utilizaban sistemáticamente una sola técnica de validación, la autorrevelación,* eran consideradas más dignas de confianza y con más experiencia en comparación con los adolescentes cuyas madres apenas utilizaban (o no lo hacían nunca) esta habilidad.[16] Este factor, a su vez, predijo las intenciones de los adolescentes de fumar y tener relaciones sexuales. Has leído bien: cuando se les preguntó si tenían intención de fumar o mantener relaciones sexuales, los adolescentes que informaron de que sus madres utilizaban con frecuencia esta técnica de validación se mostraron más propensos a decir que no.**

En un estudio todavía más sorprendente publicado en el *Journal of Interpersonal Violence*, los investigadores analizaron la relación entre la adversidad en la adolescencia, la validación y la violencia en el noviazgo.[17] Descubrieron que los adolescentes expuestos a dificultades recientes, como unas malas notas, unos padres que se acaban de divorciar o la falta de amigos íntimos, tenían más probabilidades de convertirse en agresores y/o víctimas de violencia en el noviazgo. Sin embargo, la relación entre las dificultades y la violencia en el noviazgo solo se de-

---

* Nota: la revelación es una técnica de validación. Puede parecer confuso, dado que también anima a los demás a hablar, o a practicar la autorrevelación, con más frecuencia.

** Dato curioso: las investigaciones sugieren que las intenciones conductuales predicen de forma fiable el comportamiento futuro (Thomas L. Webb y Paschal Sheeran, «Does Changing Behavioral Intentions Engender Behavioral Change? A Meta-Analysis of the Experimental Evidence», *Psychological Bulletin*, 132, núm. 2 [1 de enero de 2006], págs. 249-268, <https://doi.org/10.1037/0033-2909.132.2.249>).

tectó en adolescentes que percibían que sus madres les proporcionaban un nivel de validación bajo o medio. Cuando la validación de las madres era alta, la relación entre las dificultades y la violencia en el noviazgo desaparecía. Los índices altos de validación de los padres ejercían un efecto similar en la relación entre las dificultades y la perpetración de violencia, pero solo en los chicos. Creo que este estudio merece un anuncio de interés público: **padres, si vuestros adolescentes tienen dificultades, el hecho de validarlos puede protegerlos de convertirse en víctimas o autores de violencia sexual**.

Podemos suponer que los padres de estos estudios no querían que sus hijos fumasen, tuviesen relaciones sexuales o participasen en actos de violencia sexual, aunque no lo expresaran necesariamente. El dedo acusador no fue el elemento eficaz en estos estudios; fue el delicado toque de validación lo que en última instancia influyó en las intenciones y la conducta de los chavales.

AFIRMACIÓN N.º 4: LA VALIDACIÓN IMPULSA GRANDES CAMBIOS

Obviamente, sentirse validado resulta agradable. La cuestión es: ¿hasta qué punto? ¿Lo suficiente como para, por ejemplo, conseguir que tu hijo limpie el garaje mientras tú haces ejercicio en la elíptica viendo viejas temporadas de *Supervivientes*? En este punto esperaba poder presentar la prueba A (una foto en la que salgo haciendo ejercicio mientras mi hija Havana friega el suelo del garaje, pero mi editora me dijo que la foto tenía demasiado grano, así que tendrás que fiarte de mi palabra).

La cuestión de si la validación es lo suficientemente agradable como para incitar a un adolescente a limpiar el garaje es empírica. Debemos determinar si resulta suficientemente gratificante. **Todo lo que es gratificante tiene el potencial de actuar como refuerzo positivo: una recompensa dada después de una conducta incrementa la probabilidad de que esa conducta se repita.** Si validar a Havana después de que limpie el garaje mientras yo hago ejercicio la motiva a empezar a limpiar el garaje la próxima vez que me suba a la elíptica, sabré que mi validación ha conseguido reforzar positivamente su conducta.

En los estudios sobre la influencia que he mencionado con anterioridad, la validación siempre va antes de la conducta en cuestión: las personas recibían validación antes de fumar, y los altos índices de validación parental parecían proteger a los adolescentes de la violencia en la pareja. Cuando la validación tiene un efecto sobre una conducta antes de que se produzca, podemos decir que ha influido en esa conducta. Esto es diferente de lo que ocurre cuando la validación refuerza una conducta después de que se produzca. Los refuerzos positivos ejercen un efecto mucho más potente en la conducta y pueden impulsar a las personas a soportar todo tipo de condiciones con la esperanza de obtener la recompensa que buscan (por ejemplo, consideremos el esfuerzo hercúleo que los atletas olímpicos dedican a su entrenamiento con la esperanza de llevarse a casa una medalla de oro).

Los refuerzos positivos actúan activando el centro de recompensa del cerebro y provocando la liberación de neurotransmisores como la dopamina, que nos proporcionan una sensación de placer. Los opiáceos, los orgasmos y los regalos de dinero en metálico, por ejemplo, tienen ese mismo efecto. A través de neuroimágenes se ha demostrado que sentirse comprendido activa esos mismos centros de recompensa del cerebro y también regiones vinculadas a la conexión social.[18] Volviendo a nuestra pregunta original sobre si la validación resulta lo suficientemente agradable como para hacer que la gente cambie su conducta, la respuesta es un rotundo sí.

El poder sin precedentes que se deriva de transmitir aceptación puede cambiar muchas cosas, incluyendo lo que una persona hará en el futuro. Los detalles sobre el modo de utilizar la validación, como hice con Havana, para impulsar cambios muy específicos se tratan en la tercera parte del libro, donde explicaré algunas de las estrategias de cambio que utilicé, además del refuerzo positivo, para transformar la limpieza del garaje en un juego al que mi hija quería jugar.

Por el momento, concluiré con dos puntos importantes. En primer lugar, nunca subestimes el poder de las recompensas verbales, como la validación y los comentarios positivos. En comparación con refuerzos tangibles como los premios y el dinero, que disminuyen la motivación interna de una persona con el tiempo (está demostrado), las recompensas verbales la aumentan.[19] En segundo lugar, la validación no se puede fingir (Comcast, espero que estés escuchando). Por tanto, resulta muy adecuada para reforzar conductas que benefician a la persona que estamos reforzando o que nos beneficien a ambos. Por ejemplo, creo sinceramente que es importante que Havana ayude y se enorgullezca de participar en la dinámica familiar. Se podría fingir atención, comprensión y empatía, pero ni este libro ni la validación van de eso.

AFIRMACIÓN N.º 5: LA VALIDACIÓN FOMENTA LA AUTOCOMPASIÓN

Mientras escribo esto, me distraen las punzadas de vergüenza y el pensamiento de que «Soy una mala madre». Lo sé, no es exactamente lo que quieres oír de la persona que afirma que puede ayudarte a transformar tu vida y tus relaciones. Sentada en el suelo, a mi lado, Havana está triste; le acabo de decir que necesito un rato de silencio antes de jugar otra partida de «ajedrez a ciegas». No, no es que mi hija sea un prodigio del ajedrez, es que me obliga a taparme los ojos para que derribe torpemente todas las piezas cada vez que hago un movimiento. En mi defensa diré que hemos jugado seis partidas seguidas y que estoy atrasada con mis correos electrónicos, que también estoy evitando para dedicar ese tiempo a escribir. En su defensa, he de decir que Havana ha pillado la COVID-19. (Nota: esto lo escribí cuando nos encontrábamos todavía en los días previos a la variante ómicron, antes de que las vacunas estuviesen disponibles para los niños, y relativamente pocas personas habían sido diagnosticadas de COVID).

A pesar de todas las precauciones que hemos tomado, no conseguimos mantenerla a salvo, y ahora estoy demasiado ocupada para jugar con ella. Seré transparente: no quiero jugar con ella. Me he quedado sin fuerzas. Entre el terror de ver sus dificultades para respirar por la noche, el agotamiento de ser su saco de boxeo emocional esta semana y las sesiones por internet desde mi vestidor con clientes suicidas, estoy completamente agotada. He decidido distraerme con el trabajo en lugar de jugar otra partida con mi niña triste y enferma. Ahora me doy cuenta de que mi «radar de invalidación» se ha activado. Detecto invalidación en algún lugar de mi entorno. Lector, ¡parece que viene de dentro de casa! ¡Hora de llamar a las tropas de la autovalidación!

La autovalidación no significa otra cosa que aplicarte a ti mismo las técnicas que utilizas para validar a los demás. Puedes verlo como un ejercicio de autocompasión. En *Cuaderno de trabajo de mindfulness y autocompasión*, los grandes expertos Kristin Neff y Christopher Germer describen la autocompasión como «tratarte a ti mismo de la misma manera que tratarías a un amigo que lo está pasando mal, incluso aunque tu amigo haya metido la pata o se sienta inadecuado [...]».[20] La capacidad de autovalidarse es una faceta de la autocompasión.

Ninguno de nosotros decide reñirse o invalidarse expresamente. Son comportamientos aprendidos. Mensajes interiorizados. El grado en que interiorizamos la invalidación de los demás queda muy claro cuando revisamos las investigaciones sobre trastornos de salud mental. Los síntomas de depresión, ansiedad, trastorno límite de la personalidad, trastorno de estrés postraumático (TEPT), narcisismo e incluso psicopatía son mucho más intensos en las personas expuestas a una invalidación generalizada (familias o entornos que ignoran, castigan y cuestionan de manera sistemática los pensamientos y las emociones expresados por una persona).[21] **En mi opinión, la actual «crisis de salud mental» es, en parte, una «crisis de validación».** Esto no significa que todas las personas que se han criado o viven en un entorno de invalidación desarrollen problemas de salud mental, o que las personas que los padecen hayan estado expuestas necesariamente a una invalidación constante. La cuestión es que los sujetos que son invalidados de manera frecuente y sistemática tienen más probabilidades de sufrir problemas de salud mental caracterizados por la autoinvalidación y el autodesprecio.

Por desgracia, la invalidación no solo se da en las familias, sino en toda nuestra cultura. Un estudio de 2021 publicado por la Asociación Americana de Psicología demostró que los individuos multirraciales experimentan varios tipos de invalidación de la identidad racial (la imposición de una categorización racial inexacta por parte de los demás) que provoca efectos más negativos para la salud que los derivados de otras formas de discriminación.[22] Se ha informado de casos de invalidación de la identidad en más del 85% de las personas bisexuales, mientras que los adolescentes no binarios denuncian una invalidación generalizada en diversos contextos sociales, lo que contribuye a interiorizar la vergüenza, la baja autoestima y los problemas de salud mental, y se vincula a tasas elevadas de autolesiones e intentos de suicidio.[23]

Por último, se ha demostrado que la invalidación generalizada contribuye de forma indiscutible a la desigualdad de género, mientras que la negación, la minimización y el silenciamiento de los puntos de vista de las mujeres desempeñan un papel causal en la violencia de género contra las mujeres.[24] Las investigaciones sobre Jeffrey Epstein y R. Kelly representan dos ejemplos notorios y devastadores sobre la participación de la invalidación generalizada en la violencia contra las mujeres.

Afortunadamente, del mismo modo que la autoinvalidación es una conducta aprendida, la autovalidación también se puede aprender. Una de las principales razones por las que los terapeutas se forman para validar a sus clientes es enseñarles a validarse a sí mismos. Sin duda, la validación es una herramienta estupenda para que el terapeuta mejore la relación terapéutica, gestione los conflictos, influya en la conducta y refuerce los avances. Sin embargo, el mayor cambio que la gente necesita hacer muchas veces tiene que ver con su relación consigo misma. Mi trabajo consiste en validar los pensamientos y las emociones válidos que mis clientes han aprendido a pasar por alto para que sepan hacerlo consigo mismos.

La relación que tenemos con nosotros mismos es como cualquier otra. Las técnicas que utilizas para cultivar y transmitir aceptación a los demás no son menos eficaces cuando las diriges hacia tu interior para moderar tus autocríticas, como explicaré en el capítulo 18. **La paradoja que aprecian los expertos en validación es que no solo debemos tratar a los demás como nos gustaría que nos tratasen, sino que también debemos tratarnos a nosotros mismos con la misma amabilidad que dedicamos a los demás.** Por si te lo estás preguntando, he decidido que mi deseo de descanso y distracción es válido y que está bien que aplace una nueva partida de ajedrez a ciegas. Al menos durante un rato.

CONCLUSIÓN

Una cosa es decir que las técnicas de validación pueden ayudarte a mejorar tus relaciones, disminuir los conflictos, influir en las personas, impulsar el cambio y desarrollar la autocompasión, y otra es decir que cualquiera puede desarrollar esas técnicas. La pregunta de si tienes que ser emocionalmente inteligente o disponer de un título avanzado en psicología para ser bueno en la validación se puede responder a través de la investigación experimental. Y así ha sido. Desde familiares[25] hasta estudiantes[26] y médicos,[27] personas de todas las profesiones y condiciones sociales han demostrado ser capaces de mejorar en validación (y que los demás lo perciban) y lograr resultados positivos como los que se comentan en este capítulo. Se han registrado cambios significativos tras solo dos sesiones[28] de formación en validación, y tras solo cuarenta y cinco minutos en un experimento.[29] Estos estudios demuestran no solo que la gente corriente puede aumentar objetivamente su capacidad de validación mediante una formación básica, sino que también son capaces de lograr mejoras significativas en sus vidas y en sus relaciones.

Según mi experiencia, uno de los mayores indicadores del éxito de una persona en la validación es su grado de comprensión del concepto. ¿Es posible validar a alguien que está siendo irracional? ¿Y si no entiendes o no empatizas con la postura de la otra persona? Para sortear estas y otras cuestiones que surgen al practicar la validación, necesitarás algo más que una definición superficial del término. Una vez establecido cómo salvar relaciones, mediar en conflictos, facilitar el cambio y validar a través de la autoafirmación, pasemos a ver qué significa validar a alguien.

Capítulo 3

QUÉ SIGNIFICA SER VISTO: DEFINICIÓN DE LA VALIDACIÓN

Me gustan las palabras fuertes con algún sentido.

Louisa May Alcott, *Mujercitas*

Voy a contarte un secreto. En realidad no es un secreto, sino más bien una pregunta. Al principio de mi formación, me dijeron que me hiciera esta pregunta cada vez que un cliente acudiese a mí con un problema. No vi ninguna razón para ser tan reflexiva solo con mis clientes, y he intentado tenerla presente siempre que alguien acude a mí en busca de apoyo, incluida yo misma.* Puedo decir sinceramente que hacerlo me ha convertido en una terapeuta, madre, hija, asesora, hermana, esposa, amiga y colega mucho más eficaz. La pregunta es sencilla: **«¿Debo responder con una solución o con validación?»**.

Esta pregunta pretende cuestionar una de nuestras características más entrañables: queremos mejorar las cosas. Cuando alguien está enfadado o acude a nosotros con un problema, queremos aliviar su dolor y ayudarle a encontrar una solución. Por desgracia, por muy buenas que sean nuestras intenciones, nuestros esfuerzos suelen ser contraproducentes. En lugar de resolver problemas, los empeoramos. En lugar de tranquilizar a los demás, invalidamos su angustia.

Consideremos un ejemplo tan antiguo como el tiempo: poco después de que una familia dé la bienvenida a su hogar a su nueva bebé,

* Sí, acudo a mí misma en busca de apoyo con frecuencia. Es una de las ventajas de ser una buena psicóloga. Es broma. Es una de las ventajas de saber autovalidarse, y te enseñaré a hacerlo en el capítulo 18.

el que ha pasado a ser hermano mayor declara que la odia. «No, tú quieres a tu hermana —insisten los padres—. Ahora solo es un bebé, ¡pero dentro de poco jugaréis juntos!». Por supuesto, ese bebé no va a ser un compañero de juegos adecuado durante al menos un par de años. ¡Y en tiempo de niños eso es una eternidad! El hermanito mayor permanecerá en silencio, confuso y herido por la reacción de sus padres, o bien empeorará su comportamiento y acabará castigado, posiblemente, por una rabieta. Lejos de sentirse mejor, la mayoría de los niños en esa situación se sentirán invalidados.

Si te sientes identificado con los padres de este ejemplo, o si recuerdas alguna ocasión en la que hiciste algo parecido, no te preocupes: ¡a mí también me pasa! Mis instintos se anteponen continuamente a mi proceso de pensamiento, en especial cuando se trata de mi hija, cuyos problemas me siento impulsada a resolver de manera biológica. ¿Dolor? ¡Lo absorberé! ¿Dudas? ¡Las despejaré! ¿Son lágrimas eso que veo? Haré muecas y ruidos de pedos hasta que empiece a reír. Nuestro impulso innato de encontrar soluciones está bien en algunos casos, pero no en todos. El inconveniente de la resolución de problemas es que, a menudo, cuando la gente acude a nosotros con una dificultad, no busca que se la resolvamos: lo que busca es validación.

Responder inicialmente con validación no te impide continuar después con la resolución de problemas o viceversa. Por ejemplo, podrías validar inmediatamente la angustia de tu pareja después de fracasar en una entrevista de trabajo y, más tarde, analizar qué podría hacer de manera distinta la próxima vez. **Puedes y debes alternar entre la validación y la resolución de problemas, respondiendo con lo que consideres que es necesario en cada situación. No obstante, en algún momento tendrás que asumir que solo puedes ofrecer una cosa o la otra.**

La definición de la resolución de problemas es sencilla: es el proceso de encontrar soluciones a los problemas. Hablaré más sobre esta cuestión y otras estrategias de cambio en la tercera parte. Por el momento, voy a centrarme en la validación para que tengas muy claro qué es y qué no es. Para este capítulo, te animo a dejar a un lado las fantasías que puedas tener sobre las personas a las que esperas cambiar y centrarte en entender este concepto. Considéralo una prueba de tu potencial de validación y tu primera lección: **la capacidad de moverse de manera flexible entre la atención al cambio y la validación determina el éxito en cualquiera de los dos objetivos**.

LAS PALABRAS Y SUS SIGNIFICADOS

Antes he definido la validación como el hecho de transmitir que uno presta atención plena, que entiende y empatiza con la experiencia de otra persona, aceptándola así como válida. La primera parte de esta definición trata sobre el modo de validar a alguien: tienes que mostrar atención, comprensión y empatía. ¿Y qué significa eso exactamente?

Mindfulness

Tal vez recuerdes que Jon Kabat-Zinn define el mindfulness como «prestar atención de forma deliberada, en el momento presente y sin juzgar». Con la validación, depositas esa atención deliberada y sin juicios en otra persona. En cierto sentido, la validación es una especie de práctica de mindfulness interpersonal: más que la respiración o el cuerpo a modo de ancla para tu atención, como es habitual en los ejercicios tradicionales de mindfulness, te centras en la experiencia de otra persona.

Existen varias cuestiones que pueden comprometer nuestra capacidad de prestar toda nuestra atención a los demás, pero hay dos que conviene destacar porque figuran entre las más comunes y menos obvias. La primera es que tendemos a sobreestimar el alcance de la atención que prestamos, sobre todo cuando estamos convencidos de que entendemos o nos importa algo. Programas de televisión como *El jefe infiltrado*, que utilizan la premisa de un jefe que se hace pasar por un nuevo empleado de la empresa que dirige, ponen de relieve esta cuestión. El jefe siempre parece tener un conocimiento profundo del funcionamiento de la empresa antes de ir de incógnito. En todos los casos, después de pasar una semana en las trincheras observando a sus empleados, el jefe desarrolla una mayor gratitud hacia ellos y entiende mejor lo que supone realmente dirigir la empresa. Sí, estos programas son artificiosos, pero no por ello dejan de ilustrar un fenómeno muy real: observar y prestar atención a las experiencias de la gente nos permite conectar con las personas de maneras que, de otro modo, no podríamos. También ponen de relieve que trabajar por un objetivo compartido o estar pendiente de alguien no son lo mismo que prestar atención de verdad.

Irónicamente, la segunda cuestión que puede comprometer nuestra capacidad de prestar plena atención a los demás es el autoconocimiento, la conciencia de uno mismo. Cuando sabemos que no entendemos o no conectamos emocionalmente con la experiencia de otra persona, tendemos a retroceder. Nos apresuramos a asumir que nuestra ignorancia o falta de interés inmediato nos hará decir o hacer algo ofensivo, de modo que acabamos por no hacer nada. Ni siquiera escuchar. Cambiamos de tema, miramos el móvil o nos desentendemos de la manera que sea. Sin embargo, lo cierto es que no hace falta comprender a fondo o empatizar con la experiencia de otra persona para ser testigo de ella. De hecho, resulta difícil llegar a la comprensión o la empatía si no has prestado atención.

Comprensión

En términos de validación, comprender significa ver la reacción de una persona, o parte de ella, como lógica o justificable. Por desgracia, en lugar de prestar atención a los aspectos razonables de la respuesta de la persona en cuestión, tendemos a centrarnos en lo que está «mal». Se lo tenemos que agradecer al sesgo de negatividad.[1]

El sesgo de negatividad es como un diablillo en el hombro cuya única misión en la vida consiste en llamar nuestra atención sobre lo que está mal, es malo o resulta amenazador en nuestro entorno. Desde el punto de vista de la evolución, este diablillo tendencioso nos ha servido bien: tenemos más probabilidades de sobrevivir si nuestra atención se centra en los dientes de un león, y no en su preciosa melena a lo Mufasa. Sin embargo, en las relaciones interpersonales, el sesgo de negatividad puede ser problemático. Para validar a alguien, tienes que ignorar lo que está mal de su perspectiva (por muy obvio que sea) y centrarte en lo que es válido. La clave para avanzar, y no solo sobrevivir, en tus relaciones consiste en ignorar los colmillos y centrarte primero en la melena.

Empatía

La empatía significa conectar con las emociones de otra persona. En el contexto de la validación, también puede significar atribuir significado a la experiencia de alguien o demostrar interés. En nuestro caso, la empatía se basa en el razonamiento lógico y surge de la comprensión. Yo fui capaz de empatizar con la vergüenza que sintió mi amiga después de que su hijo adulto la descubriera en pleno acto sexual con su marido no solo porque sé lo que es la vergüenza, sino también porque su reacción tenía todo el sentido.

Muchas veces se confunde empatía con compasión, pero a efectos de validación, las diferencias entre ambas son importantes: la compasión es una reacción ante el sufrimiento o las circunstancias negativas de otra persona; la empatía consiste en conectar con las emociones de otra persona, ya sean positivas o negativas. Mientras que la compasión significa sentirse mal por alguien, la empatía es sentir con ese alguien. La compasión mira desde arriba y dice «Qué fastidio»; la empatía baja a la altura de los ojos y dice «Te siento».

En el verano de 2021, a mi madre le diagnosticaron un tumor cerebral y necesitó una cirugía urgente para extirparlo. Afortunadamente, la operación fue un éxito rotundo y, desde entonces, su recuperación ha sido completa. Durante ese tiempo, yo estaba trabajando con una clienta, Ella, que había perdido a su madre por un cáncer a una edad temprana. Cuando vislumbré cómo sería perder a mi propia madre, me invadió la empatía por Ella. En las semanas de incertidumbre por el caso de mi madre, el miedo y la tristeza llegaron a ser abrumadores en algunos momentos. No podía imaginar cómo habría gestionado yo la situación si me hubiese pillado de pequeña.

Cuando mi madre se recuperó, decidí compartir mi experiencia con Ella en un esfuerzo por validar algunas de las emociones que tenía en relación con su pérdida.* Durante la conversación, sentí la conexión familiar que solo la validación aporta. Aquel día, más tarde, recibí un correo electrónico de Ella. Solo contenía unas pocas frases, pero en aquel espacio consiguió validar mi experiencia como nadie lo había hecho. Yo no buscaba su validación; no la esperaba ni la pedí, pero mentiría si dijera que no me conmovieron sus palabras. Ella no estaba superada por la necesidad de cuidarme. Mi vulnerabilidad no la afectó como algunos podrían suponer. Me había visto en ella, y eso le permitió verse a sí misma en mí. La empatía suele tener este efecto; la compasión, no.

Nótese que experimentar empatía y transmitirla son dos cosas distintas. Si Ella y yo no hubiésemos comunicado nuestra empatía, ninguna se habría sentido validada por la otra. Además, si hubiéramos sido ineficaces en nuestra comunicación, tampoco nos habríamos sentido validadas. Este es un punto sutil, pero crítico. Ya he mencionado que las personas emocionalmente sensibles suelen ser menos dadas a practicar técnicas de validación porque pueden conectar con facilidad con las emociones de los demás. Cometen el error de suponer que su capacidad única de empatizar significa que son igual de eficaces a la hora de comunicar su empatía. Sin embargo, no necesariamente es así.

Las personas sensibles suelen estar sometidas a una vertiginosa combinación de demasiado y muy poco *feedback* sobre sus sentimien-

* En el capítulo 13 describiré cómo se utiliza la revelación de forma segura para validar a alguien.

tos, lo que puede suponer un reto a la hora de aprender a comunicarlos. Una persona que detecta las emociones rápidamente y las experimenta profundamente también es más propensa a sentirse abrumada por ellas. Incluso si la persona consigue no desregularse, sus reacciones suelen ser más intensas que las de quienes le rodean. Tras años de ser castigadas de manera directa o indirecta por ser «tan emotivas», muchas personas sensibles aprenden a reprimir los sentimientos negativos en lugar de expresarlos. Por otra parte, cuando comunican emociones más «apropiadas», como interés o empatía, rara vez reciben los comentarios adecuados para ayudarles a fijar lo aprendido. Pocas personas le dirán a alguien que intenta empatizar con ellas que va demasiado rápido o que no ha dado en el clavo. **Muchas personas saben que conectan fácilmente con las emociones de la gente, sin embargo, no se dan cuenta de que no transmiten de la forma adecuada su empatía y por ello no se interesan en aprender a comunicarla con eficacia.**

Unas palabras sobre la autenticidad

Para concluir este debate sobre los componentes de la validación, me gustaría destacar que deberías considerar la validación como una cuestión de grados: el grado en que la comuniques depende de la cantidad de atención, comprensión y empatía que puedas transmitir con autenticidad. La validación no auténtica no es validación en absoluto. Es manipulación, explotación o, posiblemente, ignorancia, pero no es validación. Por muy astuto que seas, créeme cuando te digo que no deberías falsear la validación con la esperanza de lograr las transformaciones positivas que promete. No funcionará. La falta de autenticidad tiene un coste, y ese coste incluye la atención, la comprensión y la empatía necesarias para transformar a los demás sin poner en peligro tus relaciones con ellos.

QUÉ VALIDAR

La validación transmite que estás atento (prestando atención), comprendes (ves la racionalidad) y empatizas (conectas o te preocupas) con la experiencia de alguien, aceptándola como válida. ¿Qué constituye la experiencia de una persona y cómo se sabe si es válida?

En este contexto, la experiencia de una persona consiste en sus emociones, pensamientos y conducta. Es importante señalar que no es necesario validar cada parte de la experiencia de una persona. Una de las reglas fundamentales de la validación es que solo debes validar lo válido. Recuerda que el sesgo de negatividad hace que nos centremos en lo que nos desagrada o nos resulta confuso. Tu tarea consiste en buscar el *núcleo de verdad* – lo que consideres razonable – en la experiencia de la otra persona y validarlo. Si te cuesta encontrar ese núcleo de verdad, plantéate si sus emociones, su conducta o sus pensamientos tienen sentido entre ellos. ¿Parece válida la conducta de una persona teniendo en cuenta sus pensamientos? Organizar una manifestación para exigir al gobierno la limpieza de residuos nucleares resulta razonable si alguien piensa que su ciudad ha estado expuesta a partículas radiactivas. ¿Son razonables sus emociones dada su conducta? Sentirse paranoico por una posible invasión alienígena resulta comprensible si una persona no ha dormido en tres días y ha estado viendo documentales de extraterrestres sin parar.

SOLO DEBES VALIDAR LO QUE ES VÁLIDO.

Del mismo modo que debes demostrar atención plena, comprensión y empatía solo en la medida en que puedas hacerlo con autenticidad, también debes validar los pensamientos, las conductas o las emociones de una persona solo si los consideras legítimamente válidos. De nuevo, limítate a validar lo válido.

Las reacciones no válidas son las que podrías tratar de cambiar. En una ocasión trabajé con un paciente con esquizofrenia que dejó la medicación de golpe y se convenció de que yo estaba en connivencia con el gobierno para matarlo. No vi ninguna validez en sus pensamientos porque, obviamente, yo no estaba confabulada con el gobierno federal. Las emociones de miedo y desconfianza que expresó me parecieron razonables, igual que sus esfuerzos por contactar con un abogado, ya que pensaba que yo estaba conspirando para matarlo. No iba a llegar a ninguna parte si cuestionaba abiertamente sus pensamientos. Lo que tenía que hacer era centrarme en validar sus emociones y su conducta, y trabajar hacia atrás a partir de ahí.

Es posible que no te encuentres a menudo en la situación de tener que validar a alguien con esquizofrenia, pero en un mundo tan dividido como el nuestro, sí es probable que te sientas identificado con el reto de intentar encontrar el núcleo de verdad en la respuesta de otra persona cuando gran parte de esa verdad parece absurda o incluso peligrosa. Esos son los momentos en los que la validación cobra la mayor importancia.

Esta insistencia en «validar solo lo válido» plantea una pregunta importante: ¿cómo sabemos si los pensamientos, las conductas o las emociones de una persona son válidos?

Los pensamientos se consideran válidos cuando son lógicos, se basan en hechos y se fundamentan en la realidad. La gente hace suposiciones e interpretaciones continuamente basadas en los datos de una situación, y de forma inevitable llega a conclusiones distintas. Siempre que las deducciones de una persona sean lógicas o plausibles, puedes considerarlas válidas. Nota: no es necesario estar de acuerdo con la perspectiva de la otra persona para que sea lógica. Profundizaremos en esto más adelante.

Las conductas válidas son aquellas que resultan apropiadas desde el punto de vista de las normas culturales o eficaces con respecto a los objetivos del individuo y el contexto (pasado o presente).* El criterio de «culturalmente apropiado» puede resultar problemático, ya que las normas culturales podrían entrar en conflicto con los valores de una persona o ser opresivas y cuestionables. Rosa Parks, por ejemplo,

---

* Las conductas impulsadas por el funcionamiento biológico normal, como ir al baño o beber agua, también se consideran válidas.

transgredió las normas culturales al negarse a sentarse en la parte trasera del autobús. Su conducta fue coherente con sus valores y una forma muy eficaz de protesta social a pesar de ir en contra de las normas culturales. Dado que las normas culturales pueden ser controvertidas, yo tiendo a centrarme más en si la conducta de una persona resulta eficaz teniendo en cuenta sus objetivos a largo plazo y la situación. Por ejemplo, si descubres que tu pareja lleva ocho meses engañándote, los sentimientos de traición, rabia e incredulidad serán emociones válidas. El pensamiento «No quiero volver a ver a mi pareja» también podría ser válido. Quemar la casa de tu pareja, sin embargo, NO será una reacción válida porque te creará más problemas de los que resolverá, y es probable que te impida alcanzar algunos de tus objetivos (a menos que entre ellos se encuentren provocar incendios e ir a la cárcel).

La forma de actuar de una persona pudo ser válida en el pasado, pero puede no serlo en el presente. Cuando trabajaba como jefa de laboratorio en mi primer empleo después de la universidad, siempre, de forma inconsciente, levantaba la mano en las reuniones cuando tenía algo que decir, así que, preocupada por que ello dañase mi imagen ante mi jefa y que pudiese considerarme una persona inmadura, decidí hablar con ella. Cuando lo hice, se limitó a sonreír y me dijo: «Llevas toda la vida estudiando. Dale tiempo a tu cerebro para que se actualice».

Levantar la mano, y a veces agitarla exageradamente para evitar que el chico de al lado me robase el turno, me había resultado eficaz para alcanzar mis objetivos en el aula. Mi jefa reconoció la validez de mi conducta, aunque ya no era eficaz en el contexto laboral en el que me hallaba.

Por último, **las emociones siempre son válidas**. De acuerdo, es posible que no siempre sean válidas, pero cuestionar las emociones ajenas, a diferencia de los pensamientos y las conductas, rara vez resulta eficaz. En el capítulo 11 veremos las pocas situaciones en las que podría ser apropiado invalidar las emociones de una persona, pero lo habitual es que decirle a alguien cómo debería sentirse o que sus sentimientos son erróneos no suele salir bien. En el mejor de los casos, te metes en una discusión que ninguna de las partes puede ganar. En el peor de los casos, haces que la otra persona desconfíe de sus emociones hasta el punto de distorsionar profundamente su visión de sí misma y del mundo. Aunque no hay nada de malo en intentar cambiar las emociones de alguien tratando de animarle o calmarle, por ejemplo, querrás evitar la invalidación sugiriendo que no debería sentir lo que siente. Existe una enorme diferencia entre ayudar a alguien a regular sus emociones («Es un asco tener la sensación de que la gente juzga tu forma de educar a tus hijos. Intentemos buscar algo que te haga olvidar eso») e invalidarlo («¿Por qué te importa lo que piensen los demás?»).

Técnicamente hablando (pero recuerda que no vas a invalidar las emociones ajenas, así que no importa), las emociones se consideran válidas cuando son proporcionales a la situación que las ha provocado y son normativas, esperables o comprensibles dadas las circunstancias. Para determinar si la conducta de una persona es «comprensible dadas las circunstancias», tienes que conocer esas circunstancias. Sin embargo, solo conocerás una pequeña parte de lo que ocurre en la vida de otra persona en un momento dado. Aunque pudieses seguirla todo el día, tus conocimientos seguirían limitándose a lo que puedas observar con tus propios ojos. El dolor físico, la química cerebral, los niveles hormonales...: nada de esto es observable y, sin embargo, ejerce un profundo efecto en lo que siente una persona y cómo reacciona a su entorno.

Si realmente te cuesta ver la validez de las emociones ajenas, puedes hacer preguntas, mostrar curiosidad o centrarte en cualquier conducta no válida, sobre todo si llama mucho la atención, por ejemplo: «Havana, gritando a pleno pulmón no vas a conseguir lo que quieres». Puedes ayudar a alguien a identificar o etiquetar sus emociones, pero por tu bien y el suyo, no las invalides.

QUÉ NO ES LA VALIDACIÓN

La mayoría de los obstáculos que puedes encontrarte respecto a la validación se pueden evitar con solo entender qué no es validación.

Validar ≠ estar de acuerdo

Soy vegetariana por razones medioambientales y éticas. A lo largo de los años he mantenido cientos de conversaciones sobre este tema y me he encontrado con muchas cosas que validar en los puntos de vista de los carnívoros. En general, no estoy de acuerdo ni me gustan esos puntos de vista, pero casi siempre encuentro algo que validar.

«No cocino y no confío en poder satisfacer mis necesidades nutricionales de otro modo». *Tiene sentido. Todos intentamos abarcar demasiado, y ajustar toda tu dieta parece bastante desalentador.*

«¿En qué va a mejorar la situación medioambiental solo si yo me hago vegetariana?». *Buen punto. Yo también me lo pregunto a veces.*

«Si voy a dejar de comer carne, también debería dejar los lácteos y todos los productos de origen animal. No creo que eso sea saludable o sostenible». *¡Y que lo digas! Fracasé en mi intento de ser vegana. Cada día me enfrento a la hipocresía de mi estilo de vida.*

Para que quede claro, no estoy de acuerdo con estas afirmaciones. Tengo muchos «sí, pero» en contra, y si tratase de cuestionar la opinión de alguien, podría expresarlos. Pero si estoy tratando de validar, de demostrar cierto grado de atención, comprensión y empatía hacia su postura y aceptar el punto en el que se encuentra, tengo que centrarme solo en lo que es válido. Como veo la lógica y la racionalidad de esos puntos de vista, tengo que comunicar eso y no el alcance de mi desacuerdo.

Hay que tener en cuenta que validar una parte de la experiencia de una persona (por ejemplo, sus emociones) no refuerza ni recompensa necesariamente los aspectos que quieres cambiar (por ejemplo, su conducta). En cierta ocasión trabajé con una alta ejecutiva que buscaba ayuda para controlar su ira. Un día me preguntó cómo lidiar con lo que todos estaríamos de acuerdo en calificar como el gesto más ofensivo del mundo: sus vecinos habían empezado a dejar su basura en su contenedor. Cada semana, cuando llegaba la noche de recogida de la basura, mi clienta cargaba con su basura hasta la acera solo para descubrir que los vecinos habían llenado su propio cubo de basura y el de ella. Me hierve la sangre solo de pensarlo. Mi clienta quería presentarse en su casa después del trabajo y echarles la bronca, pero lo que hicimos fue preparar un correo electrónico que resultase asertivo y amable a la vez. Tengo que decir que el mensaje que redactamos fue una obra maestra. Una auténtica obra de arte. Mi clienta se lo envió y me remitió su respuesta unas horas más tarde. ¡Y funcionó! Se disculparon, expresaron su arrepentimiento e incluso la invitaron a una noche de juegos. Todo solucionado.

Tres semanas más tarde, me desperté en plena noche por una llamada de la policía. Era mi clienta. Al parecer, sus vecinos habían vuelto a tirar la basura en su cubo. Enfurecida y derrotada, decidió vengarse rajando los neumáticos de su coche nuevo. En un aparcamiento compartido. Donde había videovigilancia. Cuando la policía llegó para interrogarla, se resistió al arresto y se la llevaron detenida. Mientras me explicaba los detalles, fue alternando entre la actitud defensiva y la culpa. Permanecí callada y la dejé hablar. Lo primero que se me pasó por la cabeza/por todo el cuerpo fue: «¡¿Cómo has podido hacer eso?!». Lo primero que dije fue: «Ver su basura en tu cubo debe de haberte sentado como una bofetada».

Y lo dije en serio. Se había esforzado mucho para ser eficaz, tuvo éxito, perdió ese éxito, y al final no le quedaba más que la sensación de falta de respeto y una bolsa con su propia basura. No fue mi primera reacción a su historia, pero casi.

Para mi sorpresa, rompió a llorar. Me pasé los diez minutos siguientes escuchando y validando sus pensamientos y sus emociones. Esto no significa en absoluto que pensara que los había gestionado de manera eficaz (es decir, que su conducta era válida). Al contrario, validar cómo se sentía me preparó el terreno para obligarla a asumir la responsabilidad por su conducta, arreglar las cosas con sus vecinos y comprometerse a tolerar las emociones fuertes sin reaccionar a ellas. Si hubiese criticado con dureza lo que había hecho, habría tenido pocas posibilidades de influir en sus siguientes pasos. **La gente está mucho más dispuesta a escuchar lo que tienes que decir sobre su conducta si confía en que aceptas y comprendes el razonamiento o las emociones que hay detrás.**

Validar ≠ elogiar o mostrar aprobación

Como he mencionado en el capítulo 1, muchas veces se confunde la validación con los elogios o la aprobación. Confiar en la validación externa no te conducirá a nada bueno, porque tratar de *photoshopearte* o cambiar para impresionar a los demás solo hará que te resulte más difícil aceptarte tal como eres. Es una gran verdad. Distorsionar quien eres para ganarte la aprobación de los otros dañará profundamente tu autoestima, no la mejorará. Una identidad construida sobre fachadas es como una casa de papel: no se sostendrá. Sin embargo, la validación transmite aceptación, no juicio. No da palmaditas en la cabeza, toca el corazón. Si alguien añade un emoji con los ojos saltones a un selfi que has publicado, te está diciendo: «Me gusta tu aspecto». Eso es un juicio, aunque positivo, y un cumplido. La validación no es ninguna de estas cosas. La validación dice: «Acepto quien eres independientemente de tu aspecto». Las personas con baja autoestima e inseguridades necesitan más validación, no menos. Necesitan sentirse aceptadas tal como son, al margen de su aspecto o su rendimiento.

Validar ≠ resolver los problemas

¡Hemos cerrado el círculo! Como señalo al principio de este capítulo, la validación vendría a ser lo contrario de la resolución de problemas: mientras que la primera comunica la aceptación de las cosas tal como son, la resolución de problemas transmite el afán de cambiarlas. Cuando Havana llega llorando del colegio porque ha sacado malas notas en el examen de ortografía y yo le respondo con una lluvia de ideas sobre lo que podría hacer de manera distinta la próxima vez para prepararse mejor, estoy resolviendo su conducta o ayudándola a determinar qué puede cambiar para obtener mejores resultados en el futuro. Cuando le digo: «Piensa en lo bien que te ha ido en los demás exámenes de ortografía», estoy aplicando la resolución de problemas a sus pensamientos; intento ayudarla a generar maneras de pensar alternativas sobre la situación para cambiar su perspectiva. Solucionar su conducta y sus pensamientos representan intentos indirectos de intervenir en sus emociones o cambiar lo que siente.

Si en lugar de eso la rodeo con mi brazo y le digo: «Oh, lo siento, cariño. Debes de estar muy decepcionada», estoy validando directamente sus emociones. Le estoy diciendo que es válido sentirse decepcionada después de no tener buenos resultados en algo que le importa. Si digo «Recuerdo que una vez me fui al baño a llorar después de suspender un examen», estoy validando su conducta: es razonable llorar cuando estás disgustado o decepcionado. Se podría argumentar que la valido solo con la intención de cambiar cómo se siente, cosa que es verdad en cierto sentido. Toda la premisa de este libro es que la validación fomenta el cambio. La distinción es que cuando valido a alguien no me centro en un resultado específico. De nuevo, la validación es como un ejercicio de mindfulness en el que el objeto de tu atención es la experiencia de otra persona. En mi ejemplo, no estoy mirando el reloj, preguntándome cuánto tardará Havana en tranquilizarse o pensando en las técnicas de estudio que podría ayudarle a desarrollar cuando logre convencerla de que la entiendo. Acepto el hecho de que las cosas son como «deberían» ser en cada momento. Sea cual sea la reacción de una persona, se basa en una larga cadena de causa y efecto. **La validación comunica que «Está bien», no que «Todo irá bien». Afirmar lo primero puede posicionarte como un aliado; si pasas demasiado rápido a lo segundo, es muy posible que te conviertas en parte del problema.**

Aunque la validación y la resolución de problemas representan motivaciones opuestas, no son incompatibles. Recuerda que la aceptación y el cambio son como las dos caras de una misma moneda. Resolver cómo puede prepararse mejor mi hija para los exámenes en el futuro es totalmente razonable, e incluso podría ser necesario, si le cuesta mejorar sus notas. El problema es que resulta poco probable que escuche ninguna de mis brillantes ideas si no hay validación. Si alguien responde a tu vulnerabilidad diciéndote todos los cambios que necesitas hacer para sentirte menos vulnerable, lo más probable es que te sientas más juzgado que apoyado. **Sentirse juzgado es sinónimo de sentirse incomprendido, y cuando sentimos que alguien no nos comprende o no entiende nuestros problemas, no es probable que confiemos en sus consejos sobre cómo cambiar las cosas.**

La cuestión de si la situación requiere validación o resolución de problemas también te afecta a ti. Saber lo que necesitas de alguien aumentará las probabilidades de que lo recibas. Recuerda que la resolución de problemas surge del deseo de ayudar. Si puedes decir a los demás hacia dónde deben dirigir sus esfuerzos («Necesito que me escuchen», «Quiero sentir que alguien más entiende esto» o «Necesito saber que no estoy loco», por ejemplo), habrá más probabilidades de que acierten.

RESUMEN

La validación comunica que estás prestando atención en el momento presente (sin juzgar), que entiendes (ves la racionalidad) y empatizas (conectas o te preocupas) con la experiencia de alguien (emociones, pensamientos o conductas), aceptándola como válida (justificable, eficaz, lógica). Además de esta definición exhaustiva, me gustaría subrayar los puntos que repito más a menudo a mis clientes y alumnos. Tatuarte la siguiente lista en el antebrazo sería como copiar en un examen de validación, porque tendrías debajo de la manga las respuestas a dos tercios de los problemas con los que te puedes encontrar.

Puntos dignos de tatuarse en el antebrazo

- Solo debes validar lo que es válido.
- Comunica validación solo en la medida en que puedas hacerlo con autenticidad.
- Validar ≠ estar de acuerdo.
- Validar ≠ elogiar o mostrar aprobación.
- Validar ≠ resolver los problemas.

Capítulo 4

LA VALIDACIÓN Y EL ARTE DEL SUFRIMIENTO: UN ÚLTIMO MOTIVO PARA DETENERSE UN MOMENTO Y APRENDER A VALIDAR

En síntesis, cualquiera de los distintos aspectos de la existencia conserva un valor significativo, el sufrimiento también. El realismo nos avisa de que el sufrimiento es una parte consustancial de la vida, como el destino y la muerte. Sin ellos, la existencia quedaría incompleta.

VIKTOR FRANKL, *El hombre en busca de sentido*

–Tengo esclerosis múltiple –dije con lágrimas en los ojos.

Marsha Linehan me miró como si no entendiese nada.

–¿Y qué? –preguntó.

Esta, lector, no era la respuesta que esperaba de la persona que había revolucionado la psicología moderna con sus ideas sobre la validación.

–Pues que no puedo ser terapeuta de TDC.

–Un momento..., ¿qué? –preguntó, arrugando la nariz.

Corría el año 2011 y yo había dedicado los últimos cinco años a un programa de doctorado en la Universidad de Duke aprendiendo todo lo posible sobre el trastorno límite de la personalidad (TLP). Se cree que la invalidación generalizada tiene un papel causal en el TLP, un trastorno que se caracteriza por la impulsividad, las autolesiones, los cambios de humor extremos y la ira. Los clientes con este trastorno están muy estigmatizados dentro de la comunidad de salud mental y a menudo sufren discriminación por parte de los profesionales.* Desde el momento en que conocí el TLP, me di cuenta de que no bastaba con no ser parte del problema; tenía que ser parte de la solución. Cuando terminé el doctorado, me seleccionaron para una beca en terapia dialéctica conductual (TDC), el primer tratamiento probado para el TLP, en una prestigiosa clínica de Seattle (Washington). A las pocas semanas de empezar, mis compañeros y yo fuimos invitados a un retiro de formación con Marsha Linehan, la creadora del tratamiento que me había propuesto dominar. Estaba en un momento maravilloso, en condiciones de iniciar por fin una carrera que me permitiría trabajar con personas a las que deseaba ayudar con todas mis fuerzas. Por desgracia, parecía que iba a tener que retirarme incluso antes de empezar.

Permíteme que retroceda un poco. Durante el segundo año de mi programa de doctorado, empecé a sufrir náuseas crónicas. Me iba a la cama con ganas de vomitar. Me despertaba con ganas de vomitar. Ninguna de las pruebas médicas a las que me sometí dieron con una respuesta. Con el tiempo fueron apareciendo otros síntomas extra-

* No es raro que los terapeutas se nieguen a trabajar con personas que padecen TLP o que las deriven a la primera señal de problemas (también conocidos como síntomas de TLP). Como me dijo un eminente psicólogo en una ocasión, «No trabajo con *borderlines* porque no me gusta que me demanden, me mientan y me amenacen». Y eso como poco. *Loca*, *demente*, *personas con dos caras*, *una joyita* y *zorra* son términos que he oído utilizar a profesionales de la medicina para describir a estas personas. Pero esto es lo que ocurre con el TLP: es tres veces más frecuente en mujeres que en hombres. Y no es más frecuente en cualquier tipo de mujer, sino en aquellas con historias de abuso infantil y trauma sexual. El juicio y el prejuicio que mi sector ha perpetuado hacia las personas con TLP me causan una gran vergüenza. Es la peor forma de culpabilizar a las víctimas (Paola Bozzatello y otros, «The Role of Trauma in Early Onset Borderline Personality Disorder: A Biopsychosocial Perspective», *Frontiers in Psychiatry*, 12 [1 de enero de 2021], <https://doi.org/ 10.3389/fpsyt.2021.721361>; Lucas Fortaleza de Aquino Ferreira y otros, «Borderline Personality Disorder and Sexual Abuse: A Systematic Review», *Psychiatry Research-Neuroimaging*, 262 [1 de abril de 2018], págs. 70-77, <https://doi.org/10.1016/j.psychres.2018.01.043>; Jeffrey S. Ball y Paul S. Links, «Borderline Personality Disorder and Childhood Trauma: Evidence for a Causal Relationship», *Current Psychiatry Reports*, 11, núm. 1 [22 de enero de 2009], págs. 63-68, <https://doi.org/10.1007/s11920-009-0010-4>; Andrew E. Skodol y Donna S. Bender, «Why Are Women Diagnosed Borderline More Than Men?», *Psychiatric Quarterly*, 74, núm. 4 [1 de enero de 2003], págs. 349-360, <https://doi.org/10.1023/ a:1026087410516>).

ños, y al final de mi último semestre en Duke me derivaron a neurología. En aquel momento me estaba preparando para mudarme a la otra punta del país para hacer mis prácticas en Seattle. El neurólogo sugirió algunas pruebas para descartar una causa neurológica de mis síntomas. Dijo que estaba seguro de que los resultados serían negativos. Sí, claro...

A mitad del viaje por carretera con el que ahora es mi marido, me llamó Mat, el neurólogo. Me dijo que tenía que ir al médico en cuanto llegase a Seattle.

–Tienes EM –me dijo.

–¿Como Stephen Hawking? –le pregunté.

–No. Eso es ELA.

Estaba claro que no tenía ni idea de a qué me enfrentaba.

Los médicos de Washington confirmaron el diagnóstico de esclerosis múltiple (EM). Me pasé el año siguiente trabajando y estudiando de día y poniéndome inyecciones en el abdomen por la noche para ralentizar el avance de la enfermedad. Experimenté una fatiga que no se parecía a nada de lo que había sentido hasta entonces. Los viernes por la noche caía rendida y dormía hasta el domingo, y solo me levantaba para comer o ir al baño. En el trabajo cerraba la puerta con llave entre paciente y paciente y me acurrucaba debajo de mi escritorio para ir capeando las idas y venidas de náuseas mientras me quedaba dormida unos minutos y me volvía a despertar.

Ya no sufría depresión, pero después de una década simulando un funcionamiento normal para ocultar mis síntomas de salud mental, me había convertido en una experta en canalizar el dolor en productividad y esconderme a plena vista. La gente siempre se sorprendía al saber que tenía esclerosis múltiple: «¡Pero pareces muy saludable!». Eso era importante para mí en aquel momento, y en muchos sentidos todavía lo es. Ya sea depresión o EM, nunca he querido darle a una enfermedad nada que no me hubiese quitado ya.

Terminé las prácticas, me doctoré y me casé, todo un año después del diagnóstico. Sobre el papel y en las redes sociales estaba en mi mejor momento. Desafortunadamente, durante la beca de TDC, no sentí tanto que luchaba contra una enfermedad como contra mí misma.

El puesto era a la vez un sueño hecho realidad y una pesadilla para alguien en mi estado. Estaba haciendo prácticas junto a algunos de los mejores profesionales que he conocido, llevando a cabo un trabajo que me parecía muy importante. También veía a más clientes que nunca, y todos eran suicidas, violentos, se autolesionaban o presentaban una devastadora combinación de los tres rasgos. Estaba disponible 24/7. Mis síntomas se intensificaron, y empezó a resultar evidente que pasaba algo. En una ocasión vomité durante una sesión. «Un momento», le dije a la mujer que acababa de admitir entre lágrimas que había engañado a su pareja. Sabía que no llegaría a tiempo al baño, así que agarré la papelera que tenía junto al escritorio y vomité en ella con la mayor discreción posible. Para que conste, imagino que vomitar es la peor reacción que podría tener un terapeuta ante una persona que acaba de confesar que tiene una aventura con su cuñado.

Me di cuenta de que había sobrepasado la línea de la perseverancia y la fortaleza. Estaba en negación. Se me rompió el corazón, pero tuve que aceptar que, a pesar de lo mucho que me gustaba el trabajo, no podía llevarlo a cabo. Cuando llegó el retiro con Linehan, había decidido que mi primer encuentro con ella sería el último.

Volvamos a aquella reunión:

—Estás diciendo que no puedes ser terapeuta de TDC porque tienes esclerosis múltiple —planteó Linehan sin rodeos.

—Así es.

—Así no es.

Tal vez fuese lo más invalidante que podría haberme dicho.

—Debes ser terapeuta de TDC porque tienes EM —explicó en un tono que me pareció exasperado.

Había oído que Linehan podía ser sarcástica, pero aquello era ridículo. No sabía nada de mí ni de lo que estaba pasando. La madre de la validación parecía más preocupada por cambiar una decisión que me había llevado meses tomar que por aceptarme tal como era.

—Si no te gusta el trabajo, los pacientes o la terapia en sí, entonces deberías dejarlo. Eso es así.

—Me encanta el trabajo, los pacientes y la terapia —dije.

Me miró con escepticismo y me preguntó por qué me gustaba la TDC.

—Creo que su trabajo sobre la validación fue innovador —respondí—. Me ha hecho mejor persona.

—Se lo robé a Carl Rogers —dijo rotundamente.*

—¿En serio?

—Más o menos —respondió—. Pero por eso exactamente deberías ser terapeuta de TDC.

—¿Carl Rogers? —insistí, confundida.

—Validación. Tu sufrimiento es un regalo. No lo desperdicies.

Cada noche, durante el retiro, Linehan recitó una oración por todas las personas con problemas de salud mental. Por las que se sienten solas en el mundo y con su desesperación. Suena cursi, pero la oración era realmente conmovedora. Podías sentir su conexión con las vidas que se había dedicado a salvar. En 2020, justo antes de jubilarse, Linehan publicó sus memorias, *Building a Life Worth Living*. En ellas describe el sufrimiento emocional que experimentó tras permanecer ingresada durante varios años cuando era joven. Los síntomas que desarrolló mientras estuvo en el hospital coinciden con los del TLP, igual que la discriminación y el maltrato que recibió. Resulta casi imposible imaginar cómo sobrevivió la joven que describe, propensa a sufrir episodios de autolesiones graves e intentos de suicidio, y mucho menos cómo logró convertirse en una de las voces más distinguidas de la psicología moderna. En esas memorias, Linehan habla de no desperdiciar tu sufrimiento.

---

* Mi editora me ha pedido que aclare que Linehan no estaba admitiendo en serio que había robado el trabajo de Carl Rogers. Linehan es conocida por su irreverente sentido del humor, el cual salpicó toda nuestra conversación y quedó reflejado en su comentario. Yo, en cambio, tengo un sentido del humor menos sofisticado, y quiero dejarte con la imagen de Linehan distrayendo a Carl Rogers con un juguete para gatos mientras mete papeles del escritorio del psicólogo en un bolso de piel de cocodrilo.

Dada su experiencia, no es de extrañar que Linehan se propusiera transformar la psicoterapia cuando se encontró en condiciones de hacerlo. En el resto de este capítulo voy a hablar sobre la ciencia y la filosofía que dieron forma a la perspectiva de Linehan sobre la validación. A continuación compartiré las técnicas de validación de la TDC y explicaré brevemente cómo las he adaptado. Y, lo más importante, intentaré relacionar todo esto contigo y tu sufrimiento. Sé que ya he dicho muchas veces que la validación transforma vidas, pero quiero terminar la primera parte insistiendo una vez más en ello: **el mayor regalo de saber validar a los demás es la oportunidad de encontrarle sentido al sufrimiento**.

Un par de cosas antes de continuar:

1. El próximo apartado sobre la ciencia de las psicoterapias puede no parecer muy relevante para los no terapeutas. Sin embargo, si sustituyes la palabra *terapeuta* por *padre* o *madre*, *jefe*, *pareja* o cualquier otra persona que trate de provocar un cambio, la relevancia pasa a ser evidente. Como afirmó el gran Carl Rogers, «Un ambiente de aceptación y respeto, de profunda comprensión, es un buen clima para el crecimiento personal, y como tal se aplica a niños, colegas, estudiantes y clientes [de terapia]».[1]
2. Hoy en día, la mayoría de la gente no termina los libros. Tú llevas más o menos una cuarta parte de este, lo que significa que has llegado al punto en el que muchos (me incluyo) abandonan sus libros. No puedo evitar preocuparme ante la idea de que la promesa de ciencia y filosofía te lleven al típico «Volveré más tarde». Si es el caso, puedes saltarte esta sección y pasar directamente a «Creo que su trabajo sobre la validación fue innovador». Sin embargo, no recomiendo que te la saltes, porque entonces te perderás la parte sobre la dialéctica, a la que hago referencia a lo largo de todo el libro y que es la mejor excusa del mundo para contradecirte a ti mismo.

La ciencia: la psicología occidental

Carl Rogers fue un personaje interesante. En 1957 publicó un trabajo, hoy legendario,[2] en el que sugirió que las mejoras que logra una persona mediante la terapia son el resultado de la autenticidad, la empatía y la aceptación de su terapeuta.* Ahí es nada. ¿Quieres ayudar a alguien a ser más asertivo? Acéptalo. ¿Quieres que grite menos y sonría más? Acéptalo. Rogers rechazó los puntos de vista de conductistas como B. F. Skinner que creían que el cambio tiene más que ver con el refuerzo y el castigo que con el autodescubrimiento.[3] También discrepó de la actitud santurrona de la terapia psicoanalítica de Freud, de moda en aquel entonces.[4] La idea de que los médicos son superiores a sus pacientes (tan presente en el psicoanálisis) era completamente tóxica para Rogers. Decepcionado por el estado de su campo, desarrolló su propio enfoque terapéutico.[5] Advirtió a los terapeutas contra el hecho de ejercer presión para provocar cambios y desaconsejó la interpretación y el análisis.[6] No me cansaré de insistir en la gran peineta que supuso su trabajo para las teorías predominantes de la época. Es decir, una peineta empática y tolerante, pero peineta al fin y al cabo.

A pesar de ser un ferviente defensor de la investigación clínica, Rogers dejó el mundo académico de manera abrupta a principios de 1960, y la investigación sobre la terapia que había desarrollado empezó a diluirse. En retrospectiva, parece que Rogers tenía razón cuando afirmó que la aceptación, la empatía y la comprensión crean un buen clima para el crecimiento individual. Por desgracia, no ofreció muchas técnicas para ayudar a los terapeutas a establecer ese clima. Y no supo apreciar que, aunque la aceptación puede inspirar cambios im-

* Rogers utilizó la expresión *aceptación positiva incondicional* para describir esa combinación de autenticidad, empatía y aceptación.

portantes, a menudo debe utilizarse junto a (no en lugar de) estrategias de cambio conductual como la formación en habilidades y el refuerzo positivo.

Cuando Linehan entró en escena, las terapias conductuales y cognitivo-conductuales se habían convertido en la referencia. Aunque eran cada vez más igualitarias y colaborativas (gracias a la influencia de Rogers), Linehan consideraba que su énfasis en el cambio era problemático en muchos casos, sobre todo cuando la gente mostraba resistencia al respecto: «"No me está escuchando", "Está intentando cambiarme"», escribió en sus memorias al recordar lo que decían los clientes cuando intentaba ayudarlos a desarrollar nuevas técnicas o a resolver problemas.[7] Probó a utilizar el método de Rogers en toda su extensión, centrándose en la aceptación en lugar del cambio, pero no funcionó: «"¿Qué? ¿No me va a ayudar?", preguntaba el cliente. "¿Va a dejarme aquí sin más, con todo este dolor?"».[8] A esas alturas, imagino que Linehan se estaba quedando sin capítulos en su manual *Cómo ser terapeuta*. No obstante, a pesar de los contratiempos, no dejó de creer que la aceptación era una pieza significativa del rompecabezas de la terapia. Necesitaba un nuevo rumbo, de modo que se echó a la calle para aprender todo lo que pudiese sobre la aceptación. Y cuando digo *calle*, me refiero a monasterios budistas.

La filosofía: budismo zen y dialéctica

Los efectos transformadores de la aceptación se subrayan en todas las ramas del budismo. Al darse cuenta de que necesitaba profundizar en sus conocimientos sobre la aceptación, Linehan hizo un paréntesis en su vida académica para vivir en Shasta Abbey, un monasterio zen situado en California.[9] Desde allí se trasladó a Alemania, donde estudió con un maestro zen. Imagino su inmersión en la filosofía oriental como un montaje cinematográfico a cámara rápida. Panorámica de ella sentada, meditando; después, leyendo antiguas escrituras a la luz de las velas; a continuación, retorciéndose las manos por la frustración para acabar abriendo las palmas en señal de aceptación. Después de casi un año de inmersión en el budismo zen, Linehan volvió a trabajar en la TDC con un conocimiento más profundo de la aceptación y del modo de equilibrarla con el conductismo.

Al final, las técnicas de validación que desarrolló permitieron que los terapeutas comunicasen la aceptación a sus clientes de maneras que resonasen en ellos y los hiciera más receptivos al cambio. Ofrecían caminos hacia la autenticidad, la aceptación y la empatía que Rogers había propugnado, lo que aumentó el éxito de las intervenciones conductuales inspiradas en Skinner.

El enfoque de sintetizar posturas opuestas como la aceptación y el cambio refleja la mentalidad dialéctica que da nombre a la TDC. El término *dialéctica* en la terapia dialéctica conductual se refiere a la síntesis de ideas opuestas.[10] Es una forma filosófica de razonamiento que sirve para cuestionar el pensamiento polarizado, ese filtro detestable, como de Photoshop, que la mente insiste en aplicar a la realidad. El pensamiento polarizado nos permite hacer juicios apresurados para movernos rápidamente en nuestro entorno (por ejemplo, elegir las bayas «buenas», evitar las setas «malas»), pero también distorsiona la realidad.

La dialéctica sustituye el «o... o» por una perspectiva de «tanto... como», que permite la coexistencia de opuestos. Por ejemplo, una persona puede ser buena y mala, débil y fuerte. El marco dialéctico no solo introduce una nueva realidad (la persona que es a la vez buena y mala es categóricamente distinta de alguien que solo es una cosa o la otra), sino que también se supone que nos acerca a la verdad porque la realidad tiene más matices de los que nuestro pensamiento polarizado nos hace creer.

Aunque la dialéctica demostró ser transformadora para los clientes, sospecho que Linehan incorporó la filosofía a su tratamiento para contar con la carta «Quedas libre de la cárcel» cuando se contradijese: «Ha dicho que me acepta tal como soy». Linehan: «Claro». «Entonces ¿por qué dice que tengo que hacer más, esforzarme más y tener más motivación para cambiar?». Linehan: «Porque eso también es cierto». «Eso es mentira». Linehan: «Eso es dialéctica». Punto.

A medida que trabajes en el desarrollo de las técnicas de este libro, comprobarás que la validación es en muchos sentidos un ejercicio de dialéctica. Buscar el núcleo de verdad en el punto de vista de otra persona, sobre todo cuando ese punto de vista parece «malo» en gran parte, te ayuda a ver la realidad entre los extremos del pensamiento polarizado que prefiere tu mente. Tendrás que ser más intencional a la hora de cuestionar tus juicios. No puedes tachar a alguien de imbécil sin más. En lugar de eso, debes averiguar qué tiene de razonable o válido el punto de vista del imbécil, lo que inevitablemente cuestionará tu conclusión de que solo es un imbécil.

Resulta más fácil basarse en juicios, pero también es más doloroso. El miedo y la ira hacia lo «malo» y el autodesprecio y la decepción por no ser lo bastante «bueno» son los costes de andar por la vida con cerebro de lagarto. Afortunadamente, existe otro camino. Un camino intermedio entre los extremos. No es la ruta hacia la que nos sentimos atraídos de forma natural, pero sí podemos acostumbrarnos a tomarla.

«CREO QUE SU INVESTIGACIÓN SOBRE LA VALIDACIÓN FUE INNOVADORA»

Los niveles de validación de la TDC son los que me ayudaron en última instancia a transformar mi sensibilidad innata en una especie de superpoder.[11] Los niveles constan de seis técnicas ordenadas en función de su fuerza. Según Linehan, cada nivel es más completo y depende del (de los) anterior(es).[12]

- **Nivel 1. Prestar atención:** escuchar, observar y parecer interesado.
- **Nivel 2. Reflexionar:** repetir lo que te ha dicho la persona en un tono no crítico.
- **Nivel 3. Leer la mente:** transmitir qué más crees que podría estar experimentando una persona según lo que ha revelado.

- **Nivel 4. Comprender/comunicar que se comprenden las causas:** reconocer las experiencias pasadas y otros factores que podrían contribuir a la reacción de una persona.
- **Nivel 5. Reconocer lo válido:** comunicar que consideras que la conducta, las emociones o los pensamientos de una persona son válidos dados los hechos actuales de la situación.
- **Nivel 6. Mostrar igualdad:** actuar con autenticidad, tratando a la otra persona con respeto y como a un igual. Abstente de decir o hacer nada que sugiera que estás por encima.

Es posible que al repasar esta lista pienses: «Nada nuevo. Yo hago todo esto continuamente». Me ocurre algo parecido cada vez que veo una nueva receta. Pienso: «Ya sé batir huevos y triturar hielo». Dos horas más tarde estoy llamando a tiendas de comestibles presa del pánico para preguntar si tienen un pastel de cumpleaños de temática *Moana* para reemplazar el desastre de Pinterest que ha acabado en la basura. La moraleja es que no has de subestimar la importancia de la técnica, la elección del momento y la formación cuando se trata de validación (o de hacer repostería, para el caso).

En la segunda parte utilizaremos el método empleado en los programas de formación clínica a base de una combinación de instrucción básica, ejemplos reales y ejercicios prácticos para ayudarte a desarrollar las técnicas de validación de manera rápida y fiable. Aunque te ofreceré lo que equivale a una formación clínica, no te resultará difícil ni académica. Enseño estas técnicas tal y como yo las experimento, a través de fragmentos de películas y citas, anécdotas sobre avances y alguna que otra ruptura. Mi objetivo es llamar tu atención sobre lo que ya está ahí, subiendo el volumen de un lenguaje que nos rodea, pero que rara vez se habla en voz suficientemente alta o con la constancia necesaria para llegar a dominarlo.

Aunque las técnicas que aprenderás se desarrollaron para la TDC, nunca las he reservado para los clientes de TDC. Todavía no he experimentado una forma de sufrimiento que no se pueda reducir atendiendo a los demás, y no conozco un método mejor para hacerlo que la validación. A lo largo de los años he adaptado, ampliado y recontextualizado las técnicas de validación en TDC para que resulten más accesibles y aplicables al margen de la terapia. Sin embargo, antes de pasar a mi enfoque de estas técnicas, quiero cumplir con la promesa de vincular todo esto a tu sufrimiento. Para ello, necesito insistir en una cuestión que acabo de plantear: todavía no he experimentado una forma de sufrimiento que no se pueda reducir atendiendo a los demás.

«TU SUFRIMIENTO ES UN REGALO; NO LO DESPERDICIES»

He sufrido mucho en mi vida. Puede que no más que tú, o que aquel tipo de ahí, pero no soy ajena al sufrimiento. Y tú tampoco. Da igual quién seas, de dónde vengas o dónde acabarás: vas a sufrir. En mi caso es mi enfermedad, pero en el tuyo puede ser tu divorcio, haberte quedado sin trabajo, tener dificultades para independizarte, alejarte de la familia, incompetencia u otra experiencia que culmine en sufrimiento.

El maestro zen Thich Nhat Hanh describió el sufrimiento como el barro que da origen a las flores de loto. Sin barro no hay flores.[13] Sin embargo, según mi experiencia, el sufrimiento no siempre da frutos. La mayoría de las veces solo provoca más sufrimiento. Una vez liberado de Auschwitz, después de pasar tres años en varios campos de concentración, el doctor Viktor Frankl publicó *El hombre en busca de sentido*, un libro basado en las notas que tomó mientras vivía en los campos de exterminio. En la obra realiza algunas declaraciones llamativas sobre el sufrimiento. En pocas palabras, Frankl afirmó que lo que el sufrimiento nos hace tiene mucho que ver con lo que nosotros hacemos con él. ¿Le damos sentido? ¿Conectamos con los demás a través de él? Si es así, podemos avanzar. Si no, podríamos no sobrevivir. Según Frankl, la desesperación es sufrimiento sin sentido.[14] Solo barro y nada de flores.

La perspectiva de Frankl se hace eco de la filosofía budista zen, que sugiere que el sufrimiento no debe ser evitado, que debemos hacerle frente. No soportarlo, sino transformarlo. En palabras de

Thich Nhat Hanh, «Cuando aprendemos a reconocer, aceptar y comprender nuestro sufrimiento, sufrimos mucho menos. Y no solo eso, sino que también podemos ir más allá y transformar el sufrimiento en comprensión, compasión y alegría para nosotros mismos y para los demás».[15]

Había visto que la conciencia, la comprensión y la empatía eran los subproductos de mi sensibilidad innata y de la depresión que sufrí en mi juventud. Las técnicas de validación que dominé me permitieron canalizar esas experiencias de manera que ayudasen a otros a crecer y diesen sentido a mi vida. Cuando conocí a Linehan, ya había descubierto más o menos ese sentido, pero no había expresado nada de esto en voz alta.

Tampoco había considerado nunca mi enfermedad física como una fuente de dolor y sufrimiento que pudiera llegar a tener un significado como lo tuvo mi depresión, ayudándome a entender mejor y validar a los demás. Asociaba términos como *dolor* y *sufrimiento* con la angustia mental que había experimentado por la depresión. Tenía veintipocos años cuando me diagnosticaron esclerosis múltiple, y no tenía compañeros ni amigos con enfermedades crónicas. Al menos, que yo supiera. Los primeros supervisores a los que hablé de mi enfermedad me desaconsejaron que la comentase con mis clientes. «No querrás que sientan que tienen que cuidarte», insistió uno. «Deben verte como una profesional competente y capaz para que confíen en ti», señaló otro.

Obligada a ocultar lo que se estaba convirtiendo en una parte central de mi vida cotidiana, pronto me encontré en el territorio familiar de creer que nadie más podría entender por lo que estaba pasando. El hijastro de ese pensamiento era la creencia de que mi enfermedad me distanciaba de los demás. La veía como un lastre, no como una ventaja. Sin darme cuenta, había clasificado la esclerosis múltiple en la categoría de «mala» y había pasado por alto la perspectiva dialéctica de que podía servir para un fin «bueno».

Después de reunirme con Linehan, decidí no abandonar mi ambición de convertirme en terapeuta de TDC. Sin embargo, acepté que tenía que hacer algunos cambios. No iba a poder atender a clientes de TDC a tiempo completo. Interrumpí mi beca para poner en marcha un despacho privado en el que podía decidir mi propio horario, el número de casos y la hora de salida. Empecé a supervisar a estudiantes para Linehan, un trabajo que ella, amablemente, me permitió mantener después de mudarme a California.

Lo más importante es que nuestra conversación durante el retiro puso de manifiesto las líneas borrosas que yo había conectado entre el sufrimiento, la validación y el sentido. Me di cuenta de que el dolor no tiene por qué estar completamente resuelto, o en el pasado lejano, para poder utilizarlo de forma constructiva. En todo caso, es al revés: utilizar nuestro sufrimiento para ayudarnos a conectar mejor con los demás es utilizarlo de manera constructiva. Es posible que tengamos que aprender a moderar o tolerar el sufrimiento para poder atender plenamente a los otros, pero esto en sí mismo es terapéutico.

Cuando no estaba claro si mi madre sobreviviría o tendría una vida normal después de su cirugía cerebral, me di cuenta de hasta qué punto esas circunstancias habrían sido mucho más devastadoras y confusas si, como mi clienta Ella (que perdió a su madre muy joven), yo hubiese tenido que afrontarlas siendo una niña. ¿Cómo podría comunicar la mayor conciencia, comprensión y empatía por la experiencia de Ella sin hacer que todo girase en torno a mí o sugerir que lo que yo estaba viviendo como adulta era comparable con la pérdida que Ella había sufrido de niña? ¿Qué técnicas de validación podía utilizar para enhebrar esa aguja? Estas son las preguntas a las que regresaba cuando la desesperanza y la preocupación por mi madre me superaban. La creencia de que sus respuestas podrían aportar alivio a alguien más me ayudó a enfrentarme a partes de mi experiencia que, de otro modo, habría evitado. Cuando todo lo relacionado con la situación de mi madre me parecía mal, centrarme en lo que mi experiencia podría enseñarme sobre la de Ella era una de las pocas cosas que me parecían correctas.

Del mismo modo, cuando sentí la conocida punzada de la culpabilidad materna después de tomarme un descanso de Havana cuando estaba enferma, recordé lo validada que me sentí cuando otros padres compartieron conmigo historias similares. Después pensé en todos los cuidadores que se castigan por la fatiga que confunden con egoísmo y me pregunté si revelar mi lucha interior podría ayudar a validar la de otras personas. A pesar de mi instinto, al principio decidí no incluir mi historia en este libro. «¿Quién soy yo para pensar que mis preocupaciones como madre importan o podrían ayudar a alguien?», pensé. Después reflexioné sobre la pregunta más relevante: ¿por qué debería llegar a la conclusión de que no importan o no pueden ayudar a alguien?

Vivek Murthy, un cirujano estadounidense, declaró que nos encontramos en una «epidemia de soledad».[16] Nada degrada más a las personas que sentirse invisibles y no escuchadas. La atención plena, la comprensión y la empatía son los frutos de nuestro sufrimiento; la validación nos permite utilizar esos frutos para alimentar a aquellos que se mueren de hambre. No digo que tengas que sufrir profundamente para validar a alguien de manera eficaz o que la validación solo se vincule a emociones negativas. Lo que ocurre es que al ejercitar estas técnicas llegarás a apreciar la validez de tus propias dificultades y, también, su utilidad.

Mientras analizaba la investigación sobre TDC, no encontré ni un solo artículo sobre los efectos de validar a otros en la salud mental o la calidad de vida propia. Y, sin embargo, cuando revisé la historia de la psicología moderna y las filosofías que la influyeron, esto parece una conclusión bastante obvia. De hecho, creo que hay varias conclusiones significativas que se pueden extraer de todas estas perspectivas, y resumen muy bien los puntos principales de este capítulo:

1. Es posible aceptar a las personas y ayudarlas a cambiar. Los principios del conductismo son una pieza de este rompecabezas. Las técnicas de validación son otra.
2. Somos críticos por naturaleza. Tus juicios no desaparecerán por arte de magia, pero con la práctica aprenderás a detectarlos y

replantearlos. El carácter se forma desafiando al instinto con intención.

3. Es posible resistir y aceptar el sufrimiento. Cuando se aborda de este modo, con un espíritu tenaz de lucha contra él y con la vista puesta en la conciencia, la comprensión, la empatía y la aceptación que inspira, el sufrimiento se puede canalizar en significado.

Después de analizar qué es la validación, por qué es importante y de dónde procede, pasemos a la siguiente pregunta obvia: ¿cómo se valida a las personas?

Segunda parte

CÓMO

Capítulo 5

LA ESCALA DE LA VALIDACIÓN: LAS OCHO TÉCNICAS PARA VER Y SER VISTO

La habilidad para hacer viene del hacer.

RALPH WALDO EMERSON, *The Atlantic*

Este capítulo es como un manual de instrucciones para el resto de los capítulos de la segunda parte. Proporciona un resumen de la Escala de la Validación, mi modelo de validación, que incluye ocho técnicas que puedes utilizar para transmitirla. Los capítulos restantes de esta parte se detienen en cada técnica por separado. Aunque aportaré instrucciones detalladas para tener éxito con estas técnicas, existen factores externos como las normas sociales, el clima político, la propia cultura y la dinámica de poder que, en muchos casos, tienen la última palabra sobre lo que será o no eficaz. Si tu sentido de lo que es apropiado en una situación choca con algo de lo que digo, confía en tu instinto.

Es importante entender el modelo y las técnicas. Dicho esto, ahora pasaré a la parte dialéctica y te diré que no te preocupes si no te identificas de inmediato con esta información. Oprah, Jon Stewart, Terry Gross...: estas personas se han convertido en estrellas de la validación sin ni siquiera estudiar las técnicas que vas a aprender. En los ejemplos que proporciono de estas tres personas en acción, verás que se basan en gran medida en las técnicas de este libro. Sin embargo, nunca las han estudiado de manera formal. Al menos, no que yo sepa. Lo que han hecho ha sido adquirir estas técnicas sin darse cuenta a través de los cientos de horas que han pasado en sus exigentes carreras tratando de validar a los demás. No dudo de que estos iconos son emocionalmente inteligentes, pero eso por sí solo no habría bastado para convertirse en las superestrellas de la validación que son ahora. Tenían el *feedback* del público en directo y de los medios de comunicación para reforzarlos cuando eran eficaces, lo que les permitió desarrollar sus habilidades sin darse cuenta. Y tenían la exigencia de «el espectáculo debe continuar» para no rendirse en caso de error.

Comento esto porque estás a punto de recibir un curso intensivo de validación. Todo lo que han aprendido las estrellas mediante series exhaustivas de prueba y error se encuentra en esta segunda parte. Pero cuando se trata de validar a tu hijo tras su primer desengaño amoroso o a tu hermana después de cancelar su compromiso, tienes que estar en el momento, no en tu cabeza. Cuando enseño validación a terapeutas y clientes, les doy la misma información que voy a compartir contigo en estas páginas. Después, al final de la formación, les digo que ignoren todo lo que han aprendido y que se centren en validar a las personas. Te animo a que hagas lo mismo. Tu intención con la validación es siempre demostrar que estás ahí, que lo entiendes y que te importa. En caso de duda, confía en este sencillo mantra para orientarte hacia la validación y regresar a las técnicas aprendidas para comunicarla.

DEMUESTRA QUE ESTÁS AHÍ, QUE LO ENTIENDES Y QUE TE IMPORTA.

Antes de seguir adelante, la terapeuta que llevo dentro quiere asegurarse de que estás bien informado sobre lo que viene a continuación. Esta segunda parte se centra en el acto de validar a los demás. Entre los posibles efectos secundarios de la lectura de estos capítulos figuran: pensar que las personas que te importan necesitan este libro más que tú porque son malísimas en validación; soñar despierto con que la gente te valida; sentirte culpable por soñar despierto con que la gente te valida cuando se supone que estás aprendiendo a validar a los otros, y recordar que la autora dijo algo de que la validación conduce al cambio y deseas que llegue ya a esa parte. Los efectos secundarios son probables, así que no te juzgues si los experimentas. Y aunque conviene tenerlos en cuenta, espero que no te desanimen. Debes plantearte la aceptación como un fin en sí misma si quieres que se convierta en un medio para el cambio.

LA ESCALA DE LA VALIDACIÓN

Los modelos son intrínsecamente abstractos y, en ocasiones, inducen al bostezo, así que prometo intentar que esta sección sea breve e incluir ilustraciones siempre que sea posible.

Tres conjuntos de técnicas

La validación demuestra que aceptas la experiencia de otra persona como válida a través de la atención, la comprensión y la empatía que manifiestas. La Escala de la Validación incluye tres subconjuntos de técnicas diseñadas para ayudarte a comunicar estas cualidades (véase la ilustración 1). Cada sección de la escala representa uno de los tres conjuntos de técnicas. Las **técnicas de atención plena**, en la parte inferior, suelen transmitir formas sutiles de validación, pero son muy accesibles; las **técnicas de empatía**, en la parte superior, son muy validadoras, pero pueden ser más difíciles de aplicar, y las **técnicas de comprensión**, en el centro, se sitúan en un punto intermedio entre las técnicas de atención plena y las de empatía. Cuando hablo de la fuerza y la dificultad de estos conjuntos de técnicas, lo hago en términos generales. Las **técnicas de empatía** se consideran generalmente más efectivas que las **de comprensión**, que a su vez suelen ser más efectivas que las **técnicas de atención plena**. Esta regla tiene excepciones,* pero en general es así.

* Encontrarás una de esas excepciones en el capítulo 6, donde explico cómo el mago Derek DelGaudio validó magistralmente a toda una audiencia en directo utilizando únicamente las técnicas de atención plena.

Cada conjunto de técnicas se basa en el/los anterior(es) y alcanza sus objetivos: las **técnicas de comprensión** requieren y comunican la atención plena y la comprensión, y las **técnicas de empatía** demuestran atención plena, comprensión y empatía, motivo por el que son tan poderosas. Aunque las **técnicas de comprensión** y las **de empatía** pueden ser más validadoras, nunca hay que fingir comprensión o preocupación. Cuando se trata de validación, la autenticidad es imprescindible para el éxito. Es posible que tengas que salir de tu zona de confort de vez en cuando durante la práctica de la validación, pero nunca debes decir cosas que no creas.

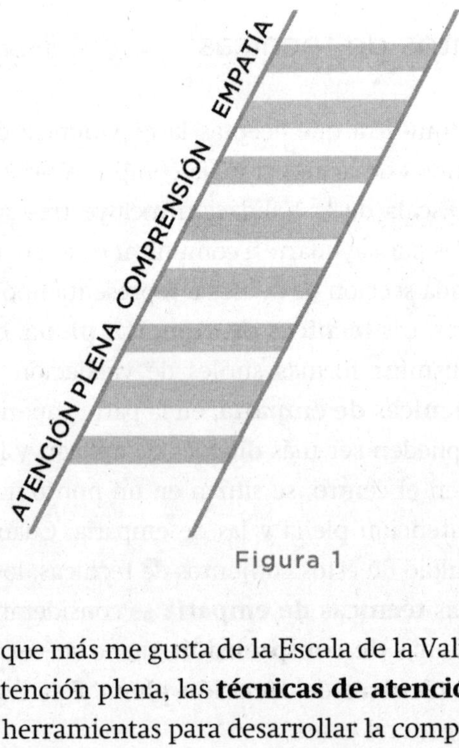

Figura 1

Y esto es lo que más me gusta de la Escala de la Validación: además de transmitir atención plena, las **técnicas de atención plena** sirven también como herramientas para desarrollar la comprensión y la empatía, y además de demostrar comprensión, las **técnicas de comprensión** te ayudan a generar más empatía. Cada conjunto de técnicas te facilita el acceso a la(s) anterior(es). La relación entre estos conjuntos de técnicas afecta a la naturaleza de la atención plena, la comprensión y la empatía en general. La observación sin juicios conduce al conocimiento, que fomenta la conexión emocional.

Ocho técnicas

Las técnicas de la Escala de la Validación te permiten validar lo que realmente consideras válido al tiempo que fomenta un nivel de aceptación más profundo. Existen ocho técnicas en total: dos de atención plena, tres de comprensión y tres de empatía (véase la figura 2). Juntas, las técnicas de la Escala de la Validación forman el acrónimo ACCEPTED («aceptado»), que es como se sentirán los demás si las utilizas bien. Ten en cuenta que las técnicas de cada conjunto no se enumeran por orden de fuerza. Por lo general, cada conjunto de técnicas es más potente que el anterior, pero las técnicas de cada conjunto son más o menos intercambiables.

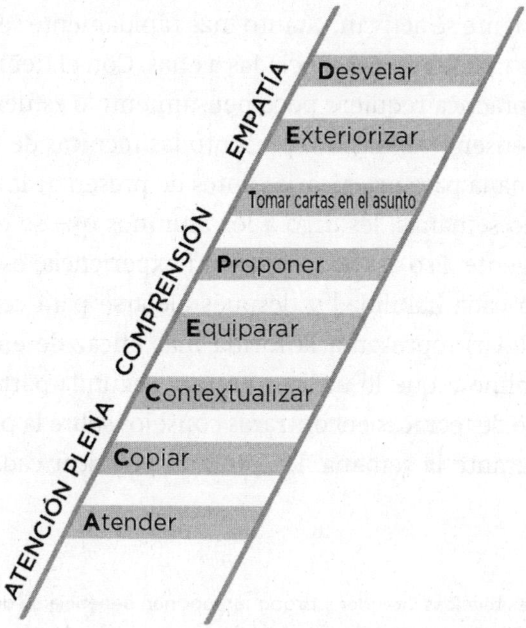

Figura 2

EL APRENDIZAJE ES UNA CIENCIA

No es necesario basarse en los principios del aprendizaje para escribir un libro, pero sí hay que hacerlo si la intención es que los lectores retengan y apliquen la información que la obra contiene. Me gustaría destacar dos de los principios en los que me basé para elaborar este libro, porque tú también puedes utilizarlos para dominar las técnicas de la Escala de la Validación.

El primer principio es que la repetición fomenta el aprendizaje. Como tal vez habrás deducido de las diecisiete veces que he repetido la definición de validación, me repito a mí misma. Mucho. Lo hago porque la repetición es una de las formas más fáciles de ayudarte a absorber la información de manera pasiva. Sin embargo, para convertir esta información en técnicas conductuales, tendrás que aplicarla. La neurociencia ha demostrado que repetir técnicas da como resultado una potenciación (el fortalecimiento de las conexiones neuronales en el cerebro) a largo plazo. Cuanto más fuertes son esas conexiones, más rápidamente se activan; cuanto más rápidamente se activan, más se automatizan las técnicas asociadas a ellas. Con el tiempo, poner las técnicas en práctica requiere poco pensamiento o esfuerzo.

Cuando enseño validación, presento las técnicas de una en una y dejo una semana para practicarlas antes de presentar la siguiente.* Al cabo de ocho semanas, les digo a los alumnos que se esfuercen por validar a la gente. Eso es todo. Según mi experiencia, este método de centrarse en cada habilidad y después alejarse para centrarse en el objetivo (validar) representa la forma más eficaz de enseñar validación, y te animo a que lo utilices en esta segunda parte. Al final de cada capítulo de técnicas encontrarás consejos sobre la práctica de esa habilidad durante la semana. Después de practicar cada técnica por

---

* Dos de las técnicas, atender y proponer, podrían beneficiarse de más repetición de la que permite una semana. Explicaré cómo ejercitar estas técnicas cuando lleguemos a ellas.

separado, podrás centrarte en tu objetivo (validar a alguien) en lugar de prestar atención a la mecánica de lo que estás haciendo.

El segundo principio que quiero destacar es que aprendemos observando a los demás. El enfoque de enseñar a través de la demostración se conoce como imitación, y ha resultado ser fundamental para ayudar a la gente a desarrollar nuevas conductas. Con las técnicas interpersonales, la imitación funciona mejor cuando es orgánica. Un ejemplo real de una persona utilizando una técnica resulta más instructivo que uno inventado en el que todo sucede según lo previsto.

Las técnicas de imitación suponen un reto para un escritor, pero yo tengo algunas soluciones alternativas. La primera consiste en incluir anécdotas de mi vida personal y de mi trabajo como terapeuta, algo a lo que ya estarás acostumbrado a estas alturas. La segunda consiste en recurrir a ejemplos de los medios de comunicación, y la tercera es que estés atento al uso que hacen otras personas de estas técnicas a medida que las aprendes.

No te preocupes si no te identificas con los ejemplos de mi terapia o si no estás familiarizado con los ejemplos de los medios de comunicación que incluyo. Céntrate en identificar las técnicas aplicadas. Estas técnicas están realmente por todas partes. Tu tarea consiste en ser cada vez más consciente del momento en que la gente las emplea y cuándo las emplea bien. Además, si descubres un ejemplo de validación modélico, no dudes en enviarme un correo electrónico a través de los canales de mi página web. Colecciono ejemplos de validación como la gente rica colecciona obras de arte.

CUANDO TE EQUIVOCAS

Cualquiera que tenga el hábito de practicar la validación se equivocará de vez en cuando. En general, cuanto mayor sea el potencial de validación de una técnica si se aplica con éxito, mayor será la sensación de fracaso si no sale bien. **Como en cualquier escala, cuanto más alto se sube, más dura puede ser la caída.** Aunque los errores pueden ser dolorosos, nunca debes darte por vencido cuando no consigas transmitir un alto nivel de validación. En lugar de eso, vuelve a las **técnicas de atención plena** y céntrate en estar presente. Por lo general, cuando los intentos de transmitir un alto nivel de validación se tuercen, es porque no hemos escuchado con atención.

Si observas a alguien (un *coach*, un colega, un mentor o tu pareja) que parece tener un don para la validación, verás que en realidad no acierta todos los tiros que hace. Simplemente no se distrae ni se desanima cuando falla.

Recuerdo que cuando estaba en la universidad, en un momento en que intentaba perfeccionar mis habilidades de validación, vi un episodio de *Oprah* en el que me sorprendieron dos cosas: (1) de cuántas maneras diferentes intentó validar Oprah a una persona durante una entrevista individual, y (2) la frecuencia con la que falló. Una entrevista típica sería algo así: el invitado describe un momento difícil en su vida y Oprah dice algo como «Eso debió de ser frustrante». El invitado responde con una corrección: «No fue frustrante. Fue aterrador». Oprah da un paso atrás sin perder el ritmo a pesar de haber fallado en su intento de validación delante de un público en directo: «Aterrador. ¿Por qué fue aterrador?». Oprah escucha con actitud pensativa y puede que intervenga un par de veces para aclarar algo que el invitado ha dicho o para repetirlo. A continuación, vuelve a intervenir aportando alguna idea que la persona entrevistada no ha expresado y comprueba si se identifica con ella. Es posible que tenga que hacer esto varias veces, pero al final lo clava y el invitado asiente con la cabeza en respuesta a su hábil validación y empieza a llorar mientras Oprah le toma una mano. La cámara enfoca al público; no hay ni un ojo seco en el plató. Todo el mundo ha sido *oprahficado*. Lo que destaca en las entrevistas de Oprah no son las veces que falla, sino el impacto que tiene cuando lo hace bien.

Te advierto ahora que, a pesar de lo seguros que parecen profesionales como Oprah, puede dolerles como a nosotros que la gente no responda o se desanime ante nuestros intentos de validación. Si esto te ocurre alguna vez, recuerda que la validación no tiene que ver contigo (a menos que te estés validando a ti mismo); se trata de aportar conciencia del momento presente, comprensión y empatía a la experiencia de otra persona para que se sienta aceptada. No dejes que tu ego te distraiga de tu objetivo. Asimilar los comentarios y ajustar tu enfoque son actos validadores en sí mismos. **Casi todo el mundo apreciará la oportunidad de ser escuchado por alguien que trata de escuchar de verdad.**

También debo mencionar el otro riesgo, quizá más importante, que correrás cuando intentes validar a alguien: exponerte a la invalidación. Subir la Escala de la Validación te exige que reveles más de tu auténtico yo. Las **técnicas de atención plena** muestran que estás prestando atención; no revelas mucho, así que no hay demasiado margen para que la otra persona te pueda invalidar en este nivel. Si pasas a las **técnicas de comprensión**, tendrás que compartir tus pensamientos. Las cosas empiezan a ponerse personales. Cualquier pensamiento que expreses puede ser invalidado, y eso puede doler. La semana pasada estaba en el parque con Havana y entablé conversación con una niñera que me dijo que tenía dos trabajos a tiempo completo, además de cuidar de su marido enfermo. «Tendrás la sensación de que siempre estás cuidando a los demás», dije con la intención de validarla. Cuando lo negó exasperadamente, no solo me sentí como una idiota, sino también rechazada. Quería salir corriendo, pero lo que hice fue utilizar las **técnicas de atención plena** hasta que me sentí más segura de entender la situación para intentarlo de nuevo. Al final superamos lo que resultó ser una barrera lingüística. Aun así, mentiría si dijera que su reacción a mi intento inicial de validación no me dolió.

Para sacar adelante las **técnicas de empatía** de la parte superior de la Escala de la Validación, todavía puedes sentirte más vulnerable. Además de revelar tus pensamientos, estas técnicas requieren que compartas tus recursos, emociones y experiencias. La naturaleza personal de las **técnicas de empatía** es lo que hace que tengan tanto impacto. Y también que sean tan arriesgadas. En los próximos capítulos hablaré de los riesgos asociados a las técnicas de validación que se encuentran en la parte más alta de la escala y ofreceré formas de gestionarlos. Por el momento solo añadiré que un gran riesgo conlleva una gran recompensa. Las técnicas de empatía no solo te permiten validar a los demás con mayor profundidad, sino también experimentar mayores niveles de validación a cambio.

RESUMEN

La Escala de la Validación consta de tres conjuntos de técnicas que se utilizan para comunicar distintos grados de validación. Estos tres conjuntos suman un total de ocho técnicas de validación. Practicar a medida que avanzas y observar cómo aplica la gente esas técnicas constituyen las mejores estrategias para dominarlas rápidamente. Verás que es fácil que las técnicas situadas en la parte más alta de la Escala de la Validación transmitan invalidación si se ejecutan mal, pero también verás que, cuando se aplican bien, resulta más probable que se produzca una validación recíproca en la que tanto tú como la persona a la que validas os sintáis vistos. Pasemos ahora al primer conjunto de técnicas de la Escala de la Validación: las mágicas **técnicas de atención plena**.

Capítulo 6

ATENDER: LA ESTRATEGIA DE LOS QUE SABEN ESCUCHAR

> El mayor cumplido que he recibido fue cuando alguien me preguntó qué pensaba y prestó atención a mi respuesta.
>
> HENRY DAVID THOREAU, *Una vida sin principios*

«Por favor, aprovechen este momento para apagar sus teléfonos y silenciar cualquier distracción. Gracias por su atención». Estas palabras aparecen en la pantalla al principio de *En sí mismo*, la adaptación cinematográfica de la obra teatral del mismo título de Derek DelGaudio. La película une escenas del espectáculo de magia que DelGaudio hizo en más de quinientas ocasiones durante tres años.

DelGaudio es un artista que no destaca por su carisma. Su voz resulta monótona, sus movimientos son comedidos y, como señaló un asistente, «Tiene los ojos tristes». Más o menos cuando lleva tres cuartas partes del espectáculo, DelGaudio pregunta a un espectador cómo cree que acabará la actuación. La película destaca varias respuestas del público en diferentes actuaciones. Una persona afirma que habrá un flash de luz y que DelGaudio será sustituido por un elefante. Otra predice poéticamente que «Todo el mundo encontrará el amor. Nadie se sentirá juzgado. Nuestros "yo soy" se convertirán en "nosotros somos"». Cuando escuché eso, pensé: «Está claro que este tipo nunca ha estado en un espectáculo de magia». Ahora estoy convencida de que o bien era un vidente o bien era alguien que había ido varias veces a ver el show, porque lo clavó. DelGaudio logra lo imposible ante nuestros ojos, pero no desafiando nuestras expectativas del mundo físico cortando a alguien por la mitad, por ejemplo, o haciendo que aparezca un elefante de la nada. En su lugar, trasciende los límites de la comunicación y las relaciones utilizando la validación como su juego de manos. El efecto es mágico. Al final del último truco de DelGaudio me sentí vista, aceptada y valorada a pesar de estar sola, a oscuras y en pijama. Te voy a mostrar cómo trabaja DelGaudio su magia de validación, pero antes tengo que describir su truco trascendental. Si estás muy atento, es posible que captes las diez o quince cosas que dice y hace para validar hábilmente al público.

La película empieza con imágenes del vestíbulo, a donde va llegando el público. Vemos que la gente se pasea delante de una pared iluminada de la que cuelgan cientos de tarjetas. En la parte superior de todas las tarjetas pone lo mismo: «YO SOY». Las partes inferiores son diferentes e incluyen descripciones como «feminista», «divertido/a», «profesor/a». Se pide a cada persona que coja una tarjeta de la pared y la entregue a un acomodador antes de entrar en el teatro. Las tarjetas no se vuelven a mencionar hasta el final del espectáculo, cuando DelGaudio mira la pila de tarjetas recogidas que aparece en el escenario. Sin leerlas ni tocarlas, se vuelve hacia el público y pide que se pongan de pie todos aquellos que han elegido una tarjeta porque describe cómo se ven realmente a sí mismos. Casi todo el mundo se levanta.

Continúa:

–Recuerdo haber leído que la verdadera identidad... es aquella que existe dentro del propio corazón y es vista por otro. Sinceramente, no tengo ni idea de si eso es cierto fuera de estas paredes, pero aquí dentro –fija la mirada en alguien de la primera fila– veo a un camarero.

El hombre de la primera fila al que ha mirado esboza una sonrisa de incredulidad. ¡¿Cómo sabe DelGaudio que ha elegido la tarjeta «Soy camarero»?! La mirada de DelGaudio se dirige a continuación a la mujer sentada a su lado.

–Una persona curiosa –dice, y recibe otra mirada de sorpresa tras otro acierto.

Un ligero cambio en su tono robótico introduce cierta ligereza cuando declara que una mujer mayor con gafas es «Una fumadora nocturna de marihuana». Durante los quince minutos siguientes, DelGaudio «adivina» la carta de cada persona: «Un amante», «Un alquimista», «Una persona honesta», dice mientras sus ojos pasan de una persona a otra. Con cada respuesta correcta, la fuerza del momento es cada vez mayor. La gente se conmueve visiblemente con sus palabras, no con las del mago, sino con las suyas propias. DelGaudio solo repite las descripciones que cada persona ha elegido para sí misma.

–Un buen samaritano –le dice a un señor mayor con gafas. El hombre se lleva la mano a la boca y tiembla incontrolablemente mientras lucha por no llorar.

A esas alturas, el público ya no solo está mirando a DelGaudio; se miran unos a otros, asienten, comparten sonrisas, incluso se acercan a los pasillos para dedicarse un cariñoso apretón de hombros.

–Un vegano, alguien divertido, una feminista... –Se detiene un segundo y asiente ligeramente antes de decir–: Una triunfadora –y mira a esa mujer como si confirmase personalmente que es así.

Justo cuando empiezas a sospechar que toda la gente del público son cebos a los que se les ha pagado para que se sorprendan y se pongan a llorar, se encuentra con Bill Gates.

—Un líder —dice DelGaudio, y Gates esboza una sonrisa irónica antes de sentarse.

El clímax emocional se produce a mitad del truco, cuando DelGaudio se dirige a un hombre que tiene el tipo de mirada desesperada y perdida que rompe el corazón de esta terapeuta. DelGaudio se pone las manos en las caderas. Se centra en el hombre durante unos segundos que parecen minutos antes de bajar la mirada y cerrar los ojos. A continuación, levanta la cabeza y vuelve a mirar al hombre, que le devuelve la mirada con expectación. DelGaudio empieza a hablar, pero se detiene, como si la palabra que este hombre ha elegido para describirse fuese demasiado dolorosa para repetirla en voz alta. Finalmente, la dice:

—Un don nadie.

El hombre mantiene el contacto visual con el mago mientras cruza los brazos sobre el pecho para abrazarse a sí mismo. Su mirada se suaviza y sus ojos centellean por la humedad. Las lágrimas se reflejan en los ojos de DelGaudio. Curiosamente, ese momento no parece invasivo ni explotador. Es tierno, comprensivo, incluso cariñoso.

Al principio, DelGaudio dice en voz alta las descripciones de las tarjetas desde el escenario. Luego se mueve por los pasillos. Finalmente, se pasea por las filas, donde se sitúa cara a cara con miembros del público mientras recita las palabras que han elegido para describirse.

Básicamente, DelGaudio realiza dos trucos a la vez. No tengo ni idea de cómo hace el primero, el de adivinar las tarjetas que cada persona ha elegido antes de entrar en el teatro. Este truco es impresionante, pero no produce el efecto «ver/ser visto» que define el espectáculo. Para ese «truco», se basa casi exclusivamente en las **técnicas de atención plena** (atender y copiar). Al principio del espectáculo pide a los espectadores que le presten toda su atención, y logra el poderoso efecto de su «truco» final prestándoles la suya.

Pongo «truco» entre comillas porque en realidad no hay truco, engaño o ilusión detrás de lo que hace. Como sabes, la validación solo funciona si es sincera. Ni siquiera los magos se libran de esa restricción. «Ese momento de ver a la gente ser y sentirse visto de verdad, *genuinamente* visto, es la magia del espectáculo», afirmó DelGaudio en una entrevista con la revista *GQ*.[1] «Todo lleva a ese momento en el que una persona mira a otra persona y dice: "Te veo, tío. Te veo ahí de pie. Sé quién eres. Te entiendo perfectamente. En este momento, veo todo de ti". Y eso es como un regalo que luchamos por recibir cada día. Y como luchamos por recibirlo, nos olvidamos de darlo».

En las siguientes páginas voy a mostrar cómo entrega DelGaudio el regalo de ser visto a un teatro lleno de desconocidos utilizando las **técnicas de atención plena** (atender y copiar). Y, lo más importante, te explicaré todo lo que necesitas saber para experimentar la magia de estas técnicas de primera mano. Este capítulo está dedicado a atender (prestar atención): qué es y cómo puedes utilizar esta técnica, igual que DelGaudio, para validar a la gente sin decir ni una palabra.

ATENDER: CONCEPTOS BÁSICOS

Resumiendo mucho, *atender* significa prestar atención y escuchar sin juzgar, mostrando interés y cultivando la comprensión.* El acto de atender transmite que estás ahí –física, emocional y mentalmente–

* Algunos sinónimos de *atender* son «prestar atención», «escucha activa», «escucha profunda», «escucha atenta» y «escuchar y observar». Todas estas técnicas son muy parecidas (Marsha M. Linehan, *DBT Skills Training Handouts and Worksheets*, 2.ª ed., «Interpersonal Effectiveness Handout 18: A "How To" Guide to Validation» [Nueva York, Guilford Publications, 2014; trad. cast.: *Manual de entrenamiento en habilidades DBT*, Córdoba, Psara, 2021]; Kathryn R. Robertson, «Active Listening: More than Just Paying Attention», *PubMed*, 34, núm. 12 [1 de diciembre de 2005], págs. 1053-1055, <https://pubmed.ncbi.nlm.nih.gov/16333490>; Julia Ziemer, «Deep Listening: To Understand a Different Perspective», *LSE* [blog], [25 de junio de 2020], <https://blogs.lse.ac.uk/socialbusinesshub/2020/06/25/deep-listening-to-understand-a-different-perspective>; MasterClass, «Mindful Listening Benefits: 5 Ways to Practice Mindful Listening-2023-MasterClass», *MasterClass Articles* [19 de agosto de 2021], <https://www.masterclass.com/articles/mindful-listening-guide>; Marsha M. Linehan, «Validation and Psychotherapy», en *Empathy Reconsidered: New Directions in Psychotherapy*, eds. A. C. Bohart y L. S. Greenberg [Washington D. C., American Psychological Association, 1997], pág. 360, <https://doi.org/10.1037/10226-016>).

y que la otra persona es digna de tu atención, lo que es un mensaje sutil, pero poderoso.

En física, el efecto observador se refiere a la perturbación que resulta de la observación.[2] Al observar y medir cosas como la energía térmica o los electrones, modificamos su comportamiento. Una serie de estudios psicológicos realizados entre 1924 y 1932 demostró que en las interacciones humanas se produce un efecto similar. En lo que pasó a ser conocido como efecto Hawthorne, los investigadores descubrieron que cuando las personas sabían que estaban siendo observadas cambiaban su comportamiento.[3]

El descubrimiento de que las personas actúan de manera distinta cuando saben que están siendo observadas no sería un buen titular hoy en día. Sin embargo, lo que continúa cautivándonos es la magnitud de estos efectos. En 2010, el cineasta sudafricano Craig Foster desarrolló un extraño vínculo con un pulpo al que visitó todos los días durante un año en su hábitat natural, un bosque de algas. Aunque al principio el cefalópodo se retiraba atemorizado cuando el humano se acercaba, poco a poco empezó a buscarlo y acabó aferrándose a su pecho y permitiendo que lo abrazase. Obviamente, nunca intercambiaron una sola palabra y Foster no recurrió a ninguna golosina de pulpos para ganarse su confianza. Su relación se estableció y se nutrió únicamente a través de la observación. «Me enamoré de él, pero también de esa increíble "naturaleza" que representa y de cómo me cambió».[4] El documental de Foster, *Lo que el pulpo me enseñó*, en el que comparte imágenes de esa experiencia, se convirtió en una sensación internacional y ganó el Óscar al mejor documental.[5] No digo que esperes ganar un Óscar por atender, pero si lo hicieras, no sería la primera vez que ocurriría algo así.

La capacidad de prestar atención para forjar conexiones no es exclusiva de las relaciones entre humanos y pulpos. Forma parte del lenguaje de la intimidad. ¿Confirmas tu asistencia a esa fiesta? ¿Vas a ver jugar un partido a tus hijos? ¿Te ofreces a acompañar a un amigo a su primera reunión de alcohólicos anónimos? Ser testigo de las experiencias que conforman la vida de una persona sin juzgar es la forma más directa de validar su importancia. Estos momentos de aparente insignificancia pueden determinar rasgos cruciales de nuestras relaciones, e incluso si tenemos relaciones o no.

Por otra parte, la falta de atención priva a nuestras relaciones de los nutrientes que necesitan para crecer; además, es una forma rápida de invalidar al prójimo y a menudo se utiliza como arma con ese fin. Basta con observar a los políticos durante un debate. En lugar de seguirse la corriente o de tomar notas en respuesta a algo que ha dicho su oponente, muchos se esfuerzan por parecer aburridos o distraídos. Mantienen extrañas conversaciones informales con gente fuera de cámara o se obsesionan con colocarse bien el pin. El presidente ruso Vladimir Putin muestra su preferencia por aparecer encorvado y con la mirada somnolienta, dando la impresión de que le cuesta mantenerse despierto. Es tan exagerado que se diría que está siguiendo un guion que le indica «Escuchando a alguien que no merece tu atención».

No se trata simplemente de que prestar atención a la gente, o a los pulpos en el caso de Foster, sea bueno e ignorarla sea malo. Si alguien te fulminase con la mirada y te hiciera una peineta mientras das un discurso, no te sentirías validado. **Para que tu atención se perciba como validadora, tiene que transmitir interés y ausencia de juicio.** La capacidad de hacer esto con independencia de la persona que tengas delante (o que asista a tu espectáculo de magia) requiere habilidad.

CÓMO SE PRESTA ATENCIÓN

Odio ser portadora de malas noticias, pero prestar atención y demostrar que estás prestando atención son dos cosas diferentes. La primera es un proceso cognitivo; la segunda, una habilidad interpersonal. Aunque no juzgues y estés realmente interesado en alguien, tu atención no ascenderá al nivel de validación si no se percibe como tal. Para superarte sistemáticamente en esta técnica, tienes que utilizar el lenguaje no verbal, escuchar y hacer preguntas y comentarios.

Utilizar el lenguaje no verbal

También conocido como lenguaje corporal, incluye conductas físicas como asentir con la cabeza y establecer contacto visual, y señales vocales como el volumen, el tono, la velocidad y expresiones sencillas como «Ajá», «Sí» y «Hum». Enseguida hablaremos más de las señales vocales.

En lo que respecta a las conductas no verbales, algunas son mejores que otras para transmitir nuestra participación. Afortunadamente, los investigadores llevan años estudiando estas cosas y han desarrollado un sofisticado conocimiento de los elementos no verbales más eficaces para indicar atención, conexión y seguridad. Se refieren a estas conductas no verbales como *comportamientos de inmediatez*, llamados así porque reducen la distancia psicológica y física entre las personas.[6] Yo las he reducido a las Cuatro Grandes:*

1. Contacto visual.
2. Proximidad (estar cerca o inclinar el cuerpo).
3. Gestos.
4. Asentir con la cabeza.[7]

Durante su actuación, DelGaudio utiliza las Cuatro Grandes de forma magistral. El truco que he descrito se basa exclusivamente en el contacto visual (n.º 1) para transmitir a quién le está prestando atención. En diversas ocasiones deja que su mirada se detenga en al-

---

* Las normas culturales pueden influir en la interpretación de las expresiones no verbales. Mantener el contacto visual, por ejemplo, se considera más importante en los países de Europa occidental que en los de Asia oriental, y en algunas culturas incluso se consideraría una falta de respeto. En caso de duda, sigue el ejemplo de la otra persona y haz lo mismo que ella (David Matsumoto y Hyi Sung Hwang, «Cultural Influences on Nonverbal Behavior», en *Nonverbal Communication: Science and Applications*, eds. Mark G. Frank y Hyi Sung Hwang [Thousand Oaks, California, SAGE Publications, 2013], págs. 97-120; Shota Uono y Jari K. Hietanen, «Eye Contact Perception in the West and East: A Cross-Cultural Study», *PLOS One*, 10, núm. 2 [25 de febrero de 2015], e0118094, <https://doi.org/10.1371/journal.pone.0118094>).

guien durante unos segundos antes de hablar, lo que prolonga el tiempo que pasa mirando a esa persona, viéndola. Al aumentar la proximidad (n.º 2) con el público, puede incrementar la sensación de intimidad de forma segura y constante durante el truco, mientras que los gestos (n.º 3) y el asentir con la cabeza (n.º 4) provocan hábilmente las reacciones del público. Si DelGaudio se cruza de brazos, el público levanta una ceja; si hace un gesto afirmativo con la cabeza (n.º 4), el público le devuelve el gesto. Cuanto más se relaciona con la gente de este modo, más se relaciona el público entre sí, y no hablando, sino a través de esas conductas básicas de inmediatez.

Cualquiera que incorpore las Cuatro Grandes podrá lograr unos resultados similares. Si se utilizan conjuntamente, como hace DelGaudio, se pueden amplificar sus efectos y culminar en una poderosa señal de validación que captará la atención de la gente y abrirá sus corazones. Ten en cuenta que no es necesario ser dramático con las Cuatro Grandes para que resulten eficaces. Puedes levantar la vista de tu teléfono para demostrar que estás escuchando, pero no es necesario que exageres. **La clave de la naturalidad está en ser conscientes de lo que hacemos sin prestar demasiada atención al aspecto de eso que hacemos.**

Escuchar

Escuchar implica algo más que callarse y dar a la otra persona la oportunidad de hablar. Si estás pensando en lo que vas a decir a continuación o intentas decidir si vas a poder salirte con la tuya y cenar pizza por tercera noche consecutiva, no estás escuchando. Solo estás callado. Escuchar exige toda tu atención. Atender (escuchar para validar a alguien) requiere todavía más compromiso: además de concentrarte en lo que se dice, tienes que atar cabos. La persona que intenta organizar sus pensamientos en tiempo real está limitada por una serie de restricciones (capacidad de memoria funcional, ansiedad, necesidad de orinar, etcétera). Al prestar atención, te unes mentalmente a la otra persona en su intento de exponer su punto de vista. Consideras cómo se relaciona la información que está proporcionando con otras cosas que sabes sobre ella o sobre el mundo e intentas obtener un entendimiento más completo que el que esa otra persona es capaz de transmitirte sobre la marcha.

Este tipo de compromiso resulta fácil cuando entiendes o, como mínimo, te interesa el tema de debate; si no, puede ser insoportablemente doloroso. Atiendo a clientes de todas las edades, desde adolescentes hasta adultos mayores, y con frecuencia me veo involucrada en conversaciones que no me interesan especialmente. Por decirlo con suavidad. La mitad de las veces, no entiendo de qué hablan mis clientes. ¿Puedo creer que en Discord se ha revelado información personal sobre Jenna? Supongo que no, porque estos términos me resultan casi desconocidos. ¿No suena a chiste que Erik vaya a subir de nivel después de llevar menos de un año en el quinto? No conozco a Erik y no me importa especialmente si va a subir de nivel, por no hablar de que no sé qué significa para él estar en un nivel cinco.

Era una terapeuta joven y me mordía las uñas sin piedad en momentos así. La combinación de ansiedad por no entender lo que necesitaban mis clientes y el puro aburrimiento me impedían mantener el esmalte intacto en las uñas más de un día. Afortunadamente, encontré una solución (o, más bien, descubrí un juego que la mayoría de buenos oyentes ya jugaban, como comprobé poco después).

El Juego A,* como yo lo llamo, no es complicado; solo tienes que responder a estas dos preguntas:

- ¿Cómo se puede mejorar el punto de vista de esta persona?
- ¿Por qué lo considera importante?

* Lo llamo *Juego A* porque *A* sirve como abreviatura de «Atender» y también porque es el «juego» que te permite dar lo mejor de ti en tus relaciones [*A-game* en inglés significa «dar lo mejor de sí»]. Si estás pensando que es una tontería, a lo mejor es que mi intención era darte la oportunidad de practicar el arte de no juzgar del que siempre hablo. Solo uno de nosotros lo sabrá con certeza.

Reglas

- No comuniques tus respuestas al interlocutor. Al menos, no a efectos de atender. Como en un sudoku o un solitario, en el Juego A juegas contra ti mismo. Es técnicamente posible ganar sin decir una palabra.
- Puedes hacer preguntas y comentarios a la otra persona, pero solo si demuestran interés o un esfuerzo por entender mejor su punto de vista (véase la sección «Hacer preguntas y comentarios»).

Para ganar el Juego A tienes que dejar de lado la suposición de que la otra persona debe explicártelo todo. En tu mano está entender su mensaje y por qué le resulta importante. El reto consiste en encontrar una forma mejor de estructurar su punto de vista. Este elemento clave del juego es fundamental para superar la autocomplacencia y frenar tu sesgo negativo. El cerebro se apresura a marcar una de las casillas de «Lo pillo», «Eso es una estupidez» o «No me importa» para

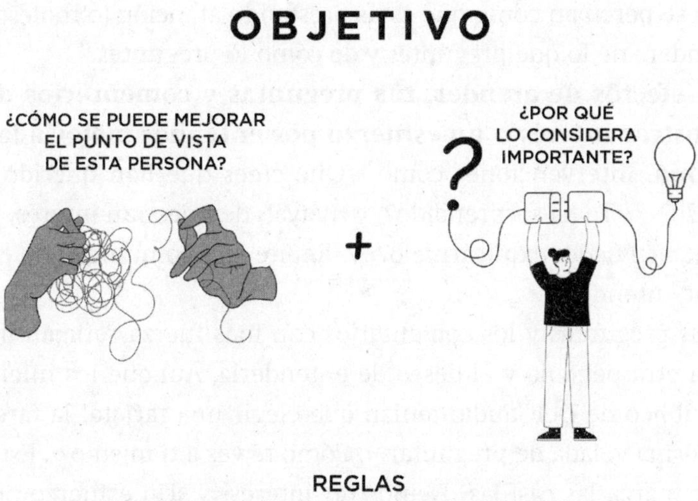

REGLAS

- No compartas tus respuestas con el interlocutor.
- Cualquier pregunta o comentario debe mostrar interés o un esfuerzo por entender el punto de vista del interlocutor.

poder volver a pensar en cosas más importantes, como «¿Qué voy a comer hoy?» o «¿Por qué no habla de Bruno?». Si aceptas el reto de tratar de desarrollar el mensaje de una persona, pasarás de juez pasivo a participante activo.

Observa que no digo que tengas que estar de acuerdo o que te guste el punto de vista del otro. Como en un debate en el que te dan un tema aleatorio y tienes que argumentar una postura, el Juego A requiere que pienses de un modo que te involucre aunque el tema no te interese. **Los mejores validadores enfocan la escucha de esta manera, no como la absorción pasiva de información, sino como la construcción activa de significado.**

Hacer preguntas y comentarios

Si te parece oportuno hablar con la otra persona mientras juegas al Juego A, puedes hacerlo, pero te limitarás a hacer preguntas sobre su experiencia o a comentarla. El hecho de que tus preguntas y comentarios se perciban como que estás prestando atención (o molestando) dependerá de lo que preguntes y de cómo lo preguntes.

A efectos de atender, tus preguntas y comentarios deben demostrar interés o un esfuerzo por entender mejor a la otra persona. Intervenciones como «¿Qué crees que han querido decir con eso?», «¿Te ha sorprendido?» y «¡Vaya!» demuestran interés, mientras que «¿Puedes explicármelo?» y «Repite eso» comunican un esfuerzo por entender.

Las preguntas y los comentarios con más fuerza reflejan interés por la otra persona y el deseo de entenderla. Aunque los miembros del público de DelGaudio tenían que elegir una tarjeta, la tarea era una forma velada de preguntar: «¿Cómo te ves a ti mismo?». Esta pregunta marca las casillas «Demostrar interés» y «Un esfuerzo por entender a alguien».

Cómo se hacen las preguntas y los comentarios es tan importante como lo que se dice. Me refiero a las señales vocales. Piensa en la pregunta «¿Crees que eres un buen padre?». Trata de hacerla con la mayor dosis de juicio y crítica que puedas. Bien, ahora intenta hacer la misma pregunta, pero de forma amable y comprensiva. ¿Percibes alguna diferencia? Planteada de una manera, tal vez en un tono suave, poco a poco y con una ligera inflexión en *padre*, la pregunta suena reflexiva y curiosa. De la otra manera, con un tono agudo, una voz más alta y el énfasis en *eres*, la misma pregunta parece un ataque.

Si te han acusado de parecer duro a pesar de no utilizar el lenguaje a tal efecto, puede que seas víctima de tus señales vocales. Yo, por ejemplo, siempre he hablado muy rápido. Con los años, me he obligado a aceptar que a veces puedo parecer impaciente o nerviosa. El truco para gestionar con eficacia peculiaridades como hablar muy rápido o como un robot consiste en ser consciente de ellas. No es necesario que cambies radicalmente tu forma de hablar, pero si alguien no muestra interés ante tus intentos de interactuar, deberías ajustar el tono, la velocidad o el volumen.

Si eres consciente de tus patrones de habla naturales, puedes ajustarlos a voluntad para crear un efecto de validación. Como soy una persona que habla rápido y con entusiasmo, cuando intento hablar más despacio, se me nota. Hablar de manera lenta y metódica es una desviación de mi *modus operandi* frenético, a lo hurón, y transmite a los demás que estoy siendo considerada e intencionada. En el caso de DelGaudio ocurre lo contrario. Él es consciente de su estilo de hablar plano y monótono, y se anima cuando quiere atender y llamar la atención del público hacia ciertas emociones, como cuando ajustó su tono para mostrar que le resultaba gracioso que aquella mujer mayor con gafas se identificara como fumadora nocturna de marihuana. Estos cambios son sutiles, pero no por ello menos impactantes. **Cada vez que cambias tu forma natural de hablar en respuesta a alguien, demuestras que te ha afectado. Esto significa que ha captado tu atención.**

CUÁNDO ATENDER

Atender consiste en utilizar las Cuatro Grandes de la comunicación no verbal, escuchar con intención mediante el Juego A y hacer preguntas y comentarios. No tienes ninguna posibilidad de demostrar comprensión o empatía hacia una persona si no le has prestado atención, así que tienes que atender en cierta medida siempre que quieras validar. La verdadera pregunta es: ¿cuándo solamente se atiende? ¿Cuándo debes recurrir únicamente a esta técnica y no a las demás?

Utilizar solo esta técnica te resultará útil cuando no entiendas o no empatices con la postura de la otra persona. Si en Acción de Gracias te encuentras atascado en una conversación con un tío que no deja de hablar sobre sus ofensivas opiniones políticas, probablemente este sea el único paso que podrás dar para validarle. Atender es también la forma de proceder cada vez que hablar resulte inapropiado. Cuando quieras validar sin interrumpir a la otra persona (piensa en reuniones de familia o de padres y profesores, funerales, etcétera), atender será tu mejor amigo.

INCLUSO TU MEJOR AMIGO PUEDE TRAICIONARTE: ERRORES EN LA APLICACIÓN DE LA TÉCNICA DE ATENDER Y SOLUCIONES

Usar recursos como el lenguaje no verbal, la escucha y el planteamiento de preguntas y los comentarios puede parecer una forma de actuar infalible, pero estos enfoques básicos también pueden salir mal. Cuando la técnica de atender falla, normalmente se debe a la intensidad o a la elección del momento.

Intensidad

El contacto visual puede ser una gran ayuda para transmitir atención y crear conexiones, sin embargo, en ciertas situaciones puede dificultar que los demás se abran a ti. La gente tiende a evitar el contacto visual cuando se siente avergonzada, culpable o, en algunos casos, triste. Hacer preguntas en estas situaciones puede parecer invasivo y que la gente se cierre en lugar de abrirse. **Si pones demasiada intensidad en un momento delicado, te arriesgas a echarlo todo a perder.** La intensidad se puede gestionar o corregir simplemente observando a tu alrededor. Si alguien parece avergonzado, incómodo o inseguro sobre un tema, modera tus preguntas y comentarios, no fuerces el contacto visual, baja el tono de tus señales vocales y da un paso atrás (literalmente).

Elección del momento

La gente habla cuando quiere hablar, no cuando tú quieres que hable. Prueba a preguntar a los niños qué tal les ha ido el día cuando los recojas del colegio y entenderás lo que quiero decir. Exigir que la gente se muestre vulnerable o esperar que participe porque tú estás en disposición de prestarles atención rara vez tiene buenos resultados. Aunque nuestras intenciones parezcan benévolas (estamos intentando conectar, ¿qué puede haber de malo en eso?), podría ocurrir que en realidad estemos respondiendo más a nuestras propias necesidades que a las ajenas. Queremos llenar un silencio que nos incomoda, satisfacer nuestra curiosidad o demostrar que somos buenos padres, amigos, parejas, etcétera. Estas motivaciones son contrarias al espíritu de la validación, que consiste en centrarse, de manera casi meditativa, en la experiencia de otra persona. **Atender a alguien que no quiere tu atención refleja una falta de conciencia. No es validar, sino molestar.**

No hay nada malo en plantear preguntas del tipo «¿Qué tal el trabajo?» o «¿Qué ha pasado en el colegio?» siempre que no esperes demasiado a cambio ni des la lata con preguntas sucesivas como si estuvieras tratando de husmear en las vidas ajenas (por ejemplo: «¿Qué tal el colegio?», «¿Solo bien?», «¿Por qué no me cuentas nada más?», «¿Ha pasado algo?», «¿Qué ha pasado?»). En lugar de eso, concéntrate en demostrar interés y curiosidad ante las intervenciones espontáneas que surjan cuando menos te lo esperes. Los comentarios inesperados son como puertas entreabiertas que indican que la otra persona está lista para dejarte entrar. La gente rara vez da señales claras del tipo «Cariño, me vendría muy bien un poco de validación en torno a mis frustraciones con ese tío del trabajo». Si se trata de tu pareja, por ejemplo, lo más habitual es que diga algo como «Mi compañero, Alex, es un verdadero incordio» y que saque el tema en la cama cuando estás a punto de conciliar el sueño, no en la cena cuando preguntas «¿Qué tal el día?». No estoy diciendo que debas renunciar a dormir o que leas entre líneas de cada comentario secundario, simplemente digo que prestar atención a las conversaciones que los demás inician puede ofrecer más oportunidades para profundizar en vuestra relación que intentar forzar una conversación.

Si tienes la sensación de que a la gente le cuesta abrirse contigo o si tratas de reavivar una conexión que se ha enfriado, busca momentos que propicien una conversación íntima. Después de cenar, tomando un café, durante un paseo, los mensajes nocturnos y los trayectos en coche son escenarios perfectos para mantener conversaciones profundas. Puedes esperar un rendimiento de la inversión bajo si abordas al otro inmediatamente antes o después del trabajo, el colegio u otras actividades exigentes, porque lo normal en esos momentos es que esté centrado en prepararse para afrontarlas o recuperándose de ellas. Cuando consigas la chispa que buscas, ten cuidado de no soplar demasiado fuerte. Deja espacio para el silencio, sobre todo si tienes la sensación de que el momento se te va a escapar entre los dedos si no sigues alimentándolo con preguntas. Si la otra persona cambia de tema, intenta retomarlo una sola vez. Si no muerde el anzuelo, déjalo estar. La gente no se abre cuando se siente presionada, y reducirás las probabilidades de que te busque en el futuro.

RESUMEN

- Atender significa prestar atención y escuchar sin juzgar, mostrando interés y cultivando la comprensión.
- Puedes atender haciendo lo siguiente:
  - Utilizar las Cuatro Grandes de la comunicación no verbal: contacto visual, proximidad, gestos y asentimiento.
  - Escuchar con atención jugando al Juego A:
    1. ¿Cómo se puede mejorar el punto de vista de la otra persona?
    2. ¿Por qué lo considera importante?
  - Hacer preguntas y comentarios. Limítate a aquellos que demuestren interés o que estás tratando de entender de verdad.
- Atender es siempre necesario para validar. Deberías utilizar esta técnica por sí sola si todavía no entiendes o no empatizas con la perspectiva de la otra persona, o si resulta inapropiado hablar en ese momento.
- Entre los errores en la aplicación de la técnica de atender figuran:
  - El exceso de intensidad.

    Solución: observa a tu alrededor y ajusta la intensidad en consecuencia.
  - Tratar de forzar las oportunidades de atender en lugar de aprovecharlas cuando surjan de forma natural.

    Solución: espera a que la persona se abra y no la inundes de preguntas cuando lo haga.

PARA PRACTICAR

1. Si puedes memorizar las Cuatro Grandes y acordarte de recurrir al lenguaje no verbal en general, estarás listo. Puedes poner un recordatorio en el teléfono o en la nevera para no

olvidar el lenguaje no verbal esta semana, pero no le des muchas vueltas a lo que estés haciendo en el momento.

2. Algunas técnicas de la Escala de la Validación son menos intuitivas y tienen aspectos que deberás ejercitar para interiorizarlas. El Juego A de la técnica de atender es uno de ellos. Según mi experiencia, el Juego A empieza a ser mecánico más o menos después de veinticinco repeticiones. Para desarrollar tu Juego A, practica esta semana en los siguientes escenarios:
   - Conversaciones ligeras sobre temas que te interesan (por ejemplo, hablar con tu pareja sobre el pódcast que estáis escuchando).
   - Conversaciones ligeras sobre temas que no te interesan (por ejemplo, hablar con tu pareja sobre el pódcast Catan, que acaba de terminar).
   - Desacuerdos o conversaciones sin importancia cuando no entiendes la postura de alguien (por ejemplo, hablar con tu pareja sobre el pódcast *I Hate Cats*, que le ha gustado).

Sugerencia: no olvides hacer preguntas y comentarios que demuestren interés o un esfuerzo por entender mejor. Y no existe ninguna regla que diga que estas conversaciones deben producirse en vivo y en persona. La comunicación electrónica no deja de ser comunicación.

Capítulo 7

COPIAR: CÓMO CONECTAR CON CUALQUIERA

> Vivo en las expresiones faciales del otro, como siento que él vive en las mías.
>
> Maurice Merleau-Ponty, *Fenomenología de la percepción*

Lector, me encanta este capítulo. En parte porque puedo hablar de mi marido hablando de Seth Rogen hablando de hongos mágicos, pero también porque puedo compartir mi plan de un solo paso para lograr la paz mundial. Hay mucho que contar, así que voy a empezar.

Copiar es la segunda de las dos **técnicas de atención plena**, y es tal como suena: se trata de imitar o reflejar las palabras o la conducta de una persona.* Esta técnica resulta más eficaz cuando se combina con las preguntas y los comentarios de la técnica de atender.

---

* «Reflejar», «reflejo preciso», «imitar», «reproducir», «hablante/oyente», «parafrasear» y «escucha reflexiva» son variaciones de esta misma técnica (Linehan, *DBT Skills Training*, «Handout 18»; Linehan, «Validation and Psychotherapy», pág. 362; Mariëlle Stel y Roos Vonk, «Mimicry in Social Interaction: Benefits for Mimickers, Mimickees, and Their Interaction», *British Journal of Psychology*, 101, núm. 2 [1 de mayo de 2010], págs. 311-323, <https://doi.org/10.1348/000712609x465424>; Tom Bunn, «Megaphone Parenting Can't Meet a Child's Need for Mirroring», *Psychology Today*, 16 de septiembre de 2019, <https://www.psychologytoday.com/us/blog/conquer-fear-flying/201909/megaphone-parenting-cant-meet-childs-need-mirroring>; Scott D. Stanley, Howard J. Markman y Susan L. Blumberg, «The Speaker/Listener Technique», *The Family Journal*, 5, núm. 1 [1 de enero de 1997], págs. 82-83, <https://doi.org/10.1177/1066480797051013>; Kerry Patterson y otros, *Crucial Conversations Tools for Talking When Stakes Are High*, 2.ª ed. [Nueva York, McGraw Hill Professional, 2011], pág. 164; Alain Braillon y Françoise Taiebi, «Practicing "Reflective Listening" Is a Mandatory Prerequisite for Empathy», *Patient Education and Counseling*, 103, núm. 9 [1 de septiembre de 2020], págs. 1866-1867, <https://doi.org/10.1016/j.pec.2020.03.024>).

Por ejemplo, alguien dice mientras sonríe: «Aquel restaurante fue el mejor al que he ido en años». Tú respondes igualando su sonrisa (copiar): «¿El mejor en años?». Y añades: «¿Qué pediste?» (pregunta de atender). Cierto grado de resumen e intercambio de palabras está bien, pero copiar valida más cuanto más se corresponde con lo expresado por la persona. Enseguida explicaré cómo ser eficaz, y no desagradable, en este punto.

Puede que parezca que copiar a una persona no va a servir para validarla, pero recuerda que se trata de una **técnica de atención plena** y que, como tal, solo tiene que demostrar que estás prestando atención sin juzgar. Tal vez no parezca gran cosa, pero como hemos visto con atender, reconocer a alguien sin juzgar ni prejuzgar puede ser increíblemente conmovedor. La habilidad de Derek DelGaudio para crear una experiencia en la que «nadie se sienta juzgado» y «nuestros "yo soy" se conviertan en "nosotros somos"» se logró en gran medida a través de la técnica de copiar. Dedicó a cada persona toda su atención y las palabras que cada una consideraba que mejor la describía. No ofreció ninguna interpretación ni profundizó en las descripciones elegidas, sino que se limitó a repetirlas de forma textual.

Afortunadamente, no es necesario ser un profesional cualificado para aprovechar los beneficios de copiar. La investigación demuestra que el simple hecho de enseñar a alguien a copiar a otra persona influye de manera positiva en su relación.[1] Como cabría esperar, lo que se siente por el otro influye en el trato mutuo. En el que posiblemente sea el estudio más conocido sobre la técnica de copiar, el investigador Rick B. van Baaren y sus colegas pidieron a un grupo de camareros que repitiesen (o no) los pedidos de sus clientes.[2] El experimento reveló que los clientes a los que se les repetía el pedido dejaban propinas bastante más altas. Se hallaron resultados similares en un estudio de seguimiento sobre la técnica de copiar y la conducta prosocial.[3] En este experimento, los investigadores copiaron o no las posiciones de las piernas y los brazos de los participantes durante una conversación individual. Los participantes no sabían que estaban siendo copiados.

La conversación solo duraba seis minutos; a continuación, el investigador dejaba caer «accidentalmente» unos bolígrafos al suelo. Los participantes que habían sido copiados por el experimentador sin saberlo recogieron los bolígrafos en más casos (100 %) que los que no habían sido copiados (33 %).

Y antes de que empieces a soñar despierto con todas las propinas que recibirás y los bolígrafos que te ayudarán a recoger, recuerda que copiar, como todas las técnicas de validación, influye tanto en el validador como en la persona validada. **La investigación ha demostrado que la persona copiada y la que copia sienten una mayor conexión y un vínculo emocional mutuo más fuerte.**[4] ¡Este dato es muy importante! Saca un rotulador fluorescente para marcarlo, envíaselo por mail a un amigo y ponlo en una taza para que nunca se te olvide. Y es tan relevante porque cuanta más sintonía y vínculo tengamos con una persona, más difícil nos resultará justificar que la tratemos mal. Si copiar a alguien realmente consigue que nos sintamos más unidos a esa persona, significa que esta técnica de validación tiene el potencial de reducir la discriminación. De hecho, se ha demostrado que es así.

En un estudio realizado en 2012, un grupo de personas blancas se dividió de manera aleatoria en tres grupos. A los estudiantes del primer grupo se les indicó que viesen un vídeo de un actor negro y que copiasen sus movimientos repetidos mientras agarraba un vaso de agua y bebía. A los del segundo grupo se les pidió que viesen el vídeo sin copiar al actor. Los del tercer grupo recibieron las mismas instrucciones que los del primero, pero el actor que vieron y copiaron no era negro, era blanco como ellos. A continuación, los participantes llevaron a cabo una tarea diseñada para medir el racismo implícito. El racismo implícito es un prejuicio inconsciente que puede hacer que una persona se comporte de manera sesgada aunque no tenga intención de ser discriminatoria.[5] Al final, los participantes que copiaron al actor negro mostraron una ausencia de prejuicios implícitos, mientras que los de los otros dos grupos manifestaron un sesgo implícito contra los negros. Los investigadores de este estudio sugieren que la conexión que resulta de copiar a alguien podría llevarnos a ver al prójimo no como un «otro», sino más como un «nosotros mismos».[6]

Si estás pensando «Bueno, puede que las personas asignadas aleatoriamente para copiar al actor negro albergasen menos racismo implícito que las del otro grupo», a lo mejor prefieres un experimento que utilice un diseño pre-post. En este tipo de estudios, los investigadores miden las puntuaciones de los participantes antes (pre) y después (post) de una tarea para comprobar si esta afecta a sus puntuaciones. Xbox, por ejemplo. En el uso más ingenioso jamás registrado del juego *Dance Central 3* de Xbox 360 Kinect, Ron Tamborini y sus colegas de la Universidad Estatal de Michigan demostraron que los participantes blancos que copiaron fielmente los movimientos de un bailarín virtual negro durante tres canciones calificaron a los negros como personas notablemente más fiables que antes de completar la tarea.[7] Estos efectos dependían por completo de la sincronización de los participantes con los bailarines virtuales: cuanto mejor copiaban los movimientos del bailarín, más profundos parecían ser los efectos.

Estos estudios ofrecen solo un pequeño atisbo del efecto de copiar en la afiliación. Otros estudios demuestran que esta técnica reduce la culpabilización de las víctimas,[8] impulsa a la gente a dar más a la beneficencia[9] y aumenta su empatía hacia los ciudadanos de bandos opuestos en una guerra,[10] y en el ámbito de las citas, se ha demostrado que copiar aumenta la atracción.[11] Esta técnica solo podría mejorar si fuese un poco más fácil de usar. Es broma; es tan fácil que hasta un bebé podría hacerlo. Literalmente.

SIMÓN DICE

Tienes dos opciones principales a la hora de utilizar esta técnica para validar a los demás: copiar sus palabras y copiar sus gestos o comportamientos.

Copiar sus palabras

Quería dar un ejemplo lo más natural posible de copiar las palabras exactas de alguien en una conversación, así que trabajé de incógnito. Una noche, durante la cena, le pedí a Mat que me explicase algo sobre el libro que estaba leyendo. Sin que él lo supiera, me propuse copiarle y grabar la conversación con mi teléfono para poder transcribirla a continuación. Después le expliqué mi operación encubierta, y le pareció bien que la incluyera en el libro.

Vale, Mat estaba leyendo *Yearbook*, la autobiografía de Seth Rogen. Sí, ahora es cuando hablo de Mat hablando de Rogen hablando de hongos psicodélicos. Lo siento; sé que no te apuntaste a leer una historia sobre el uso de drogas ilegales cuando compraste este libro acerca de la validación, pero aquí estamos.

MAT: Se los tomaron [los hongos] y luego fueron a hacer la compra para después irse de pícnic. Pensaron que la droga les haría efecto cuando llegaran al parque. Pero no, les hizo efecto al instante, cuando estaban en el supermercado.

YO: ¿Antes de que hubieran acabado de comprar? [pregunta de atender].

MAT: Sí. [Se empieza a reír]. Seth acaba dándole todo su dinero a la cajera y se va con la comida. Al final llegan a un parque precioso en Ámsterdam, pero Seth tiene que hacer caca, así que le dice a su amigo: «Ahora vuelvo. Solo tengo que encontrar un baño». Y el tío le dice: «Por favor, hagas lo que hagas, ¡no me dejes ahora!». El tío es como que está llorando.

YO: Oh. ¿Está llorando? [pregunta de atender + copiar].

MAT: Porque está muy colocado. Pero Seth tiene muchísimas ganas de hacer caca, así que dice: «Tengo que ir ahora mismo o las cosas se van a poner muy raras y muy mal».

Nos reímos los dos.

YO: Están en un parque precioso y él tiene que hacer caca. [Copiar].

Más risas.

MAT: Así que encuentra un baño, y cuando vuelve, ve a su amigo tumbado boca abajo con los brazos a los lados, y Seth se alarma un montón porque parece que esté muerto. Entonces dice: «Eh, ¿qué pasa?», y su amigo contesta: «Me estoy escondiendo».

YO: ¡¿Me estoy escondiendo?! [Copiar].

¡Nos partimos de risa!

MAT: ¡Sí! Está en plan «Estoy intentando permanecer inmóvil para que nadie me vea». Y Seth: «Pero ¿qué dices? Nadie te está mirando». Y su amigo suelta: «Entonces funciona».

YO: Entonces funciona. [Copiar]. Qué gracioso.*

Esta es una versión resumida de nuestra conversación, y mi uso de la técnica de copiar parece un poco más obvio aquí que en la transcripción completa. Lo digo porque copiar es más eficaz cuando resulta menos perceptible. La clave para validar y no parecer un robot con esta técnica consiste en combinarla con las preguntas y los comentarios de la técnica de atender/prestar atención, como hago al principio de nuestra conversación cuando pregunto si los hongos psicodélicos les hizo efecto antes de acabar de hacer la compra en el súper.

Repetir los adjetivos o las descripciones exactas que utiliza la gente puede ser especialmente eficaz, porque esas palabras son como el color de pintura que han elegido para un detalle concreto (por ejemplo, «Están en un parque precioso»). Repetirlas confirma que ves lo mismo que la otra persona y que eres consciente de lo que le parece importante. Copiar el tono y el estilo de los mensajes de correo electrónico y de texto de una persona es otra forma sutil de copiar y transmitir sintonía. Y asegúrate de prestar mucha atención a los sig-

* Es una situación con muchas risas, es verdad, pero quiero aclarar que Mat y yo no estábamos drogados. Ya sé que puede parecer que lo estamos; me he dado cuenta de ello porque las partes en las que nos reímos ya no me parecieron tan graciosas cuando las volví a leer. La historia es divertida si escuchas a Rogen explicándola en su audiolibro, pero no tanto cuando escuchas a Mat explicándomela a mí. En mi página web (<drcarolinefleck.com>) está la grabación sin editar de nuestra conversación por si te interesa conocer mejor cómo «suena» la técnica de copiar. Pero te aviso: no es divertida.

nos de exclamación y los emojis, porque transmiten el tono, la intensidad y el nivel de formalidad con el que la persona se siente cómoda.

Resumir o repetir los puntos principales del argumento de alguien también equivale a utilizar esta técnica, siempre que te ciñas a lo que ha dicho y no a tu interpretación de lo que ha dicho. Copiar refleja la postura de la otra persona; las interpretaciones, en cambio, pueden confundirla. Recuerda, no es necesario estar de acuerdo con alguien para reafirmar su posición. Dudo seriamente que DelGaudio estuviera de acuerdo con la persona que se veía como un don nadie. Simplemente validó que así era como ese hombre se veía a sí mismo.

Por muy calculada que parezca la técnica de copiar, no tienes que centrarte en todas estas estrategias cuando la apliques. Mis únicos pensamientos al entrar en la conversación con Mat fueron (1) copiar y (2) asegurarme de que Havana no nos oyese hablar de drogas. Una vez aprendidas estas técnicas, te darás cuenta de que acudes a ellas de forma natural cuando practiques el copiar. Al observar a otras personas utilizando esta técnica y experimentando tú con ella, reforzarás lo que has aprendido. Al final, cuando decidas grabarte en secreto durante una conversación con tu marido sobre Seth Rogen, tendrás un modelo que copiar para compartir con el mundo. Suponiendo que tu marido te dé vía libre.

Copiar sus gestos o comportamientos

Desde que era pequeña, he tenido problemas con una cuestión que me da vergüenza reconocer. Respira hondo, Caroline... Esto es difícil para mí... Copio los acentos de la gente sin darme cuenta. No es mi intención, de verdad, pero si no tengo cuidado, empiezo a adoptar el acento de la persona con la que esté hablando, casi siempre hasta resultar cómica. Si me he tomado una copa de vino, ni te cuento. Me pondré a hablar como si fuese de su país de origen.

Me alivió saber que la tendencia a copiar los acentos es habitual y no responde a un deseo inconsciente de burlarse de la gente, sino más bien a un intento inconsciente de validarla. En ciertos círculos se conoce como efecto camaleón, y la investigación confirma que copiamos de forma natural los acentos, las tendencias vocales, las conductas y las expresiones faciales de las personas con las que hablamos.[12] De hecho, estamos programados para copiar la manera de hablar y los comportamientos de los demás. Los estudios con bebés demuestran que tienen una tendencia natural a imitar las expresiones faciales y emocionales.[13]

El hecho de que nos copiemos unos a otros inconscientemente puede parecer un tic raro desarrollado por la raza humana; sin embargo, como ocurre con todos los rasgos hereditarios, este parece responder a una función evolutiva. Para mantenerte con vida necesitas una tribu. Para crear una tribu, tienes que ser capaz de entender a la gente y empatizar con ella. Y resulta que copiar nos ayuda a hacer precisamente eso.[14]

El cerebro asocia ciertas expresiones faciales y contracciones musculares con emociones específicas. Fruncir el ceño, por ejemplo, se asocia con la ira. Estimular esos músculos de las cejas copiando una expresión facial de enfado puede hacer que te sientas enfadado. El hecho de copiar expresiones asociadas a emociones específicas activa la corteza motora del cerebro y las regiones utilizadas en el procesamiento de las emociones. Mediante este pequeño y fiable bucle de retroalimentación, copiar a las personas nos ayuda a entenderlas mejor y a empatizar con ellas.[15] De nuevo, estos efectos no son unidireccionales. La técnica de copiar hace que tanto la persona que copia como la copiada se sientan más conectadas, que compartan emociones similares e incluso que disfruten de interacciones más fluidas entre ellas.[16] Al parecer, copiar es la manera que tiene la naturaleza de ayudarnos a desarrollar la capacidad de empatizar más profundamente con los demás al tiempo que los validamos. La naturaleza es tan eficiente como siempre.

Así, tanto si te das cuenta como si no, ya sabes que copiar las palabras y los gestos o comportamientos de la gente es validante, y es probable que ya lo estés haciendo a cierto nivel para establecer y mantener tu tribu. Te sugiero que copies con más frecuencia e intención cuando intentes validar a alguien (a menos que te dejes llevar por los acentos; en este caso te recomendaría que te mantengas alejado del alcohol). La razón por la que animo a poner más intencionalidad es porque no somos indiscriminados en nuestras imitaciones. Al contrario, es más probable que copiemos a personas atractivas[17] y en posiciones de poder.[18] Si esas son las únicas personas a las que necesitas validar, vas bien. Si no es así, te alegrará saber que copiar a la gente intencionadamente no es menos eficaz que hacerlo de manera espontánea.[19] Ambas producen los deliciosos frutos de la comprensión y la conexión.

Dado que estamos predispuestos a copiarnos unos a otros, la mayoría de la gente no necesita esforzarse mucho para hacerlo, le basta con acordarse de que cuenta con este recurso para favorecer su conexión con los demás.* Cuando fracasé en mi primer intento de validar a la niñera agobiada que conocí en el parque, me di cuenta de que tenía que reajustar las **técnicas de atención plena**. En aquel momento no pensé «Se está cruzando de brazos, así que yo también me cruzaré de brazos» o «¡Ajá, ha arqueado la ceja derecha! A ver, voy a hacer lo mismo. Ostras, nunca he sido capaz de arquear la ceja derecha». Lo que hice fue registrar que debería intentar copiarla. En general, basta con un ligero recordatorio para sacar a relucir esta tendencia natural.

* Insisto en que la mayoría de la gente solo necesita un ligero recordatorio para aplicar la técnica de copiar a los demás, pero hay personas que precisan un apoyo adicional para desarrollar esta técnica. La copia espontánea es reducida en las personas que puntúan bajo en empatía y en aquellas con trastornos del espectro autista (TEA). La investigación ha demostrado que copiar intencionadamente las expresiones faciales de otros puede ayudar a las personas con TEA a identificar y procesar las emociones ajenas (Chun-Ting Hsu, Thomas B. Sims y Bhismadev Chakrabarti, «How Mimicry Influences the Neural Correlates of Reward: An FMRI Study», *Neuropsychologia*, 116 [18 de agosto de 2017], págs. 61-67, <https://doi.org/10.1016/j.neuropsychologia.2017.08.018>; Michael Lewis y Emily Dunn, «Instructions to Mimic Improve Facial Emotion Recognition in People with Sub-Clinical Autism Traits», *Quarterly Journal of Experimental Psychology*, 70, núm. 11 [1 de noviembre de 2017], págs. 2357-2370, <https://doi.org/10.1080/ 17470218.2016.1238950>).

Existe una última forma de copiar con fines de validación que está a medio camino entre repetir lo que ha dicho la otra persona e imitar sus gestos o comportamientos: se trata de poner palabras a sus actos. Por ejemplo, si Mat dijese «La casa está increíble» después de que yo me haya pasado el día limpiando a fondo y ordenando, le agradecería el cumplido, pero no me sentiría especialmente validada. En cambio, si me dijera «La casa está increíble. Vaya, ¿has limpiado las ventanas? ¡Están relucientes! ¿Y esas etiquetas hechas a mano en la despensa? ¡Te habrán llevado horas!», sabría que es consciente del tiempo y el esfuerzo que he invertido. Ser un espejo de la experiencia de alguien es una forma obvia, pero ignorada en muchos casos, de demostrar a esa persona que la ves.

COPIAR: LA SOLUCIÓN AL CONFLICTO

Como **técnica de atención plena**, verás que copiar funciona bien en las mismas situaciones que se prestan a la técnica de atender. La capacidad que la técnica de copiar tiene de fomentar la confianza y la comprensión también la convierte en un excelente antídoto contra el conflicto.

Después de miles de horas de investigación sobre las relaciones, John Gottman y su mujer, la psicóloga Julie Gottman, desarrollaron un enfoque de la terapia de pareja basado en sus prolíficos hallazgos. La terapia de pareja del método Gottman es uno de los pocos tratamientos de eficacia probada para parejas que desean mejorar o salvar sus relaciones. Cuando empecé a aprender esta terapia, esperaba practicar los diversos métodos Gottman con mis clientes. John Gottman es conocido por ser capaz de predecir si una pareja se divorciará con una precisión de más del 90 %.[20] Un estudio clínico aleatorio demostró que las parejas con solo leer su libro *Siete reglas de oro para vivir en pareja* eran mucho más felices en su relación hasta un año después de esa lectura.[21] ¿Qué terapeuta no querría poner en práctica los métodos de Gottman? Eso era lo que yo pensaba hasta que me encontré con la intervención Gottman-Rapoport (conocida simplemente como Rapoport).[22]

Este método de Gottman para la gestión de conflictos, Rapoport, me parecía tan artificioso que no veía el modo de aplicarlo sin poner en riesgo el respeto hacia mí misma. Puede, lector, que mi aversión te parezca exagerada, pero quizá deberías conocer cómo funciona Rapoport: como terapeuta, tendría que interrumpir una discusión de pareja para sugerir que uno de sus integrantes dejase a un lado el argumento que estuviese defendiendo, para que, a continuación, se escuchasen y repitiesen el punto de vista del otro, introduciendo los ajustes necesarios hasta que la persona que hable se sienta satisfecha con la comprensión de quien escucha. Porque, claro, no hay nada que favorezca más la paz que obligar a una de las partes a representar la postura de la otra con los dientes apretados mientras le repiten que se está equivocando. Para empeorar las cosas, se suponía que yo debía entregar a quien escuchaba un portapapeles para que pudiese anotar (copiar) lo que decía el hablante. «Señoras y señores, interrumpo su discusión programada para ponerles una tarea de redacción»: así me sonaba a mí. Cuando el hablante estuviese satisfecho con el resumen del oyente, cambiarían los roles. No estaba segura de poder mantener a los dos miembros de la pareja en mi consulta el tiempo suficiente para llegar a ese punto. Solo podía imaginar los comentarios que recibiría de los clientes al final de la sesión: «Todo iba bien hasta que nos obligó a mi mujer y a mí a hacer un ejercicio muy incómodo, cuando justamente la incomodidad es lo que siempre ha prevalecido en nuestra relación... No vemos más opción que el divorcio...».

Por suerte, poco después de conocer la existencia de la intervención Rapoport hice un *escape room* (por si no sabes de qué hablo, es ese sitio donde pagas para que te encierren en una habitación con tus amigos para resolver enigmas). Nos dieron esas adorables tabletas Boogie Boards para que pudiéramos anotar pistas y borrarlas fácilmente después de cada rompecabezas. Me encantan los aparatos de oficina, así que de inmediato me di cuenta de que podía utilizar unas Boogie Boards en lugar de los sujetapapeles para tomar notas durante la intervención Rapoport. Si la intervención de Gottman era la única manera de justificar la compra de este juguete, que así fuera. Nada se interpone entre el material de oficina y yo. Compré un par de Boogie Boards y empecé a experimentar con Rapoport para ayudar a las parejas a trabajar los conflictos en la sesión. Y déjame decir que funcionó ¡como por arte de magia! Probablemente porque es mágico. Quiero decir que es casi la misma «magia» que utilizaba DelGaudio.

La utilidad del ejercicio Rapoport fue evidente de inmediato. Asegurar a la persona que asume en primer lugar el papel de oyente que tendrá la oportunidad de contar su versión de la historia es suficiente para vencer cualquier resistencia inicial. En lugar de sentirse desanimados ante la «tarea de redacción», la mayoría de los participantes parecen ansiosos por demostrar lo bien que han escuchado, aunque solo sea para demostrárselo a sí mismos.

Así pues, ¿por qué la técnica de copiar es un antídoto tan potente contra los conflictos? Porque el reto de intentar repetir correctamente las intervenciones de alguien te obliga a ir más despacio. **Cuando dejas de poner toda tu atención en generar contraargumentos y preparar críticas contra el proceso y la copia, ves cosas que de otro modo pasarías por alto.** Es la diferencia entre ir a toda velocidad por la autopista y atravesar lentamente un barrio. Cuando vas despacio, tienes más tiempo para procesar lo que ocurre; es más fácil frenar y evitar atropellos. Con la técnica de copiar funcionando en segundo plano para fomentar la comprensión y la empatía, los detalles importantes salen a la luz, y así resulta más fácil ver los «nosotros somos» a través de los «yo soy».

Gottman explicó que desarrolló la intervención Rapoport basándose en el libro de Anatol Rapoport *Fights, Games, and Debates*, que propone estrategias para la resolución de conflictos internacionales. Después de ver de lo que es capaz la intervención Rapoport, no me cabe duda de que también sería útil para la comunidad mundial. Además, ¡qué bonito sería ver a los líderes mundiales leyendo las notas que han tomado en sus Boogie Boards con la intención de validarse mutuamente! ¡Paz mundial ya! Vale, ya paro. Pero intentar absorber el argumento de otra persona con la suficiente eficacia para repetirlo con precisión te ayudará a aflojar algunos nudos cuando sientas que se acumula la tensión en torno a una discusión. No es necesario que escribas lo que dice la otra persona si consideras que será incómodo, pero si experimentas con este método, comprobarás que pocas personas se ofenden si anotas sus preocupaciones.

ERRORES EN LA APLICACIÓN DE LA TÉCNICA DE COPIAR

Dado que copiamos de forma natural, esta técnica no está tan plagada de errores potenciales como otras. Solo tendrás problemas con ella si no logras equilibrarla con la técnica de atender o prestar atención. Algunos terapeutas animan a la gente a utilizar preámbulos como «Lo que estás diciendo...» a modo de introducción a copiar las palabras de alguien. No estoy de acuerdo. Según mi experiencia, este tipo de afirmaciones pueden parecer falsas o incluso sentenciosas. Es mejor centrarse en copiar, no hace falta hacer que las cosas sean más difíciles. Este consejo de no hacer que las cosas sean más difíciles puede sorprender viniendo de la mujer que aboga por tomar notas durante las discusiones. Sin embargo, el objetivo consiste en ayudarte a copiar mejor, no en llamar la atención sobre ti. Los elogios se olvidan rápidamente una vez que han cumplido su función.

Recurrir a un recordatorio amable para aplicar esta técnica en lugar de someterte a una vigilancia obsesiva te ayudará a sacar tu tendencia natural a copiar sin ser obvio y sin forzar la forma en que copias al otro. Lo único que debes tener en cuenta es qué conductas copias. Nunca copies a alguien que se esté comportando de manera agresiva, grosera o violenta. Copiar expresiones no verbales de tristeza o angustia (por ejemplo, bajar la mirada, llorar, etcétera) puede ser validador, pero has de tener cuidado de no cruzar la línea y agobiar al otro. **Copiar deja de ser eficaz en el momento en que parece que la situación se está descontrolando.** Entre las señales de descontrol figuran miradas de pánico o de angustia y sollozos incontrolables. Cuando esto ocurra, deja de copiar y empieza a tranquilizar.

Copiar a los niños pequeños puede mostrarte lo que significa cruzar la línea de la comodidad al caos, y viceversa. A los niños les va muy bien la validación que experimentan al ver sus emociones reflejadas en un adulto. Les demuestra que sus sentimientos son reales, adecuados para la situación y dignos de confianza. A los niños, además, se les da fatal regular sus emociones, lo que hace que copiar sus emociones negativas sea como caminar por la cuerda floja. A principios de esta semana, por ejemplo, Havana me llamó desde su habitación, después de acostarla, para decirme que le preocupaba tener una pesadilla.

–¡Las pesadillas me dan tanto miedo que prefiero no dormir! –me dijo con los ojos muy abiertos.

–Algunas dan mucho miedo –le dije, repitiendo la palabra *miedo* y abriendo mucho los ojos.

Lector, ¡no fue la réplica correcta! Se echó a llorar como si le hubiese confirmado literalmente su peor pesadilla. Rápidamente cambié de marcha y la cogí en brazos.

–Pero recuerda –proseguí– ¡que podemos tener pensamientos amorosos para alejar a las pesadillas! Empiezo yo...

Este último consejo se basa muy libremente en la ciencia y, sí, a veces exagero los efectos para ayudar a mi hija a conciliar el sueño. La cuestión es que la transición de validar a calmar no tiene por qué ser elegante; solo hace falta que se produzca.

RESUMEN

- Copiar significa reproducir las palabras (lo que dice) o los gestos, expresiones y actos de otra persona, o poner palabras a los gestos y actos (reconocer sus esfuerzos).
- Copiar funciona en cualquier situación que justifique la técnica de atender/prestar atención. También resulta especialmente útil durante los conflictos.

- Al copiar, ten cuidado de no:
  - Hacer una montaña de un grano de arena.

    Solución: equilibra el copiar con preguntas y comentarios de la técnica de atender, y recuérdate que debes copiar sin someterte a una autovigilancia excesiva.
  - No copiar conductas incorrectas.

    Solución: nunca copies un comportamiento agresivo; si te excedes copiando sentimientos negativos como la tristeza, deja de copiar y empieza a tranquilizar.

PARA PRACTICAR

1. Utiliza el mensaje «Acuérdate de copiar» para practicar la copia intencionada de alguien cada día de esta semana. Ponte una nota adhesiva virtual en tu ordenador o una real en el espejo para acordarte de hacerlo.
2. La próxima vez que te encuentres en un conflicto, prueba la intervención Rapoport. Puedes hacerlo formalmente, escribiendo lo que dice la otra persona, o de manera informal, tratando de recordar lo que dice. Si la persona es tu pareja o un familiar, puedes probar a explicarle el ejercicio para que los dos tengáis la oportunidad de ser escuchados.

Capítulo 8

CONTEXTUALIZAR: RESOLVER EL PORQUÉ

> Yo siempre he pensado que si analizo algo, da menos miedo.
>
> JOAN DIDION, *El centro cederá*

Cuando el hijo de mi amiga Kim, Jeff, entró en primero de primaria, fue poseído por un demonio maligno. Al menos, eso nos pareció a nosotros. Atrás había quedado el niño dulce que una vez preguntó si podía llevar hormigas a casa para protegerlas de la lluvia. En su lugar, había un niño empeñado en destruir y perturbar. Llamaron a Kim del colegio por primera vez en septiembre, cuando pillaron a Jeff dibujando en su escritorio con un rotulador permanente que había robado de casa. Las llamadas del colegio pronto se convirtieron en un acontecimiento semanal. A medida que avanzaba el curso, la paciencia de su profesora se fue agotando. Kim pidió hablar con ella después de que Jeff afirmase que le había llamado «imbécil». «Dije que se estaba comportando como un imbécil, no que sea imbécil», aclaró la profesora.

Kim estaba furiosa.

La profesora de Jeff acabó dejando el colegio en enero. Kim tenía la esperanza de que las cosas mejorasen con la nueva profesora. Y así fue... durante un día; después, el niño empezó a tener problemas de nuevo. Kim no se sorprendió cuando recibió un mensaje de la nueva maestra en el que solicitaba una reunión. Sin embargo, sí le sorprendió su enfoque: en lugar de indagar en el comportamiento de Jeff, se centró en recopilar información. ¿Había tenido dificultades cuando iba a la guardería? ¿Algún problema con los amigos?

—Un momento, ¿qué? —interrumpió la profesora cuando Kim mencionó que Jeff se negaba a leer en casa y se ponía furioso cada vez que tenía que hacer deberes—. Mmm... —añadió la docente, pensativa.

Unas semanas más tarde, remitió a Jeff a un especialista en aprendizaje, que le hizo una batería de pruebas durante varios días.

—Tiene dislexia —me explicó Kim después de reunirse con el colegio para hablar de los resultados—. ¡Me siento fatal!

Jeff no era un niño problemático; tenía dificultades. Su profesora dejó de enviarle las tareas que no había acabado para que las terminase en casa y empezó a reunirse con él después de clase para repasar las lecciones y colmarlo de elogios mientras se sentaba en el trono (la silla de la profesora). Con la balanza del castigo y el refuerzo inclinada en favor de esto último, el demonio no tenía ninguna posibilidad. Al final del año, Jeff había vuelto a ser el niño dulce de siempre.

Ninguno de nosotros podía entender su comportamiento a principios de año. Se salía de la norma e iba en contra de la cultura del aula. También era una conducta muy ineficaz: siempre se metía en problemas y parecía enfadado la mayor parte del tiempo. Después de enterarnos de su dislexia, el comportamiento de Jeff pasó a ser más comprensible. Aquella información adicional fue suficiente para transformar la actitud de todos y permitirnos validar al niño. Aquí reside el poder de contextualizar.

Aunque el comportamiento de Jeff cuando inició el primer curso de primaria no fue «normal», sí fue comprensible en el contexto de su trastorno del aprendizaje y del hecho de que le costaba seguir el ritmo de la clase. **La contextualización reconoce que la reacción de una persona tiene sentido en algún contexto —su fisiología, su historia, etcétera—, incluso aunque sea problemática o ineficaz en otro contexto.*** En esas situaciones, la validación se basa en el supuesto de que todo efecto tiene una causa.

* *Contextualizar* también se conoce como «comunicar una comprensión de las causas», «historiar y validar en términos de causas suficientes (pero no necesariamente válidas)» (Linehan, *DBT Skills Training*, «Handout 18»; Linehan, «Validation and Psychotherapy», pág. 367).

Para contextualizar tienes que empezar por determinar la cadena de causa y efecto que ha conducido a la reacción de alguien y, a continuación, comunicarla. No es necesario que la cadena sea elaborada. Veamos algunos ejemplos recopilados durante la semana pasada para que te hagas una idea de lo que quiero decir:

Me quedaré aquí arriba contigo. No hay serpientes ahí abajo, pero sé que tienes miedo de cuando eras pequeña.

Havana, contextualizando el miedo irracional a las serpientes que desarrolló su abuela después de que unos niños le pusieran culebras rayadas en el vestido cuando era pequeña.

Mi charla es sobre la depresión, y actualmente padezco una depresión, y si alguien está familiarizado con ella, entonces es probable que esté familiarizado con esa niebla mental agotadora que te impide recordar las cosas, que es la razón por la que he sacado mis notas. Es feo, pero sinceramente, la depresión también lo es a veces, así que... que le den.

Jenny Lawson, contextualizando su «niebla mental agotadora» y el uso de notas durante una TEDx Talk[1] (¡Viva la autovalidación!).

Lo entiendo perfectamente. Con la esclerosis múltiple debes tener mucho cuidado en proteger tu salud.

Un administrador contextualizando mi petición de dar clases a distancia después del confinamiento a pesar de que el departamento nos exigió que volviéramos a la enseñanza presencial.

El truco para contextualizar no está en saber qué decir. Como puedes ver en mis ejemplos, el mensaje es siempre una variación de «dado *x*, *y* tiene sentido». Se trata más bien de encontrar la conexión entre *x* e *y*. Como ocurre con las otras **técnicas de comprensión** de este capítulo, contextualizar se basa en el razonamiento lógico. Requiere primero deducción y después comunicación. En el momento en el que pasas de juzgar la reacción de alguien (nuestra configuración por defecto gracias al demonio del sesgo de negatividad) a aportar una solución, aumentas tus posibilidades de validar a esa persona. La contextualización facilita la comprensión al desmontar dos de sus mayores enemigos: los «deberías» y el miedo.

«DEBERÍAS»

¿Has oído la expresión «Deja de cargarte de "deberías"»? En caso negativo, dila en voz alta (a menos que haya niños cerca). La cuestión es que nos imponemos expectativas poco realistas y después nos enfurecemos y nos disgustamos cuando no las cumplimos. Además, no nos guardamos los juicios para nosotros mismos: también imponemos «deberías» a los demás. Y cuanto más nos centramos en cómo «debería ser» alguien, más difícil nos resulta aceptarlo tal como es.

Contextualizar es una forma de acabar con el espectáculo de los «deberías»: «Mi hijo tiene doce años; ¡debería ser capaz de hacer los deberes sin que yo tenga que recordárselo constantemente!». *¡No, no debería! Llevas recordándole que haga los deberes desde el primer día. No ha desarrollado las habilidades necesarias para gestionar sus tareas de manera independiente, y tus recordatorios le han ahorrado el hecho de tener que enfrentarse a las consecuencias naturales de no hacer los deberes.*

«Debería haber dejado de recordárselo hace años». *¡No, no deberías! No te habías dado cuenta de que los recordatorios podrían estar contribuyendo al problema hasta ahora, que lo he mencionado. En teoría, podrías haber tenido otra información y otros recursos, y una vida distinta, pero no es así. Viviste la vida que estás viviendo. Y en el contexto de esa vida, tus decisiones como* *padre o madre tienen sentido.* ***Existe una razón válida por la que haces lo que haces, y no es que seas un desastre.***

La clave para contextualizar, y para cuestionar los «deberías» en general, consiste en recordar que *comprensión ≠ aprobación.* No es lo mismo que aprobar el comportamiento de alguien, y aceptar las condiciones actuales no significa que estés sacrificando tu capacidad de cambiarlas en el futuro. Las explicaciones no son excusas. La profesora que intenta entender los factores que intervienen en el comportamiento alborotador de un niño tiene más probabilidades de conseguir cambiarlo que aquella que tacha al niño de imbécil.

MIEDO

Resulta increíblemente difícil conectar con aquellas personas de las que creemos que debemos protegernos. Un niño de primer curso puede empezar a parecer un «chico malo» si amenaza constantemente la paz que intentas mantener. Como hemos visto en el capítulo 2, las emociones negativas como el miedo y su prima hermana la ira pueden activar nuestra respuesta de lucha/huida/congelación, socavando así nuestra capacidad de razonar. Aunque nuestro sistema nervioso no haya saltado desde el acantilado de la activación simpática, las emociones pueden poner en entredicho nuestra objetividad: cuanto más frustrada se sentía la primera profesora de Jeff, más crítica se mostró.

Sin embargo, no tenemos por qué quedarnos atrapados en la casa de los espejos de nuestras emociones negativas. **Aunque es cierto que los sentimientos influyen en nuestro razonamiento, también es verdad que el razonamiento influye en cómo nos sentimos.** Determinar la validez requiere una evaluación imparcial de la respuesta de la otra persona. Este análisis reflexivo conduce a la comprensión, que es un catalizador de la empatía y la compasión. Recordemos que las **técnicas de empatía** de la parte superior de la Escala de la Validación dependen de la comprensión, y sin ella están condenadas al fracaso. En el contexto de la validación, la mente es un conducto hacia el corazón.

Además de inspirar empatía y compasión, contextualizar apacigua las emociones exaltadas que nos distancian de los demás y distorsionan la realidad. Como observó Joan Didion, «Si analizo algo, da menos miedo».[2] Cuando comprobamos que no necesitamos protección, resulta mucho más fácil establecer una conexión. Contextualizar y las demás **técnicas de comprensión** nos ayudan a darnos cuenta de que la mayoría de las sombras monstruosas que nos encontramos no son más que pequeñas manos delante de una linterna.

Este suele ser más o menos el momento de mi charla sobre contextualizar en el que alguien de la última fila grita: «Pero ¿qué pasa con los monstruos?». O una persona de la primera fila levanta educadamente la mano y formula alguna versión de la pregunta: «¿Cómo se valida a alguien que se ha comportado de forma inmoral o que ha cometido un delito, y por qué querrías hacer tal cosa?».

Son buenas preguntas, porque lo más difícil de contextualizar es hacerlo cuando comprender parece peligroso.

Si el «monstruo» es alguien que se encuentra en posición de abusar de ti (o de los que están a tu cuidado) física, sexual, económica o emocionalmente, entonces el miedo está justificado y deberías seguir tu instinto de buscar protección. Una persona maltratada no está en condiciones de cambiar la conducta de su agresor. La validación no funcionará en una dinámica abusiva porque las contingencias no se pueden imponer. La única persona a la que una víctima de maltrato debe validar es a sí misma saliendo de la situación a la primera oportunidad.

Si la persona en cuestión no es alguien de quien necesites protegerte, tus instintos pueden ser contraproducentes. El miedo nos provoca visión en túnel: nos limitamos a centrarnos en lo que está mal, excluyendo todo lo demás. El resultado es que tendemos a reducir al «delincuente» a su delito. Ha hecho algo malo y, por lo tanto, es malo y debe ser castigado. Si no lo avergonzamos y lo invalidamos, seguirá haciendo lo mismo, o eso nos dice el miedo.

Sin embargo, el miedo es un mentiroso. Lo último que la gente necesita es más vergüenza e invalidación. La mayoría de las veces, cuando alguien se comporta mal, se siente mal por ello. Con suerte, su dolor se limitará al sentimiento de culpa. La culpa dice: «Lo he hecho mal». Cuando el dolor se agrava por los comentarios negativos de los demás o se interioriza como un defecto del carácter, se convierte en vergüenza. La vergüenza dice: «Soy malo». Aquí está el problema. Las personas que creen que han hecho algo malo pueden pedir disculpas y trabajar para cambiar su conducta. Las personas que creen que son malas tienen pocas opciones.

El miedo nos dice que restregarle a los demás sus errores evitará que vuelvan a comportarse mal, pero con ese gesto solo logramos que esas personas sean más peligrosas. La gente no se calma por la vergüenza, sino que responde a ella de manera violenta. La vergüenza está estrechamente relacionada con conductas autodestructivas como las autolesiones, los trastornos alimentarios, la ideación suicida, etcétera,[3] y conductas de externalización como la violencia doméstica, los delitos violentos y el acoso escolar.[4] Al parecer, también desempeña un papel causal en el desarrollo de rasgos de personalidad como el narcisismo e incluso la psicopatía.[5] En palabras de Karl Marx, «La vergüenza es una especie de ira replegada sobre sí misma. Y si toda una nación se sintiera avergonzada, sería como un león que se agazapa para saltar».[6]

No se fomenta el buen comportamiento convenciendo a alguien de que es malo. Al contrario, debes afirmar que es una persona decente que ha cometido un error. Es posible que haya que establecer contingencias e imponer consecuencias, pero esta solución debe ir acompañada de la comprensión, no sustituirla. Identificar las razones válidas por las que alguien ha hecho algo destructivo le ayuda a entender su reacción y las formas de evitarla en el futuro. Si la vergüenza es la ciudad desconocida en la que se encuentran perdidos, contextualizar es el mapa que les muestra cómo han llegado hasta allí... y cómo salir.

ENCONTRAR LA VALIDEZ EN LA CONDUCTA PROBLEMÁTICA

La conducta no se produce de forma aislada, sino en un contexto. **Así, para validar una conducta que no tiene sentido, debes encontrar el contexto en el que sí lo tenga.** En 1997, Marsha Linehan escribió un capítulo sobre validación en un libro de psicoterapia e identificó tres contextos en los que la conducta problemática podría ser válida: (1) el pasado, (2) la información errónea y (3) el trastorno.[7] El capítulo está dirigido a terapeutas, pero se aplica a cualquier persona porque, como la muerte, los impuestos y la mala señal de wifi, la conducta problemática es inevitable. Los contextos que Linehan identificó no son los únicos en los que una conducta problemática podría ser válida, pero sí son algunos de los más comunes.

El pasado

Condicionamiento es el término elegante que los científicos conductuales utilizan para describir cómo influyen en la conducta actual las asociaciones realizadas en el pasado. Cabe mencionar que las asociaciones realizadas durante la infancia y el trauma persisten mucho después de que las circunstancias hayan cambiado. Un hombre que creció en un hogar en el que los gritos iban siempre acompañados de violencia física podría sentirse angustiado y empezar a cerrarse si su mujer levanta la voz durante una discusión. Si la mujer procede de una familia «intensa» en la que las discusiones acaloradas se asociaban con la resolución, será comprensible que se sienta frustrada y se esfuerce por recuperar la interacción con su pareja cuando él se cierre en banda. La reacción de cada persona es válida en función de su condicionamiento, aunque no sea efectivo en ese momento.

Las asociaciones realizadas en un contexto de placer y dolor intensos también dejan una huella significativa. Muchas personas que han tenido un problema de adicción muestran un pico de dopamina y un mayor deseo de consumir cuando se encuentran ante parafernalia relacionada con la droga, incluso después de permanecer sobrios durante años.[8] Mat, por ejemplo, después de sufrir quemaduras de tercer grado porque su camisa empezó a quemarse accidentalmente con las llamas de nuestra cocina de gas, se mantiene a una distancia exagerada de los fogones, aunque sean eléctricos... o estén apagados.

No estoy sugiriendo que tengas que ir por ahí especulando sobre las historias de la gente o ideando historias sobre su pasado para dar sentido a su conducta. Suponer que los problemas de relación de una persona proceden de los problemas entre mamá y papá no es validante; es condescendiente.

Sin embargo, si existe una conexión obvia entre lo que ves en el presente y lo que sabes sobre el pasado de alguien, reconocerlo puede tener un efecto profundo. Validar la conducta de alguien en el contexto de su historia corrobora la aceptación que pretendes transmitir. «Veo cómo te ha moldeado el mundo, y no te juzgo por ello», comunicas.

La información errónea

Si no sabes nada del pasado de una persona que pueda ayudar a explicar su reacción en el presente, podrías probar a contextualizar una parte de la misma. Como hemos visto en el capítulo 3, la reacción de una persona podría ser una respuesta válida a pensamientos no válidos. ¿Y cuál es la mayor fuente de pensamientos no válidos? La información errónea.

No presentarse a una cita con el dentista un martes cuando la tarjeta de citas dice que tienes hora el jueves es válido. La persona que anotó la hora cometió un error, pero tu conducta tiene sentido si nos basamos en la información errónea que recibiste. Obviamente, las consecuencias de la información errónea pueden ser más devastadoras que una cita perdida con el dentista. Cuanto mayor sea la consecuencia, más difícil será contextualizar la conducta ajena en función de la información errónea que la haya provocado. Incluso cuando resulta evidente que una persona está reaccionando a mentiras o propaganda, no somos menos rápidos a la hora de juzgarla. ¡¿Cómo puede ser tan «crédula», o «estúpida» o «ignorante»?! Suspiro. Estos juicios nos destruyen. Nos dividen. Ponen en entredicho el respeto necesario para mantener un diálogo constructivo; en ausencia de ese diálogo, nos convertimos en seres que se creen moralmente superiores, más aislados y odiosos.

Martin Luther King Jr. dijo: «Como un cáncer incontrolado, el odio corroe la personalidad y carcome su unidad vital. El odio destruye el sentido de los valores y la objetividad del hombre».[9] El juicio da lugar al odio. Nos permite ver a los demás como inferiores: menos inteligentes, menos morales, menos humanos. Aunque la objetividad está envenenada por los juicios, el odio no puede existir sin ellos. **Cuando se contextualiza la conducta en términos de información errónea, no basta con identificar la conexión lógica entre ambos. Debes abstenerte de juzgar a la persona engañada.**

El trastorno

Además del pasado y la información errónea, la conducta problemática puede ser válida desde el punto de vista de la disfunción biológica que la impulsa. Si tu cerebro está falto de serotonina, te sentirás deprimido y te comportarás como una persona deprimida. Si está inundado de dopamina, te costará dormir.[10] Aunque la conducta de una persona esté en conflicto con sus objetivos, podría ser válida de todos modos en el contexto de un trastorno de salud física o mental existente.

En general, no somos una sociedad que destaque por hablar de trastornos, y mucho menos por validar la multitud de formas en las que pueden afectar a una persona. Una de las preocupaciones más comunes sobre contextualizar en estas circunstancias es la idea de acabar reforzando conductas que, a pesar de estar motivadas por la enfermedad, no dejan de ser problemáticas. Por ejemplo: «Sé que la artritis de mamá le complica lo de hacer ejercicio, pero validar la dificultad solo conseguirá que sea menos probable que lo intente».

El problema del refuerzo involuntario se puede resolver recordando que solo hay que validar lo válido. Por ejemplo, puedo validar que alguien que sufre dolor de artritis deje de hacer ejercicio. «Tu cuerpo te está diciendo literalmente que te lo tomes con calma», diría. O: «Nuestra especie no habría evolucionado mucho si hubiésemos seguido caminando como si nada a pesar de rompernos un tobillo». Evitar el ejercicio es una reacción válida al dolor físico por parte de cualquier persona, pero también lo es trabajar con esa persona para encontrar algún modo de incrementar la práctica de ejercicio y poder así evitar la progresión de la enfermedad, reducir el dolor y combatir la fatiga. Su resistencia es válida debido a su trastorno, pero no lo es para que la persona logre sus objetivos.

En mi trabajo estoy equilibrando constantemente la balanza para contextualizar la conducta ajena en función de su trastorno y retar a esa persona para que cambie la conducta en cuestión a fin de alcanzar sus objetivos. Tiene todo el sentido que una persona con depresión se pase todo el fin de semana en la cama, ignorando los mensajes de sus amigos y levantándose solo para ir al baño. La depresión le hace eso a una persona. Yo puedo validar que su conducta es comprensible a la luz de su estado. Hacerlo no socava mi capacidad para afirmar que ceder a su depresión solo empeorará las cosas. Por otro lado, necesito que acepte cómo le afecta su trastorno para motivar el cambio.

Del mismo modo que no debemos sacar conclusiones precipitadas sobre el pasado de las personas, tampoco debemos asumir que alguien tiene una enfermedad solo porque no nos gusta o no entendemos su conducta. Sugerir que el comportamiento de alguien es patológico porque es diferente es una manera infalible de invalidar a esa persona. Diferencia ≠ trastorno.*

---

* Un trastorno real altera la capacidad de una persona para trabajar o funcionar. Si el comportamiento de una persona (sueño excesivo, consumo de drogas, miedo a hablar en público, etcétera) interfiere en su capacidad de hacer las actividades diarias, conviene plantearse la posibilidad de enviarla al médico.

RESUMEN

- Contextualizar es reconocer que la reacción de una persona tiene sentido en un determinado contexto, incluso si es problemática o ineficaz en otros contextos.
- Contextualizar se basa en el razonamiento lógico. Es una forma de decir: «Dado *x* (contexto), *y* (reacción) tiene sentido». El truco está en calcular *x*.
- Contextualizar facilita la comprensión porque desarma a dos de sus mayores enemigos: los «deberías» y el miedo.
  - El exceso de vergüenza provoca violencia; la suficiente comprensión puede llevar al cambio.
- Si te cuesta encontrar la validez de una conducta problemática, considera si se puede contextualizar desde el punto de vista de lo siguiente:
  1. El pasado
     - ◊ Una reacción que es problemática ahora podría haber sido eficaz en otro tiempo.

       Advertencia: mantén tus suposiciones con moderación.
  2. Información errónea
     - ◊ Una conducta podría ser válida aunque se base en una información no válida.

       Advertencia: no juzgues a nadie porque se crea las mentiras que la gente le cuenta.
  3. Trastorno
     - ◊ La conducta disfuncional puede ser válida desde el punto de vista del trastorno de una persona, aunque entre en claro conflicto con sus objetivos.

       Advertencia: diferencia ≠ trastorno.

PARA PRACTICAR

1. Tenemos tendencia a responder a la conducta problemática con nuestros juicios y pensando en los «debería»; por tanto, utiliza estos pensamientos como pistas para contextualizar esta semana. Si en tu entorno todos sois educados, imagina cómo podrías contextualizar para validar una conducta detestable sobre la que hayas leído u oído hablar. Piensa en lo que podrías decir para comunicar tu lógica de «dado *x*, *y* tiene sentido», y presta especial atención a los juicios que puedan surgir en el proceso (por ejemplo: «Lo estoy justificando» o «No se lo merece»).
2. Resulta más crucial y difícil practicar la técnica de contextualizar cuando la conducta es inmoral o entra en conflicto con tus valores, pero es posible que no te encuentres en esas situaciones cada día. Para practicar un poco esta semana, recurre a las noticias o a las redes sociales en busca de ejemplos de conductas atroces. Si no tienes la información necesaria para averiguar las condiciones que han provocado la reacción de una persona, utiliza lo que sabes para formular algunas hipótesis sobre las circunstancias que le habrían llevado a hacer lo que ha hecho. **Nota:** se trata de plantear hipótesis, no suposiciones. Las hipótesis se sostienen con moderación, se pueden refutar y no juzgan; las suposiciones presuponen la verdad en ausencia de pruebas. Generando hipótesis llegamos a entender el mundo; las suposiciones representan la manera más segura de distorsionarlo.

Capítulo 9

EQUIPARAR: LA TÉCNICA «CUALQUIERA EN TU LUGAR HARÍA LO MISMO»

> Cuando te ves a ti mismo en los demás, es imposible hacer daño a nadie.
>
> ANÓNIMO

En la primavera de 2020 fui declarada culpable de invalidar a Havana por un jurado compuesto por Mat (más tarde declarado cómplice del delito), la propia Havana y yo misma. Fuimos unánimes en nuestra decisión: mamá (y, en menor medida, papá) metió la pata. Esto es lo que pasó: los tres decidimos ir de excursión a unos cuarenta y cinco minutos de casa. Havana empezó a marearse al comenzar el trayecto, lo que significa que al llegar al sendero no estaba precisamente en su mejor momento. En un principio solo tenía el estómago un poco revuelto; sin embargo, llevaba siete años siendo su madre y sabía que su estado de ánimo no tardaría en ser el siguiente afectado. Havana siempre se había recuperado muy rápido del mareo físico, así que pensé que, si la mantenía distraída, tal vez podría darle la vuelta a la situación antes de empezar con mal pie. Sí, claro.

—¡Aaaaaayyyyy! —gritó delante de mí después de tropezar con una rama. Llevábamos menos de diez minutos de caminata. Su grito ahogó el rap «Me encanta ir de excursión» que yo iba cantando (y escribiendo sobre la marcha) detrás de ella. Declaré ante el tribunal que, efectivamente, me molestó que se interrumpiese mi rap por una manifestación de dolor tan innecesaria. Yo iba detrás y vi que la rama solo le rozó la espalda y el torso.

—Esa rama me ha atacado —declaró cuando le pregunté si estaba bien.

—¿Todavía te encuentras mal? —dije.

Me miró con furia, como diciendo: «No te atrevas a sugerir que estoy exagerando».

—No, ya no estoy mareada. Ese árbol acaba de apuñalarme por la espalda.

Inspeccioné la ramita. No tenía resaltes ni espinas, y parecía tan amenazadora como un espagueti. Le subí la camiseta hasta el punto donde indicó que le dolía, pero no vi ningún rasguño ni irritación en la piel que corroborase sus afirmaciones.

—Venga, sigamos —dije con cierta frustración.

—¡¿Por qué no te importa que haya sido atacada?! —exigió Havana.

—Claro que me importa, cielo, pero no puedes gritar así en el bosque —respondí—. Algún excursionista podría pensar que estás en peligro.

—¡Es que estoy en peligro! ¡Me ha atacado una rama!

—Venga, vamos —insistí en un tono más firme y con más frustración.

Por supuesto, a partir de ahí todo fue cuesta abajo. Entre lo más destacado de la excursión, tenemos a Havana insistiendo en que nos sentáramos cada diez minutos para poder darle un descanso a su espalda, a Mat y a mí sermoneándola sobre los peligros de ser tan dramática, y a Havana sugiriendo que volviéramos y cortáramos la rama para evitar que «atacara» a alguien más.

Los tres nos sentimos aliviados cuando llegamos a casa, especialmente Havana, que dijo que necesitaba ducharse, pero que le dolían demasiado los brazos por el ataque de la rama para levantarlos.

—Pensaba que habías dicho que te dolía la espalda —le dije mientras la ayudaba a quitarse la camiseta.

—Sí, pero ahora también me duelen los brazos al moverlos... —Y fue entonces cuando la vi: una garrapata profundamente incrustada en su omóplato derecho. El tejido circundante estaba rojo e hinchado. También debo mencionar que aquel fue el momento exacto en el que recordé el cartel de «Cuidado con las garrapatas» a la entrada del parque. Ups. Durante la excursión, Havana solo llegó a indicarme la parte baja de la espalda cuando le pedí que me enseñase dónde le dolía. Al no ver nada, me basé en mis suposiciones –está malhumorada por el viaje en coche, no aprecia mis disparatadas técnicas de rap, etcétera– para dar sentido a su reacción y, en mi opinión, nada justificaba su respuesta. Por supuesto, en retrospectiva queda claro como el agua, y si hubiese sabido entonces lo que sé ahora, habría validado que su reacción fue proporcional al daño y que yo también habría querido tomármelo con calma si una garrapata me hubiese colgado un cartel de «Hogar, dulce hogar» en la espalda. En pocas palabras, habría aplicado la técnica de equiparar.

Equiparar transmite que la respuesta de una persona es razonable o está justificada dada la situación actual y el funcionamiento biológico normal.* Es la técnica «cualquiera en tu lugar haría lo mismo». Havana no operaba a partir de un condicionamiento previo, ansiedad por su salud o información errónea (aunque yo claramente sí). Su reacción fue la típica de una niña a la que le acaba de picar una garrapata.

Equiparar no es más o menos poderoso que contextualizar; simplemente están pensadas para escenarios distintos. Por ejemplo, si alguien tirase literalmente a su bebé con el agua de la bañera,** tendrías que recurrir a contextualizar, porque su conducta no se correspondería con lo que hace la mayoría de la gente después de bañar a un niño (y, además, ¿de qué va?). Pero si esa persona dijese que está

* La técnica se conoce también como «reconocer lo válido», «validar como razonable en el momento» y «normalizar» (Linehan, *DBT Skills Training*, «Handout 18»; Linehan, «Validation and Psychotherapy», pág. 370; Alan E. Fruzzetti y Kate M. Iverson, «Mindfulness, Acceptance, Validation, and "Individual" Psychopathology in Couples», en *Mindfulness and Acceptance: Expanding the Cognitive-Behavioral Tradition*, eds. Steven C. Hayes, Victoria M. Follette y Marsha M. Linehan [Nueva York, Guilford Press, 2004], pág. 185).

** En inglés existe la expresión *throw the baby out with the bathwater*, que en sentido figurado significa «tirar la fruta buena con la podrida», «tirar el grano con la paja» *(N. de la T.)*.

agotada porque ha estado toda la noche despierta con el bebé, al que le había salido una erupción por el agua de la bañera, entonces podrías equiparar, porque ¿quién no estaría cansado después de una noche en vela con un bebé?

Cuando la respuesta de la persona es razonable dadas las circunstancias, racionalizarla desde el punto de vista de otro contexto puede ser muy invalidante. Pensemos en el ejemplo de un padre que entra en pánico y sale corriendo a urgencias después de oír que su hijo ha recibido un pelotazo en la cabeza durante el entrenamiento de béisbol. Contextualizar la reacción de este padre en términos del trastorno de ansiedad grave que padece diciéndole: «Es normal que salieses corriendo a urgencias teniendo en cuenta que eres un tipo con niveles de ansiedad muy altos» sería una grosería. En cambio, reconocer que la respuesta del padre es la que cabría esperar de alguien en su situación –«Yo en tu lugar me habría vuelto loco»– confirma su validez inherente.

CÓMO EQUIPARAR

Como el resto de las **técnicas de comprensión**, equiparar se reduce al razonamiento lógico y la comunicación.

Razonamiento lógico

Para determinar si alguien está actuando con normalidad, tienes que comparar su conducta con algo. El enfoque por defecto, relativamente mecánico, consiste en ver si su reacción es coherente con toda la información que has recopilado durante los años que llevas observando el comportamiento humano:

Enfoque por defecto

Reacción de la persona = cómo responde la gente normalmente

Reconocer que es normal que la gente llore después de perder a un ser querido, por ejemplo, no parece requerir ninguna energía mental. Simplemente sabes que su reacción es normal; no tienes que pensar en ello. No hay nada malo en confiar en las deducciones del piloto automático, pero para alcanzar todo el potencial de validación de esta técnica tienes que llegar a sentirte cómodo utilizando el enfoque de la regla de oro: imaginarte en la situación de la otra persona para ver si su reacción se corresponde con la tuya.

Enfoque de la regla de oro
Reacción de la persona = cómo respondería yo

Considera la distinción entre registrar que el dolor de una persona es comprensible (enfoque por defecto) e imaginar cómo te sentirías tú, qué pensarías y qué harías tras perder a un ser querido (enfoque de la regla de oro). Existe una gran diferencia. Ponerte en el lugar de otra persona, aunque solo sea a través de la imaginación, requiere un mayor nivel de procesamiento cognitivo que involucra a los sistemas visual, motor y sensorial del cerebro. Las investigaciones sugieren que la práctica de imaginar activamente la experiencia de otra persona nos permite intuir mejor sus pensamientos, sentimientos y necesidades.[1] Esto significa que el enfoque de la regla de oro que utilizas para equiparar puede ayudar a generar empatía.

En derecho, el llamado enfoque de la regla de oro, conocido como argumento de la regla de oro,[2] se considera un catalizador de la empatía tan poderoso que en algunos países resulta impropio que los abogados pidan a los miembros del jurado que se pongan en el lugar de la víctima. La preocupación es que cualquier emoción intensa evocada por el enfoque de la regla de oro pueda afectar a los veredictos de los jurados. Por supuesto, la validación va de combinar la lógica con la emoción.

En ocasiones me torturo pensando en las cosas validantes que podría haberle dicho a mi hija a lo largo de los años si hubiese puesto más atención. En lugar de «Las cosas no siempre salen como esperamos», me imagino diciendo: «Yo también me sentiría decepcionada si mi amiga me dijese que no podemos quedar en el último minuto»; o en lugar de soltarle: «No pasa nada si no has terminado tu borrador el último día; solo es un campamento de escritura», me veo compartiendo con ella mis sensaciones: «Siempre me siento hecha polvo cuando no cumplo mis objetivos»; o en lugar de decirle: «Por tu ventana no se va a colar un Darth Vader sin máscara para asfixiarte; ni siquiera es real, venga, vete a la cama», sé que podría haberla tranquilizado con un: «Yo también me asusté la primera vez que Darth Vader se quitó el casco en *El retorno del Jedi*. No debería haber dejado que vieras al viejo Anakin antes de dormir».

En mis segundas oportunidades de validación mentales con Havana, aplico la técnica de equiparar diciendo que yo reaccionaría de una forma similar si estuviera en su lugar. Cuando ella llegue a la adolescencia, probablemente tendré que enfocar esto desde otro ángulo. Ahora mismo, a sus ocho años, me idolatra. Escuchar que yo –una adulta hecha y derecha, competente y que lo sabe todo– reaccionaría como ella significa que su respuesta es legítima. Sin embargo, cuando tenga diecisiete años, parte de mi brillo se habrá esfumado. Es posible que haya ocasiones en las que compararme con ella resulte validante, pero lo más probable es que tenga que buscarme unos puntos de referencia mejores. Probablemente, cuando me explique que se fue de una fiesta después de que alguien le tirase una bebida encima, será más acertado decir «Me imagino que cualquiera de tus amigas habría hecho lo mismo» que «Yo [tu vieja y desfasada madre] me habría ido de la fiesta si alguien me hubiese tirado una copa encima».

En general, equiparar en primera persona (decir que la reacción de alguien es la misma que tendrías tú) es la forma adecuada de hacerlo si eres una figura de autoridad o si la otra persona te admira. Piensa en lo maravillosamente validador que resulta cuando un médico se pone en tu lugar diciendo algo como «Yo también querría una segunda opinión» o «Si fuera mi hijo, haría lo mismo». Qué bien sienta.

La comparación en tercera persona (afirmando que la respuesta del otro es como la de la mayoría) será más adecuada si no conoces bien a la persona o su situación. Cuando me quejo a mi hermano soltero sobre lo difícil que es gestionar el cuidado de mi hija en verano y él comenta «Sí, todos mis amigos con niños dicen que la falta de campamentos este año ha sido una faena», me siento más validada que si me dijese «Sí, si yo tuviera un hijo, seguro que también me sentiría frustrado por la falta de opciones».

Tanto si comparas la conducta ajena con la tuya como con la de otra persona, existe un truco que puedes usar para sacar el máximo partido a la técnica de equiparar: incorporar el calificador Caroline. Llamado así por una servidora, en honor a una servidora, el calificador Caroline suaviza el mensaje estándar de equiparar («cualquiera en tu lugar reaccionaría de forma similar») con alguna versión de «y lo estás manejando mejor que la mayoría». No sé si es porque soy sensible o porque tengo un sentido sesgado de lo «normal» después de llevar tanto tiempo tratando trastornos mentales, pero a menudo me sorprende hasta qué punto creo que las reacciones de la gente están por encima de la media. Cuando me pongo en su lugar o comparo su respuesta con mi base de datos interna de reacciones típicas, su respuesta me parece superior a la media.

Cuando la madre de alquiler de una colega sufrió un aborto en su segundo trimestre, solicitó que hablásemos de ello durante la reunión semanal del equipo de consulta clínica. Explicó que estaba luchando contra la necesidad imperiosa de minimizar y evitar sus emociones, y que quería «sentir lo que sentía», para lo cual empezó a asistir a un grupo de terapia sobre el duelo en busca de apoyo. La conciencia, la intención y la elegancia que aportó a aquella experiencia me resultaron inspiradoras. A pesar de ser terapeuta, yo no tenía ni idea de la existencia de grupos de terapia de duelo por aborto, y mucho menos conocía a nadie que hubiese asistido a uno. El dolor de mi colega parecía comprensible y normal, pero la forma de gestionar sus emociones me pareció excepcional. Hubiese podido decir con total honestidad que yo también estaría destrozada y me costaría trabajar si estuviera en su lugar. Sin embargo, desde el punto de vista de la validación, parecía igualmente importante añadir que pensé que lo estaba llevando mejor de lo que yo (y la mayoría) lo hubiese llevado.

CUANDO EQUIPARAR ES FUNDAMENTAL

Puedes basarte en los enfoques por defecto o en la regla de oro para ayudarte a comprender desde la lógica y empezar a empatizar con la experiencia de otra persona. Dependiendo de la relación, resultará más eficaz comunicar tu comprensión en primera o en tercera persona. **En cualquier caso, si alguien ha sido invalidado por mostrar una reacción normal ante unas circunstancias anormales, equiparar puede tener un efecto significativo.** Por decirlo suavemente. Que te hagan sentir que estás loco es como encontrarse en la cabina de un avión que pierde presión. En esas situaciones, equiparar es la máscara de oxígeno que se necesita para mantener la calma.

Cuando una reacción normal a una situación anormal ha sido invalidada

«Alguien debía de haber calumniado a Josef K., porque, sin haber hecho nada malo, fue detenido una mañana».[3] Así comienza *El proceso*, de Franz Kafka, que cuenta la historia de un hombre al que arrestan en su casa sin que nunca se le diga el motivo. A lo largo de la novela, Josef K. se ve sometido a una burocracia absurda y enloquecedora mientras espera su «juicio»: puede reunirse con un funcionario supervisor solo si lleva un abrigo negro específico; se le reprende por llegar tarde a una citación a pesar de que no le indican la hora a la que debe llegar, y no puede obtener ninguna información sobre su caso o los cargos. Nada tiene sentido. Cuando Josef K. se enfada o intenta tomar medidas razonables, se le ridiculiza por ser irracional. En esta realidad sin sentido, sus reacciones normales son invalidadas constantemente.

Lo que me encanta de *El proceso* es que, a pesar de no ser realista, hay algo profundamente familiar en la experiencia de Josef K. Podría ser un trabajo raro que tuviste en el que todo el mundo parecía robóticamente feliz a pesar de unas condiciones laborales pésimas, o aquella dinámica de luz de gas con alguien que te hizo dudar de tus percepciones. Incluso algo tan prosaico como que te digan que no puedes devolver unos vaqueros a pesar de estar dentro del plazo de devolución puede tocar esa fibra a lo Josef K. que llevamos dentro. Sin embargo, cuanto más seria y absorbente es la versión personal de *El proceso*, más fundamental resulta equiparar la reacción de la persona afectada. Para que te hagas una idea de lo que quiero decir, recurriré a la historia de Marie Adler. (Advertencia sobre el contenido: en este ejemplo se habla de violación y agresión sexual. Puedes pasar a la siguiente sección, «Cuando la situación anormal es el perfeccionismo», si prefieres saltarte esta parte).

En 2016, el artículo «An Unbelievable Story of Rape» [Una increíble historia de violación][4] obtuvo el Premio Pulitzer[5] por el escalofriante relato de Marie Adler. El 11 de agosto de 2008, Adler afirmó haber sido violada por un desconocido mientras estaba sola en su apartamento. El artículo explica que la joven llamó al 911 inmediatamente después de la agresión y que la llevaron a un hospital, donde la describieron como una paciente «sin angustia aguda». Su madre de acogida dudó de su relato porque consideró que se la veía demasiado tranquila para haber sido violada y los policías tampoco la creyeron porque detectaron incoherencias en su relato de lo sucedido y se sorprendían de que la joven recordara nuevos detalles días después de los hechos. Varios días más tarde, cuando los investigadores llamaron a Marie para otra ronda de interrogatorios, ella retiró su declaración y redactó una nueva: «Estaba pasando por muchas cosas estresantes, quería salir con alguien y nadie podía, así que me inventé esta historia y no esperaba que llegase tan lejos. [...] No sé por qué no se me ocurrió otra cosa».[6]

Marie fue procesada y perseguida públicamente por sus actos. Tuvo problemas de salud mental en los años siguientes y, en un momento dado, llegó a plantearse el suicidio. Más tarde, en 2011, unos detectives encontraron fotos de su agresión entre las pertenencias de un hombre que acabó declarándose culpable de veintiocho violaciones y otros delitos graves. La declaración inicial de Marie (que un desconocido la había violado cuando estaba sola en casa) era cierta.

La división de investigación criminal donde Marie denunció su caso no disponía de una unidad especializada en delitos sexuales. Si la hubiese tenido, los detectives habrían estado familiarizados con los protocolos de investigación de violación y habrían sabido a qué atenerse. Por ejemplo, habrían sabido que las víctimas suelen presentarse tranquilas tras una agresión sexual, que muchas veces confunden los detalles y que pueden retractarse de sus historias. Aunque los investigadores no fuesen capaces de ponerse en su lugar, al menos se habrían dado cuenta de que la reacción de Marie era similar a la de otras víctimas de violación.

No puedo dejar de imaginar lo diferente que podría haber sido la vida de esta mujer si, en lugar de ser invalidada, los detectives le hubiesen dicho cosas como: «Es normal recordar detalles nuevos varias semanas después. Llámanos si surge algo»; «No te preocupes si recuerdas cosas desordenadas. Es normal después de un trauma» o «Si estás pensando en retractarte de tu historia para que dejemos de pedirte que recuerdes la agresión que intentas olvidar desesperadamente, lo entenderemos y te dejaremos en paz».

Cuando una persona tiene una reacción normal ante circunstancias anormales, equiparar puede ayudarle a dar sentido a la realidad en la que se encuentra. La otra cara de la moneda es que, cuando uno no se siente visto, puede empezar a perderse de vista a sí mismo fácilmente.

Cuando la situación anormal es el perfeccionismo

Los estándares perfeccionistas son como juegos de feria amañados. Parecen fáciles y al alcance de la mano cuando en realidad son imposibles e inalcanzables. Las personas de las que otros esperan (o que esperan de sí mismas) que alcancen estándares perfeccionistas se encuentran atrapadas en un mundo sin sentido donde lo normal y lo difícil se confunden con lo perfecto y lo fácil. Incapaces de alcanzar la perfección, se ven bombardeadas con mensajes de que no piensan, sienten o actúan con normalidad:

> «Todo el mundo consigue mantener su casa en orden además de trabajar a tiempo completo y criar a sus hijos».
> «Nadie más tiene que trabajar tanto para salir adelante».
> «A ninguna de las otras madres le cuesta tanto ponerse en marcha con sus hijos por la mañana».

Por supuesto, todos estamos aprisionados por el perfeccionismo en cierta medida. Estas tres afirmaciones están sacadas de mi propio monólogo interior perfeccionista. En un mundo de perfiles cuidadosamente elaborados y con todo pasado por Photoshop, desarrollar un sentido preciso de lo «normal» es una dura batalla. La distorsión constante hace que equiparar resulte todavía más importante. No solo valida las reacciones de la gente, sino que además recalibra sus expectativas.

Uno de mis clientes, un médico al que llamaré Lou, acudió en una ocasión a la consulta con un problema que a muchos nos suena: no podía seguir el ritmo de los correos electrónicos en su nuevo trabajo, y le estaba costando acabar las notas de sus pacientes a tiempo, en parte debido a la sobrecarga de correos. «No hay problema», pensé. Hablamos sobre las posibilidades para agilizar su proceso de documentación y trazamos un plan para que hablase con la directora si todo lo demás fallaba. Pues bien, todo lo demás falló, incluida la conversación con la directora, a la que mi mente prejuiciosa se empeñó en adjudicar el papel de Cruella de Vil.

No, le dijo, Lou no podía recibir ayuda para responder a los correos de los pacientes; sí, todos los correos de los pacientes debían quedar respondidos al final de la jornada; no, no podía disponer de tiempo semanal de administración para ocuparse de esas tareas, como es habitual en la mayoría de los hospitales, y podía recuperar el trabajo perdido en su tiempo libre. La directora no validó ninguna de las dificultades de Lou y, en cambio, pareció sugerirle que se ajustase al programa. Aun así, las exigencias parecían poco razonables. ¿Cómo lo hacían los demás médicos? Lou no lo sabía. La directora no era muy apreciada, pero nadie más se quejaba de las expectativas o del flujo de trabajo.

—A lo mejor es el TOC —dijo Lou después de varios meses sin poder llegar a casa a tiempo para acostar a sus hijos.

Lou tenía antecedentes de trastorno obsesivo-compulsivo, que se manifestaba a través de un control excesivo. Cuando empezamos a trabajar juntos, comprobaba si el horno estaba apagado, después volvía a comprobarlo para asegurarse de que estaba apagado, y luego volvía a comprobarlo para estar seguro, y más tarde... ya me entiendes. En el trabajo, ante la ansiedad de cometer algún error, acostumbraba a repasar compulsivamente los pedidos y las recetas que había enviado. Sin embargo, todo eso era cosa del pasado. Lou respondía positivamente al tratamiento y llevaba años sin presentar síntomas.

—¿Estás volviendo a revisarlo todo? —le pregunté.

Respondió que creía que no, pero empezaba a dudar de sí mismo. Le recordé la ansiedad implacable y los pensamientos obsesivos que impulsaban sus compulsiones. Admitió que los matones de la mafia* llevaban mucho tiempo en silencio. Pero si no era el TOC, ¿qué era? La situación de Lou era cada vez más kafkiana. Empezó a buscar otros trabajos.

Y entonces, un día, su directora desapareció. La despidieron o di-

* En ocasiones me refiero a los síntomas de salud mental como «matones de la mafia» porque eso es lo que son: fuerzas silenciosas y amenazadoras que acechan en la periferia de tu vida, crujiendo los nudillos y haciendo gestos de que van a cortarte el cuello cada vez que empiezas a disfrutar de la vida.

mitió, Lou no estaba seguro. Lo primero que hizo la nueva directora fue pasar una encuesta anónima al personal médico sobre sus necesidades y sus puntos problemáticos. A continuación, programó una reunión con ellos, que se centró principalmente en reconocer las preocupaciones que habían planteado sobre la gestión de los correos electrónicos. Resultó que, después de todo, Lou no era un caso aislado. Formaba parte de una mayoría silenciosa. Su agotamiento y su desesperanza no eran reacciones anormales a unas exigencias razonables; eran respuestas normales a unas expectativas poco realistas. Aunque la nueva directora no tenía ninguna solución inmediata para el problema de los correos electrónicos, Lou abandonó su búsqueda de un nuevo empleo. Ya no se sentía agobiado por la falta de esperanza y las dudas sobre sí mismo; su máscara de oxígeno estaba en su sitio. Si está en tu mano, equiparar es LA técnica de validación que debes utilizar con una persona sometida a unos estándares perfeccionistas. La cuestión es si puedes lograrlo o no.

ERRORES EN LA APLICACIÓN DE LA TÉCNICA DE EQUIPARAR

Afortunadamente, solo hay unos pocos errores que puedes cometer al aplicar la técnica de equiparar. Los dos más importantes son: (1) subestimar la experiencia de una persona y (2) invalidar creencias muy arraigadas.

Error n.º 1: subestimar la experiencia de una persona

Equiparar para validar a los adolescentes ofrece un excelente ejemplo de cómo puede salir mal esta técnica. La adolescencia está repleta de primeras veces: primeros amores, primeros trabajos, ¡vello púbico! Estas nuevas experiencias ponen patas arriba la vida por la que han estado transitando hasta entonces los niños «normales». Dado que gran parte de lo que piensan, sienten y hacen no parece normal, no necesariamente quieren oír que sí lo es. En lugar de validar la intensidad y la singularidad de lo que están viviendo, equiparar puede reducirlo a algo común. Esto es así para cualquiera que responda a una situación nueva o intensa.

Si te preocupa la idea de subestimar la experiencia de alguien, lo único que tienes que hacer es validar la singularidad de su situación. Por muy común que sea, no hay dos situaciones exactamente iguales. Equiparar y validar la singularidad de su situación te permite demostrar comprensión sin parecer un sabelotodo. Y el calificador Caroline también puede ayudar:

> *He oído a muchas personas divorciadas decir que cuesta un poco acostumbrarse a estar solas en casa por la noche* (equiparar). *Me imagino que es mucho más difícil si vives en el bosque, como tú* (validando la singularidad de su situación). *Me impresiona que no tengas la casa llena de trampas, al estilo de* Solo en casa, *y varios dóberman* (calificador Caroline).*

Error n.º 2: invalidar creencias muy arraigadas

Tendrás que prestar mucha atención para no invalidar creencias muy arraigadas cada vez que te encuentres en el terreno kafkiano del perfeccionismo. La gente que se invalida a sí misma por no cum-

* En general, la gente tiende a ser muy cautelosa cuando se trata de validar emociones como el miedo o la tristeza porque temen amplificar las emociones negativas de la otra persona. Sin embargo, lo cierto es que la validación tiende a reducir la activación simpática, a menos que la persona ya esté desbordada (es decir, con una frecuencia cardíaca superior a noventa pulsaciones por minuto) o muy angustiada. Si mi amiga me llamase por la noche, desde la cama, sola y con un ataque de pánico, el calificador Caroline podría perjudicarla más que ayudarla. En cambio, si la persona no se encuentra en un estado de angustia agobiante, no deberías preocuparte por reconocer sus emociones o la singularidad de su situación.

plir los estándares perfeccionistas acostumbra a interiorizar esos estándares como normales. Decirle a alguien que está convencido de que está gordo que su IMC es normal podría invalidar la firme percepción que tiene de sí mismo. Si una autoimagen negativa es una parte fundamental de la visión que tiene un individuo de sí mismo, es poco probable que se sienta visto por alguien que la cuestione.

Sabrás si has invalidado una creencia muy arraigada porque la otra persona actuará en consecuencia. Entre las señales figuran que se reafirme en su punto de vista, que insista en decir «No lo entiendes» y, si estás en una película antigua, que te dé una bofetada. Si te encuentras con este tipo de reacciones, retrocede e intenta contextualizar. Una persona con una percepción distorsionada de lo normal está respondiendo desde un lugar de condicionamiento, de desinformación o, en algunos casos, de trastorno. Recuérdalo: si una reacción no tiene sentido dada la situación actual, intenta encontrar el contexto en el que sí lo tenga.

RESUMEN

- Equiparar transmite que la respuesta de una persona es razonable o está justificada dada la situación actual y según el funcionamiento biológico normal. Es la técnica «cualquiera en tu lugar haría lo mismo».
- Como ocurre con las demás **técnicas de comprensión**, equiparar se reduce al razonamiento lógico y la comunicación.
    - Enfoques de razonamiento lógico:
        - Por defecto: reacción de la persona = cómo responde la gente normalmente.
        - Regla de oro: reacción de la persona = cómo respondería yo.
    - Comunicación:
        - Primera persona: decir que la reacción de alguien es la

misma que la que tú mostrarías (utilízala si eres una persona con autoridad o un compañero).
    - ◊ Tercera persona: decir que su reacción es igual a la que imaginas que tendrían los demás (utilízala si no conoces bien a la persona o la situación).
    - ◊ Calificador Caroline: suaviza el mensaje estándar de la técnica de equiparar («cualquiera en tu lugar reaccionaría de forma similar») con «y tú lo estás llevando mejor que la mayoría».
- Equiparar es fundamental cuando:
    - Alguien muestra una reacción normal ante una situación anormal.
    - La situación anormal es el perfeccionismo.
- Entre los errores más comunes asociados a la técnica de equiparar figuran:
    - Subestimar la experiencia de la otra persona.
      Solución: validar la singularidad de su situación o utilizar el calificador Caroline.
    - Invalidar creencias muy arraigadas.
      Solución: dar un paso atrás y contextualizar o utilizar las **técnicas de atención plena**.

PARA PRACTICAR

Trabaja con el enfoque de la regla de oro poniéndote en el lugar del otro. A la hora de comunicar lo que entiendes, experimenta con los enfoques de primera y tercera persona. Lo ideal sería que practiques la técnica de equiparar cada día de esta semana, pero si no puedes, al menos intenta ponerte en el lugar de otra persona. Nota: no des por sentado que esta técnica se te da bien solo porque eres emocionalmente intuitivo o muestras habilidad en la toma de perspectiva. Comprender y comunicar la comprensión son dos cosas diferentes.

Sugerencia: equiparar en combinación con el calificador Caroline es una estupenda manera de reforzar a los niños pequeños. Comunicar que se están comportando de forma más madura, independiente, etcétera, que tú a su edad equivale a darles un caramelo. Por ejemplo: «No puedo creer que hayas hecho tus tareas sin que haya tenido que recordártelo. Yo nunca fui capaz de hacerlo cuando tenía tu edad».

Capítulo 10

PROPONER: CÓMO LEER LAS MENTES

Lo más importante en la comunicación es escuchar lo que no se dice.

PETER DRUCKER, *A World of Ideas*

Lector, soy tu alma gemela. Bueno, no lo soy, pero si pasásemos suficiente tiempo juntos, podrías empezar a pensar que sí lo soy. No estoy hablando de mística o espiritualidad; por «alma gemela» me refiero a esa persona que parece conocerte mejor de lo que te conoces a ti mismo y con la que sientes una profunda conexión. La técnica de validación de proponer puede tener precisamente este efecto. Comunica que se entiende la experiencia de una persona más allá de lo que esta comparte. No soy la Yoko Ono del John Lennon de nadie; simplemente se me da bien proponer.

En términos técnicos, proponer significa decir lo que crees que la otra persona piensa, siente o quiere hacer basándote en lo que ha dicho y en lo que sabes de la situación.* Proponer se describe en muchas ocasiones como leer la mente, pero se trata más bien de leer entre líneas. En el primer capítulo, cuando describo la transición de la resolución de problemas a la validación con mi cliente suicida, también aplico la técnica de proponer:

—*Esto es una pesadilla —dije* (proponiendo un pensamiento que el otro podría estar pensando)—. *Bajas la guardia un segundo y de in-*

---

* Otros nombres para esta técnica son «leer mentes», «articular lo no verbalizado» y «leer el pensamiento» (Linehan, *DBT Skills Training*, «Handout 18»; Linehan, «Validation and Psychotherapy», pág. 364).

mediato te ves atacado con preguntas de la estudiante de doctorado demasiado entusiasta a la que no le importas absolutamente nada, o eso quieres creer, cuando lo más probable es que solo esté haciendo lo que le dicen (proponiendo un pensamiento). *Y, por si esto fuera poco, una sala llena de gente que no conoces está viendo todo esto* (proponiendo un pensamiento).

Acostumbrarse a proponer puede llevar un tiempo. Personalmente, he trabajado en esta técnica más que en ninguna otra de la Escala de la Validación, y por un buen motivo. El efecto de alma gemela no es cualquier cosa. Ya he mencionado que si utilizaba esta técnica contigo podría lograr que sintieras una profunda conexión conmigo, pero como sucede siempre con la validación, estos efectos no son unilaterales. Yo también sentiría esa conexión. Y aunque sé que la figura tradicional del alma gemela no es exclusiva de una sola persona en el universo, las conexiones que se logran con esta técnica no son por ello menos significativas.

CÓMO LEER LA MENTE

A estas alturas, ya sabes lo que hay que hacer: las **técnicas de comprensión** se dividen en razonamiento lógico y comunicación. Con la técnica de proponer, primero tienes que formular algunas hipótesis sobre la experiencia de la otra persona; después has de compartir tus conjeturas fundamentadas sin insultar ni, Dios no lo quiera, invalidar a la persona.

Esta técnica no siempre es difícil de aplicar. Decir «Debes estar agotado» (técnica de proponer) a alguien que dice que no ha dormido en tres días no requiere grandes conocimientos interpersonales. Sin embargo, señalando lo obvio no vas a lograr el efecto de alma gemela. Para aprovechar el poder de esta técnica, tienes que ser capaz de leer entre líneas y comunicar tus ideas con la dosis justa de confianza. Se trata de saber leer la mente de la gente sin incomodarla. Lo sé, no es exactamente coser y cantar. Este nivel de proponer requiere una buena dosis de inteligencia emocional (IE), pero aquí está la clave: a diferencia del cociente intelectual (CI), que es difícil de mejorar, la IE sí se puede mejorar.[1] Esta es una de las muchas razones por las que sostengo que la sensibilidad emocional es una ventaja a la hora de dominar las técnicas de validación, pero no un requisito. La IE necesaria para técnicas como la de proponer se puede desarrollar desglosándola y practicando. Así que ¡manos a la obra!

Razonamiento lógico

Si quieres averiguar lo que piensa otra persona, necesitas algo de información. ¿Y cuál es la forma más sencilla de obtener información sobre la gente? Revisar sus teléfonos. Es broma. No, la mejor manera de obtener información sobre la gente a efectos de proponer consiste en utilizar las **técnicas de atención plena**. Específicamente, atender mediante el Juego A y haciendo preguntas. Voy a dejar que Elna Baker te enseñe cómo se hace.

Baker es productora de *This American Life*, un pódcast semanal y un programa de radio pública. Y se le da bien la validación. En un episodio titulado «Rom-Com»,[2] habló con su amiga la actriz Michelle Buteau sobre un obstáculo poco común que esta se encontró en su primera relación seria: después de salir durante tres años y construir una vida con el hombre con el que esperaba casarse (más tarde rompieron), Buteau descubrió que era analfabeto. Buteau ha contado de una forma correcta y entretenida varias versiones de esta historia en sus monólogos, y Baker sabe lo que hace. He incluido un fragmento de la entrevista a continuación. Intenta identificar las dos técnicas de validación que utiliza Baker para añadir una profundidad inesperada a la historia y conectar con Buteau.

BAKER [explicando a los oyentes cómo empezó Michelle Buteau a sentirse molesta con su pareja por negarse a buscar ayuda]: incluso cuando eran felices, ella se sentía mal y pensaba: «Espera, no, no. Nos estamos olvidando de que tenemos un problema enorme y que hemos de arreglarlo para que todo esté bien». Y empezó a sentirse molesta con él.

BUTEAU: Ya ni siquiera nos reíamos. Ni siquiera nos cogíamos de la mano como antes. Tampoco teníamos sexo como antes... En plan: «No vas a ir a esa clase, pues nada de sexo». Era algo así como: «Si fueses a clase, yo sería muy feliz».

BAKER: ¿Pensabas que, si él te quisiera, se esforzaría por aprender a leer?

BUTEAU: Exacto. Es raro, ¿no? Pero pensaba eso, tal cual, sí. Yo pensaba: «¿Quién va a leer cuentos a nuestros hijos antes de dormir? ¡Es que tiene que espabilar!». Fue una pesadilla para mí, y no podía hablar con nadie sobre ello por lo vergonzoso que me parecía. No quería que mis amigos pensaran mal de él, ¿sabes? Y quería que él se sintiera un hombre, así que me lo guardé. Pero llegó un momento en que me dije que tenía que dejar esa relación, sin embargo, me sentía mal conmigo misma por ello... «¿Cómo voy a dejar a una persona que está mal?», pensaba

BAKER: Bueno, en cierto sentido, el hecho de que él fuera analfabeto hizo que la relación durase más porque todo pasó a girar en torno a que él aprendiese a leer y a escribir. Imagino que pensabas que, si él no fuera analfabeto, si tú pudieras arreglar ese problema, quizá vuestra relación podría ir bien.

BUTEAU: Dios mío, ¿quién eres? ¿El Dr. Phil con tetas? [Risas]. Sí, tengo la sensación de que siempre vivo así. Si pudiese perder esos nueve kilos... Y bueno, sí, tienes razón. Pensaba que si pudiéramos solucionar lo de su analfabetismo, entonces viviríamos la vida que se suponía que debíamos vivir.*

* Mat dijo que este fragmento hace que Buteau parezca una idiota. No lo es. En otros momentos de la entrevista explica que se le rompió el corazón cuando se enteró de las circunstancias que contribuyeron al analfabetismo de su exnovio y que se comprometió profundamente a apoyarle cuando estaban juntos. Su incapacidad para dia-

Las intervenciones de Baker son breves, pero están muy bien elegidas: utiliza la técnica de atender (**técnica de atención plena**) para entender la situación, y después propone (**técnica de comprensión**). Recuerda:

Atención plena → Comprensión → Empatía

En la charla, después de que Buteau describe su creciente resentimiento hacia la complacencia de su novio, Baker pregunta: «¿Pensabas que, si él te quisiera, se esforzaría por aprender a leer?». La pregunta de la técnica de atender de Baker pretende obtener más información sobre el motivo por el que ese tema le importaba a Buteau, lo que hace avanzar el juego de la presentadora. ¡Está claro que la chica sabe jugar! Como era de esperar, Buteau le da a Baker mucho material con el que trabajar, y esta lo utiliza para establecer algunas conexiones. En lugar de guardarse sus ideas, Baker se arriesga a proponer(las): «Bueno, en cierto sentido, el hecho de que él fuera analfabeto hizo que la relación durase más [...]». Buteau exclama a continuación: «Dios mío, ¿quién eres? ¿El Dr. Phil [...]?». Si escuchas la grabación, está claro que Buteau no se burla de su entrevistadora, sino que está impresionada por su nivel de comprensión. Baker destaca algo que Buteau no había expresado. No solo presta atención, sino que además entiende lo que le está contando de una manera que Buteau tal vez no había visto hasta ese momento. Y ahí está: este es el efecto de alma gemela.

Partir del Juego A es la forma más lógica de enfocar la técnica de proponer: recoges datos, trazas algunas hipótesis y después compruebas qué opina la otra persona. No obstante, también puedes utilizar la regla de oro y ponerte en el lugar de la otra persona para averiguar qué debes proponer.

Cuando tuve problemas para conectar con el cliente suicida del que hablo en el capítulo 1, no me basé en el Juego A para encender las

---

logar o trabajar en el problema acabó por separarlos. Además, él la engañó, así que ahí queda eso.

bombillas que me permitiesen ver qué debía proponer; lo que hice fue intentar ver la situación desde su perspectiva. El hecho de ver la palabra *V-A-L-I-D-A-C-I-Ó-N* en la pantalla me dio pie a dejar de centrarme en mi experiencia –mi miedo, mi fracaso, mi pánico– para tener en cuenta la suya. Como terapeuta, pensaba: «Le estoy perdiendo. ¿Qué hago?». Si yo hubiese sido el cliente y una estudiante de doctorado nerviosa por mi delicada revelación hubiese empezado a machacarme con preguntas, hubiera pensado: «Esto es una pesadilla». Y también: «Bajas la guardia un segundo e inmediatamente te ves atacado con preguntas de la estudiante de doctorado demasiado entusiasta a la que no le importas absolutamente nada, o eso quieres creer, cuando lo más probable es que solo esté haciendo lo que le dicen».

Como terapeuta, ante el hecho de ser observada por los colegas y el supervisor, pensé: «Saben que soy idiota. Van a irrumpir en la sala en cualquier momento para salvar a este tipo de mí. Voy a ir a la cárcel de terapeutas, donde merezco pudrirme por mi incompetencia». Como cliente que se siente expuesto y desea poder retractarse de lo que ha dicho, hubiera pensado: «Y, por si fuera poco, esta sala está llena de gente que no conozco viendo todo esto». Si yo hubiese sido mi cliente, me habrían entrado ganas de salir de allí. Así que eso fue lo que hicimos.

Comunicación

Imagina un dial con la palabra *idea*. Si lo giras hacia la izquierda, tu idea se propondrá como sugerencia, por ejemplo: «¿Podría ser que estés cansado de tener que esforzarte tanto para complacer a tu suegra?». Si lo giras hacia el otro lado, se planteará como un hecho, por ejemplo: «Estás cansado de tener que esforzarte tanto para complacer a tu suegra». Si buscas un efecto o quieres proyectar confianza en tu comprensión, expón tu idea más como un hecho. Para transmitir deferencia o respeto por la experiencia de la otra persona, inclínate por formularla como una sugerencia. Ten en cuenta que los roles, la diná-

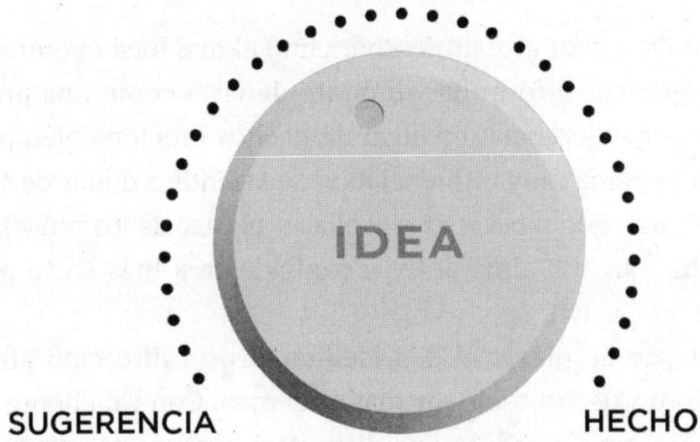

mica de las relaciones y las normas culturales también pueden determinar si resulta más eficaz expresar las ideas como sugerencias o como hechos.

Las introducciones del tipo «puede que», «me pregunto si» y «me parece que» están en el lado de las sugerencias del dial Idea; parecen menos intrusivas, autoritarias y presuntuosas. El hecho de formular las ideas como preguntas también puede ayudarte a permanecer en el territorio de la sugerencia. Decir «¿Crees que volverías a trabajar a tiempo completo si no te sintieras tan culpable por dejar a los niños?» denota más curiosidad y ofrece más posibilidades de corrección que «Volverías a trabajar a tiempo completo si no te sintieras tan culpable por dejar a los niños».

En general, la técnica de proponer sugerencias es lo más adecuado si apenas conoces a la otra persona o si se trata de alguien a quien tengas que demostrar un nivel saludable de respeto, como un mentor, un gerente o Meghan Markle. Hablo en serio sobre Markle. Cuando Oprah, la reina de la técnica de proponer, entrevistó a la exduquesa de Sussex, supo limitarse a las sugerencias.

–¿Permaneciste callada o te hicieron callar?[3] –preguntó Oprah después de que Markle intentase explicar delicadamente por qué guardó silencio cuando los medios difundieron información falsa sobre ella. Ese momento fue lo más cerca que estuvo Oprah de exponer sus ideas con naturalidad durante la entrevista, pero incluso en su momento de mayor atrevimiento inclinó el dial Idea ligeramente hacia la sugerencia al formular su punto de vista como una pregunta.*

Proponer sugerencias en lugar de hechos funciona bien para validar a una persona muy influenciable, que tiende a dudar de sí misma o que presume que sabes más que ella (es el caso de los niños), porque es probable que esa alma dulce y confiada crea más en tu punto de vista que en el suyo.

El acto de desplazar el dial Idea en la otra dirección afirmando algo como un hecho suele ser más poderoso. Con mi cliente suicida, dije: «Esto es una pesadilla», no dije: «A lo mejor estás empezando a sentir que esta sesión de terapia es una pesadilla». Cuando hablé con la madre de mi amiga sobre su matrimonio en ruinas, dije: «Es horrible», no pregunté «¿Te parece horrible?».**

Expresar tus puntos de vista con naturalidad les da peso. Transmite «Así son las cosas», y no «¿Así es como parecen las cosas?». Si la otra persona se identifica con lo que propongas, tu certeza puede ser un mazazo para sus dudas e inseguridades. Me acuerdo de una mujer de treinta y pico años de mi grupo de amigas mamás que se echó a llorar mientras asentía enérgicamente con la cabeza cuando le dije «Debes de estar destrozada» después de contarme que su padre y su madre se estaban divorciando. Aquella mujer estaba muy unida a sus padres y había construido su propio matrimonio inspirándose en ellos. Me pa-

---

* Como el lector de notas a pie de página atento que eres, es posible que te hayas dado cuenta de que las «preguntas de atender» y las «sugerencias propuestas como preguntas» parecen lo mismo. No es así. Las preguntas de atender sirven para recabar información y demuestran que estás prestando atención; las sugerencias propuestas como preguntas tienen por objeto demostrar comprensión. Como tenemos todo el tiempo y el espacio del mundo aquí abajo, en la nota a pie de página, quiero aprovechar la oportunidad para señalar que la pregunta de Baker «¿Pensabas que, si él te quisiera, se esforzaría por aprender a leer?» podría haber tenido como objetivo demostrar comprensión en lugar de recabar más información. Teniendo en cuenta cómo transcurre la conversación, creo que era una pregunta genuina, pero con una validadora tan hábil como Baker no es fácil saberlo.

** Por si te lo has perdido, comparto este ejemplo en la introducción. Sin embargo, si estás leyendo esta nota, es probable que hayas leído la introducción. Eres de los míos.

reció obvio que estuviese destrozada por la noticia, pero ella no parecía tener claro si era razonable que una mujer adulta casada que ya no vivía con sus padres estuviese tan disgustada como ella por la separación. Al proponerle una emoción que no había exteriorizado, le transmití que su reacción era racional, comprensible y, como tal, válida.

Proponer tus ideas como hechos implica cierto grado de certeza por tu parte. Ese grado se puede amplificar o reducir mediante la comunicación no verbal propia de la técnica de atender (o las Cuatro Grandes: proximidad, contacto visual, gestos y asentir con la cabeza). La otra tarde tuve un lío por problemas de salud. A principios de semana me dolía mucho una endodoncia, tenía una infección por hongos debido a los antibióticos que había tomado después de la endodoncia, y tenía programada una sesión de tres horas en la que me administrarían la medicación para tratarla, seguida por cuarenta y ocho horas de respiración dificultosa e inhaladores porque soy alérgica al tratamiento. Para abreviar (demasiado tarde), estaba hecha un desastre. Mi manera de quejarme a Mat de todo esto fue preguntarle en broma si creía que podría convencer a la enfermera de que me indujese un coma durante las setenta y dos horas siguientes y, en caso afirmativo, si él podría vaciar el lavavajillas mientras estuviese fuera. No respondió a mis preguntas. Lo que hizo fue dejar el iPad y sentarse a mi lado en el suelo. Puso su mano sobre la mía, me miró a los ojos y dijo: «Esto da miedo».

Pum. Me quedé pasmada. Mat es definitivamente el John de mi Yoko. Estaba asustada. No sé por qué: las endodoncias y las infecciones por hongos no matan a nadie, y llevo años lidiando con las dificultades respiratorias mensuales por la administración de medicación intravenosa, pero estaba asustada de todos modos. Mat podría haber dicho «Esto da miedo» desde el sofá donde estaba sentado, detrás de mí, sin dejar de mirar su iPad, pero yo no lo habría recibido de la misma manera. El impacto de la validación de lo que él propuso se transmitió a través de su lenguaje no verbal (proximidad, contacto visual y su mano sobre la mía).

IDENTIFICAR LOS ERRORES Y RECUPERARSE DE ELLOS

Babe Ruth tenía un impresionante promedio de bateo de .342, lo que significa que cuando le tocaba batear, golpeaba la pelota el 34 % de las veces. Dicho de otro modo, quedaba eliminado el 66 % de las veces. Su promedio de *home runs* era del 8,5 %.[4] Fue uno de los mejores en la historia del béisbol de las Grandes Ligas, pero, aun así, en más del 90 % de las ocasiones no consiguió *home run*. No soy una gran fanática del béisbol, pero cuando pienso en Babe Ruth, pienso en vídeos borrosos en blanco y negro de un hombre que saluda a los aficionados mientras pasa por las bases después de golpear una bola fuera del campo, no en alguien que quedó eliminado más veces de las que bateó. Cuando se trata de proponer, los grandes son un poco como Babe Ruth: sus deslumbrantes *home runs* hacen sombra a la frecuencia de sus *strikes*.

Lo difícil de proponer es que, a diferencia del béisbol, no sabrás necesariamente si has quedado eliminado. La gente puede pensar que la energía emocional necesaria para corregirte cuando te equivocas no merece la pena. O puede ocurrir que no quiera arriesgarse a herir tus sentimientos, ya que podrían ser necesarios un par de intentos antes de que propongas algo con lo que se identifique la otra persona (dominar esta técnica se reduce a detectar los errores y recuperarse de ellos).

Recuperarse

Es posible que no tengas que hacer ningún trabajo detectivesco para determinar si la idea que has propuesto no cala; habrá casos en los que la otra persona simplemente te lo dirá. Por ejemplo, cuando estaba hablando con la niñera en el parque y propuse «Tendrás la sensación de que siempre estás cuidando a los demás» después de que me explicase su situación laboral, ella se apresuró a exclamar: «¡No! ¡Qué va!».

Si alguien responde a lo que has propuesto poniéndose a la defensiva, corrigiéndote o discutiendo, es que te has equivocado o has sacado a la luz algo que el otro no está dispuesto a aceptar. En cualquier caso, no estáis en sintonía. Tienes que entender mejor cómo ve las cosas, pero esto solo lo conseguirás si te mantienes en la conversación.

La forma más fácil de mantener la interacción después de haber sido eliminado consiste en volver a jugar el Juego A y utilizar preguntas y comentarios de la técnica de atender. Por ejemplo, el otro día propuse: «Tu cuerpo está completamente agotado» para validar a una clienta que se echó a llorar porque se quedó dormida y no llegó a una importante reunión a las nueve de la mañana después de varias noches de insomnio.

–No –dijo, pensativa–. Creo que inconscientemente quería evitarla.

Lector, lectora, entre tú y yo, estoy bastante segura de que su cuerpo se vino abajo después de nada menos que cincuenta horas sin dormir, pero esa no era su visión de la situación. En lugar de imponer mi punto de vista, seguí con una pregunta de atender:

–Eso es interesante. ¿Por qué crees que querías evitar la reunión?

A lo mejor pensó que mi propuesta inicial era una crítica velada, como si estuviese insinuando que debería centrarse más en sus hábitos de higiene del sueño. O puede que no aceptase hasta qué punto le estaba afectando el insomnio. También podría ser que ella tuviese razón y su subconsciente fuese como uno de esos monstruos del Mundo del Revés que obliga a los niños de *Stranger Things* a volverse contra sí mismos. En cualquier caso, mi comprensión estaba incompleta, así que tuve que recurrir a las **técnicas de atención plena**.

Tengo que advertirte que volver al Juego A después de haber fracasado con la técnica de proponer puede parecer contrario a la lógica. Si alguien se muestra a la defensiva, molesto o invalidado por lo que has propuesto, tus sentimientos podrían resultar heridos, lo que te llevará a insistir en tu punto de vista o a retirarte. Lucha o huida. Puedes tardar un poco en acostumbrarte a controlar tus instintos, pero saber a qué emociones hay que estar atento –dolor, vergüenza, inseguridad y varios matices de frustración– te hará infinitamente mejor en detectar y enfrentarte al impulso de salir corriendo.

Cuando tengas más información recopilada mediante el Juego A, vuelve a intentarlo con proponer o con alguna otra **técnica de comprensión** o **de empatía**. Ya lo he dicho, y volveré a decirlo: Oprah es la reina de la técnica de proponer, pero incluso ella comete muchos errores. Se recupera volviendo rápidamente a las **técnicas de atención plena**, y no permite que los errores la disuadan de volver a intentarlo. Dado que ya conoces muchas de las técnicas de validación que utiliza, he copiado la descripción que hago de su enfoque en el capítulo 5 y he añadido los conjuntos de técnicas y las técnicas específicas que utiliza para *oprahficar* a la gente:

> *Oprah dice algo como «Eso debió de ser frustrante»* (**técnica de comprensión:** proponer). *El invitado responde con una corrección: «No fue frustrante. Fue aterrador». Oprah da un paso atrás sin perder el ritmo a pesar de haber fallado en su intento de validación delante de un público en directo: «Aterrador. ¿Por qué fue aterrador?»* (**técnicas de atención plena:** copiar + atender). *Escucha con actitud pensativa y puede que intervenga un par de veces para aclarar algo que el invitado ha dicho* (atender) *o para repetirlo* (copiar). *A continuación, vuelve a intervenir aportando alguna idea que el invitado no había expresado y comprueba si se identifica con ella* (proponer). *Es posible que tenga que hacerlo varias veces, pero al final lo clava.*

Como Babe Ruth, los errores de Oprah se olvidan enseguida cuando consigue el equivalente a un *home run* en validación.

Detectar

Imagina que estás hablando con una amiga que no hace mucho se ha jubilado de su trabajo como profesora de inglés en un instituto. Le preguntas cómo lleva la jubilación y ella sugiere vagamente que no le va muy bien.

–Tengo mucho tiempo libre –dice–. Tanto que no sé qué hacer con él...

Empiezas a jugar al Juego A y, basándote en la información que recopilas, sospechas que tiene un conflicto porque echa de menos su trabajo cuando «debería» estar disfrutando de su jubilación. Y ahí está, una gran oportunidad para practicar la técnica de proponer. Decides aprovecharla:

–Es difícil procesar una pérdida que, según los demás, deberías estar celebrando.

Estabas mucho más segura de que tu amiga se identificaría con esta idea que propones antes de decirla. Ahora no estás tan segura. Tu amiga no te da ninguna indicación de que se sienta validada por tus palabras, pero tampoco se pone a la defensiva ni te corrige. Su respuesta exacta es:

–Mmm...

¡¿Mmm...?! ¿Qué se supone que puedes hacer con un «mmm...»? Nada de nada. Para averiguar en qué punto te encuentras y cómo puedes continuar, tendrás que volver a leer entre líneas, que en este caso significa leer su lenguaje no verbal.

Las personas con una inteligencia emocional muy desarrollada saben hacerlo de forma natural recurriendo a la intuición emocional, que les permite identificar y entender las emociones ajenas. Para los demás, recuerda que la IE (inteligencia emocional) se puede desarrollar. Solo hay que saber qué señales emocionales buscar y cómo interpretarlas. Entre las señales no verbales de que alguien se siente validado por lo que le has propuesto figuran:

- Mantener o establecer contacto visual.
- Mostrarse más nervioso: hablar más rápido o más alto, gesticular más, parecer más animado.
- Inclinarse o acercarse más a ti.

El indicador menos obvio, pero mucho más fiable, de lo que siente la otra persona respecto a lo que has propuesto es su expresión facial. He oído decir que «los ojos son ventanas al alma», pero lo que se debería decir es que «las expresiones faciales son ventanas al alma». No suena tan bien, ya lo sé, pero resulta mucho más preciso. Y todavía más preciso sería decir que «las microexpresiones son ventanas al alma, pero puede que solo seas capaz de verlas durante un milisegundo porque la gente las hace desaparecer rápidamente». Sí, esta frase nunca se pondrá de moda.

El reconocido experto facial Paul Ekman define las microexpresiones como «expresiones faciales que se producen en una fracción de segundo».[5] Según Ekman, «Esta fuga emocional involuntaria expone las verdaderas emociones de una persona».[6] Tenía que citarlo textualmente porque no hay mejor manera de decir «fuga emocional» que «fuga emocional».

Si detectas una fuga de emociones negativas, como repulsión, miedo o desprecio, es poco probable que la otra persona se sienta validada por ti. ¿No se te da bien detectar fugas emocionales? No hay problema. Ekman ha desarrollado una herramienta para ayudarnos a identificar e interpretar las fugas emocionales. También puede mejorar tu capacidad de detectar si alguien está mintiendo. Así que, ya sabes, dos pájaros de un tiro. Puedes encontrar versiones de las herramientas de entrenamiento en microexpresiones de Ekman en su página web o a través de un enlace en mi página.*

Si te pones en plan «Caroline, me niego a buscar a Ekman. Me prometiste que encontraría todo lo que necesito en este libro», de acuerdo. Te dejaré una última forma fiable de saber si has fallado o no en tu intento de validación. El indicador es si la persona continúa con la conversación. Si le has leído la mente o, mejor aún, has establecido una conexión que ella no había hecho, querrá prolongar la conversación. La validación es agradable, y cuando algo es agradable, queremos más. Sin embargo, si lo que propones hace que la otra persona se

* Paul Ekman Group, <https://www.paulekman.com/herramientas-de-entrenamiento-en-microexpresiones/>.

sienta incómoda o invalidada, no tendrá motivación para seguir hablando. Incluso los más complacientes querrán salir de ahí. Tu interlocutor podría intervenir con un reflexivo «No lo había visto de esa manera» para que te sientas satisfecho contigo mismo, pero cambiará de tema o abandonará la conversación a la primera oportunidad. Del mismo modo, si esa persona ha intentado corregir tu punto de vista en repetidas ocasiones sin éxito, acabará sintiéndose castigada a no continuar la conversación y la abandonará.

El problema de confiar en el indicador de la conversación es que, cuando lo detectes, es posible que ya no puedas recuperarte. Forzar una conversación con alguien que ha dejado claro que quiere terminarla puede hacer que esa persona se sienta insegura. Después de detectar el indicador de la conversación deberías intentar una o dos preguntas de la técnica de atender, pero tienes que estar preparado para abandonar tu plan si la otra persona no se involucra. Si crees que podrías haber causado un daño real y que la has invalidado, dilo y discúlpate.

Dado lo difícil que puede ser recuperarse del indicador de la conversación, te animo a que recurras a otras señales no verbales en la medida de lo posible. Y si no puedes porque tienes dificultades para detectar e interpretar esas señales, deberías consultar la herramienta de Ekman, que merece mucho la pena si tienes en cuenta el tiempo que has dedicado a aprender cosas como hacer una división larga, que probablemente nunca utilizarás, comparado con aprender a detectar fugas emocionales, que es algo que usarás constantemente (y que algún día podría ayudarte a saber con seguridad si el dependiente de IKEA te está mintiendo cuando dice que no tienen más estanterías Billy sin ni siquiera comprobarlo).

RESUMEN

- Proponer significa decir lo que sospechas que la otra persona siente, piensa o quiere hacer basándote en lo que ha dicho y en lo que sabes sobre la situación.

- Como ocurre con las demás **técnicas de comprensión**, la de proponer se puede descomponer en razonamiento lógico y comunicación.
  - Razonamiento lógico:
    - ◊ Jugar al Juego A y utilizar preguntas de la técnica de atender para recopilar la información que necesitas.
    - ◊ Utilizar el enfoque de la regla de oro para ponerte en el lugar de la otra persona.
  - Comunicación:
    - ◊ Para transmitir deferencia o respeto, propón tu idea como una sugerencia utilizando expresiones como «Me pregunto si...» o formulando tus ideas como preguntas.
    - ◊ Para proyectar confianza, expón tu idea más como un hecho. La combinación de las Cuatro Grandes no verbales con afirmaciones realistas aumenta la firmeza del mensaje.
- Para convertirte en un maestro de la técnica de proponer, tienes que saber recuperarte de los errores y detectarlos.
  - Recuperarse: despliega el menú de las **técnicas de atención plena** (atender y copiar). Intenta proponer de nuevo o utiliza otra **técnica de comprensión** o de **empatía** cuando puedas.
  - Detectar: confía en tu intuición emocional, busca conductas no verbales o fugas emocionales, o bien utiliza el indicador de la conversación.

PARA PRACTICAR

1. Como ocurre con la técnica de atender, la de proponer requiere más repetición que algunas de las otras técnicas para dominarla. Veinticinco repeticiones es un gran objetivo para esta habilidad, y te ayudará a interiorizar todos los puntos más sutiles de este capítulo que ahora mismo crees que olvidarás. Para esta

semana (y más allá si vas a por las veinticinco repeticiones), practica con el Juego A y el enfoque de la regla de oro para formular hipótesis sobre lo que la otra persona podría estar pensando o sintiendo. Asegúrate de experimentar con la formulación de tus ideas como sugerencias y como hechos en escenarios distintos para ver la diferencia. Si la técnica de proponer te pone nervioso, practica en conversaciones de bajo riesgo sobre temas como deportes, comida, vídeos de TikTok, etcétera, antes de intentarlo en conversaciones más serias o con carga emocional.

2. Echa un vistazo a la página web de Ekman para encontrar recursos que te ayuden a mejorar tu capacidad de identificar fugas emocionales. Si sospechas que ya se te da bien detectar esas fugas, consulta sus cuestionarios para asegurarte. Después podrás presumir ante tus amigos de lo desarrollada que tienes la IE, cosa que no será nada insufrible. Es broma, sería muy insufrible, pero si tienes una IE alta, eso ya lo sabes.

Capítulo 11

TOMAR CARTAS EN EL ASUNTO: CUANDO LAS PALABRAS NO BASTAN

> Todos nosotros, en algún momento, necesitamos ayuda. Ya sea dando o recibiendo ayuda, cada uno de nosotros tiene algo valioso que aportar a este mundo. Esa es una de las cosas que nos conecta como vecinos; a nuestra manera, cada uno de nosotros es un dador y un receptor.
>
> FRED ROGERS, *The World According Mister Rogers*

Mientras escribo esto, Rusia está en guerra con Ucrania. La gente ha huido del país en masa, y cada día el mundo recibe las terribles imágenes de los crímenes de guerra cometidos contra los que quedan. Los ucranianos no tienen la fuerza militar necesaria para luchar contra Rusia por sí solos. Su presidente, Volodímir Zelenski, se reúne sin parar con los aliados de su nación solicitando sanciones económicas para Rusia, armamento y una zona de exclusión aérea sobre Ucrania. En una entrevista con ABC News que se emitió el 7 de marzo de 2022, se le preguntó qué mensaje quería enviar al pueblo estadounidense,[1] y Zelenski, que había estado hablando en ucraniano y recurriendo a un traductor durante toda la entrevista, miró directamente a la cámara y respondió en inglés:

> *Solo quiero que sientan y entiendan lo que significa esta guerra para nosotros. Los americanos siempre hablan de libertad, y saben lo que es, así que ahora, al mirar a los ucranianos, creo que saben lo que significa para nosotros esta guerra. No somos diferentes a ustedes. No somos diferentes a ustedes. Por eso, estadounidenses, si ven y entien-*

den cómo nos sentimos, cómo luchamos contra nuestros enemigos por nuestra libertad, apóyennos, pero no lo hagan solo con palabras, háganlo dando pasos concretos y directos.

Zelenski pide ayuda porque los ucranianos no pueden manejar la situación solos. Responder a su petición dando «pasos concretos y directos» es la única manera de validar suficientemente a Zelenski y al pueblo ucraniano. Espera que, si los estadounidenses ven y entienden que la libertad por la que lucha su país es la misma libertad que ellos valoran, se verán obligados a responder con empatía tomando cartas en el asunto.

Esta técnica, tomar cartas en el asunto, significa intervenir directamente en favor o en nombre de otra persona.* En lugar de ofrecer soluciones o de explicar a alguien cómo podría resolver un problema determinado, tomar cartas en el asunto consiste en intervenir para resolverlo en su lugar. Es la técnica de «predicar con el ejemplo» y, en algunos casos, es la única forma de demostrar que estás ahí, lo entiendes y te importa.

Como **técnica de empatía**, tomar cartas en el asunto hace que vayas más allá de reconocer (**técnicas de atención plena**) y pensar de manera lógica sobre la experiencia de alguien (**técnicas de comprensión**). Requiere que te involucres en la situación. Las **técnicas de empatía** logran los objetivos de las otras técnicas que has aprendido hasta ahora y van un paso más allá: el observador se convierte en participante activo.

* Tomar cartas en el asunto es similar a lo que Marsha Linehan denomina «validación funcional», que no se incluye entre las técnicas de validación que se enseñan a los clientes, pero sí se menciona en sus diversos artículos y capítulos dirigidos a terapeutas. También aparece como «responder con acción» en la literatura sobre terapia dialéctica conductual para parejas (Linehan, «Validation and Psychotherapy», pág. 380; Kelly Koerner y Marsha M. Linehan, «Validation Principles and Strategies», en *Cognitive Behavior Therapy*, eds. William O'Donohue, Jane E. Fisher y Steven C. Hayes [Hoboken, John Wiley & Sons, 2003], págs. 229-237; Fruzzetti e Iverson, «Mindfulness, Acceptance, Validation», pág. 186).

Un momento: ¿esto no es resolución de problemas?

Tomar cartas en el asunto se parece mucho a algo que te he advertido que nunca hagas al validar: resolver problemas. Nuestra inclinación natural hacia la resolución de problemas significa que normalmente tenemos que reprimir el impulso de tomar cartas en el asunto, sin embargo, aquí estoy diciéndote que a veces esta es la forma más eficaz de validar a las personas. ¡¿De qué va esto?!

Técnicamente, resolver problemas e intervenir para resolver los problemas de alguien (tomar cartas en el asunto) no es lo mismo. Sugerir a una persona acciones que podría emprender (por ejemplo, «A lo mejor deberías rehacer tu currículum antes de enviar más solicitudes») no es lo mismo que intervenir en su nombre (por ejemplo, «He rehecho tu currículum; a lo mejor ahora recibes más ofertas»). La resolución de problemas es un intento más pasivo de cambiar la experiencia de alguien, mientras que tomar cartas en el asunto requiere que te involucres activamente en la situación.

Esta técnica de pasar a la acción se centra en el cambio. A primera vista, puede parecer incompatible con la validación, que consiste en transmitir aceptación. Sin embargo, a estas alturas ya has visto que la aceptación y el cambio se generan mutuamente y pueden coexistir. Esto no significa que tomar cartas en el asunto sea la mejor manera de demostrar aceptación. Casi nunca lo es. Como ocurre con la resolución de problemas, tomar cartas en el asunto cuando no está justificado revela que en realidad no entiendes la situación de la otra persona o el motivo por el que acude a ti. Por ejemplo, podría ser validante proponer «Esto es muy injusto para ti» después de que tu amiga te cuente que su hermano toxicómano no para de pedirle dinero, mientras que tomar cartas en el asunto organizando una intervención para ayudar a su hermano probablemente no lo sería.

Lo que ocurre con esta técnica es que, cuando está justificada, puede ser más validante que todas las demás técnicas juntas. Esta habilidad es básicamente una herramienta eléctrica. Como una motosierra o una pistola de clavos, supera las limitaciones de las herramientas más básicas, y hay algunos trabajos que no puedes hacer sin ella. Sin embargo, como ocurre con cualquier herramienta eléctrica, si no sabes utilizarla o no lo haces con precaución, podrías destruir lo que te proponías construir. La pregunta entonces sería: ¿cómo saber si está justificada una intervención? La habilidad en esta técnica radica en la capacidad de discernir cuándo intervenir y cuándo cruzarse de brazos.

CUANDO LOS ACTOS DICEN MÁS QUE LAS PALABRAS

Lo más importante antes de aplicar la técnica de tomar cartas en el asunto es saber si la persona realmente necesita o quiere que intervengas. Ten en cuenta que esta puede ser una estrategia validante aunque la persona no necesite técnicamente que intervengas. Es decir, yo podría organizarme una fiesta para celebrar que he acabado mi libro, pero me sentiría validada por Mat si él decidiese organizar una fiesta para mí (¡indirecta, indirecta!). A continuación, encontrarás mis consejos respecto a intervenir en nombre de una persona que puede pasar a la acción por sí misma y de una persona que no puede hacerlo.

No puede tomar cartas en el asunto por sí misma

En su entrevista, el presidente Zelenski pidió a Estados Unidos que emprendiese «pasos concretos y directos» porque su país no podía derrotar a Rusia solo. El entonces presidente Joe Biden pudo haber respondido a Zelenski con las técnicas de atender y copiar: «Ah, "pasos concretos"», con la de equiparar («Creo que la mayoría de los líderes mundiales también querrían ayuda internacional en semejantes circunstancias») o con la de proponer («Debe estar molesto por la invasión de Rusia»). Incluso podría haber utilizado las otras dos **técnicas de empatía**, exteriorizar y desvelar, pero admitámoslo: todo lo que no fuera intervenir no podía lograr validar al pueblo de Ucrania. Tomar cartas en el asunto era la única técnica posible, todas las demás técnicas de la Escala de la Validación resultaban condescendientes.

En cierto modo (no de la misma manera, pero sí parecida), puedes identificarte con la posición de Zelenski. Todos hemos estado en situaciones que requerían acciones, no palabras, para sentirnos validados. No nos sentimos validados por funcionarios electos que no actúan, aunque afirmen que sí se toman en serio nuestras preocupaciones. En las relaciones, no nos sentimos validados por las personas que no logran cambiar conductas que nos perjudican. De hecho, es invalidante que una pareja infiel tenga buenas palabras mientras sigue engañándote. Tampoco nos valida la gente que no se toma nuestras preocupaciones suficientemente en serio como para responder con la ayuda que necesitamos. Si te rompieras una pierna y le pidieras a tu pareja que lavara los platos hasta que pudieras volver a caminar, aunque él creara un poema épico de validación que incorporase todas las demás técnicas de este libro para validar tu petición, si no lavara los platos, su poema de validación probablemente te molestaría mucho.

Por desgracia, esto no es tan sencillo como «cuando alguien te pida ayuda, ayúdale» si la otra persona no puede hacer lo que te pide que hagas. El problema de tomar cartas en el asunto es que puede convertirte rápidamente en algo que nadie quiere ser: un facilitador.

Havana tiene ocho años y todavía le digo que sí cuando me pide que le desenrede el pelo antes de acostarse porque, admitámoslo, no puede hacerlo sola. Para que quede claro, cepillarse el pelo no es como vaciar el lavavajillas, cosa que ella sí puede hacer, pero que suele intentar evitar con alguna queja, o como pasar la aspiradora, que también puede, pero no se le da muy bien. Literalmente, no puede pasarse el peine por los nudos como rastas que se le acaban formando en el pelo al final del día. Validar el dolor y la frustración de

Havana con palabras mientras ella intenta peinarse no es precisamente muy validante. También debo admitir que casi siempre soy yo la que le hace la cola porque, cuando se la hace ella, se le acaba cayendo y al final el pelo se le enreda todavía más. Buf. Es un círculo vicioso, pero también es un poco una excusa. ¿La verdad? Me llamo Caroline Fleck, y soy una facilitadora.

Al menos, puedo serlo con Havana. En general, se me da bastante bien validar y no facilitar las cosas a la gente cuando me piden que tome cartas en algún asunto, pero soy humana y mi niñita es muy mona, así que meto la pata inevitablemente y a veces intervengo en sus cosas cuando no debería. Cuando soy eficaz con esta técnica, es porque he actuado con la debida diligencia de hacerme tres preguntas. Es posible que no todas sean aplicables en algunos casos, pero me siento más segura a la hora de pasar a la acción si puedo responder con un «no» a las que sí proceden.

Actuar o no actuar: estas son las cuestiones

1. ¿Dispone esta persona de los recursos necesarios para emprender la acción que precisa llevar a cabo?
2. ¿Estaría haciendo algo que necesita aprender a hacer por sí misma? En caso afirmativo, ¿es capaz de desarrollar las habilidades necesarias?
3. ¿La acción entra en conflicto con mis valores?

Piensa en alguna ocasión en la que alguien te haya pedido que tomes cartas en algún asunto (a lo mejor no con tantas palabras) y te planteaste hacerlo, al menos en parte, para validar a esa persona. Puedes elegir algo del pasado o un escenario actual, como mi ejemplo de Havana y el pelo. Ahora prueba a responder a las preguntas de «actuar o no actuar» en función de la situación.

	Havana me pide que le cepille el pelo por la noche.	**Una amiga me pide que done en GoFundMe para colaborar en la reconstrucción de su casa, destruida por un incendio forestal.**	**El presidente Zelenski apela a los estadounidenses para que den «pasos concretos y directos» a fin de proteger al pueblo de Ucrania.**
¿Disponen de los recursos necesarios?	Sí, tiene un cepillo y brazos.	No, lo han perdido todo.	No, no tienen los recursos o el poder para defenderse solos.
¿Estaría haciendo algo que el otro tiene que aprender a hacer por sí mismo? Si es así, ¿es capaz de desarrollar las habilidades necesarias?	Sí y sí. El mantenimiento del pelo es una habilidad que tiene que desarrollar, y a los ocho ya es capaz de hacerlo.	No, esto no es una cuestión de habilidad.	No, esto no es una cuestión de habilidad.
¿La acción entra en conflicto con mis valores?	No, valoro la buena higiene.	No, valoro los actos de servicio y apoyo a mis amigos.	¡Puede! Depende de a quién preguntes y qué «pasos concretos y directos» implique (por ejemplo, acoger a refugiados frente a la posibilidad de desencadenar una guerra con Rusia implantando una zona de exclusión aérea).
¿Debo tomar cartas en el asunto?	No, ella puede y debe aprender a hacerlo por sí misma.	Sí, podría ser apropiado tomar cartas en el asunto.	¡Puede! Depende de los valores del individuo y de la acción que se emprenda.

Recuerda que solo debes considerar la posibilidad de tomar cartas en el asunto si puedes responder «no» a todas las preguntas. En la tabla tienes varios ejemplos.

¿Verdad que es útil? Por supuesto, hay otros factores que se deben tener en cuenta, como el coste, la viabilidad y la capacidad personal. Las preguntas de «actuar o no actuar» simplemente te ayudan a determinar si la intervención está justificada. En caso negativo, corres el riesgo de fomentar una dependencia excesiva al proteger a las personas de las consecuencias que deben aprender para desarrollar las técnicas fundamentales para la vida o de que tu amor propio salga dañado.

Si decides no tomar cartas en el asunto, no des por sentado que la otra persona quedará marcada de por vida. **Recuerda que una regla fundamental de la validación es que solo debes validar lo válido.** Si crees que la persona es capaz de actuar por sí misma, no deberías intervenir y validar así la creencia de que no puede hacerlo. En ocasiones, las dudas de una persona son válidas; a veces, no. Creer en alguien que no cree en sí mismo puede validar sus capacidades y ayudarle a desarrollar su potencial.*

La primera vez que fuimos a esquiar en familia, hicimos una clase juntos para aprender lo básico. Cuando Havana sufrió su primera caída, instintivamente clavé mis bastones en la nieve para llegar hasta ella. La instructora, una veinteañera sospechosamente tranquila, estiró un brazo para pararme en seco.

—No pasa nada, tía —me dijo—. Ya se apañará.

«Gracias, tía, pero sí pasa», estuve a punto de soltar, pero mientras luchaba por determinar si mis instintos de mamá osa justificaban que noquease a aquella mujer con mis bastones y me rompiese las dos piernas para llegar hasta mi hija, ocurrió algo sorprendente. Havana se levantó. Se las arregló sola, le restó importancia a la caída y la expresión de orgullo de su cara cuando recuperó el equilibrio demostró lo que significaba para ella haberlo hecho sola. La instructora no validó la inseguridad de Havana interviniendo; lo que hizo fue validar la competencia, la fuerza y la resistencia de mi hija al creer en ella.

* Ten en cuenta que podrías validar los sentimientos de la otra persona (por ejemplo, miedo, frustración, ansiedad) o el acto de pedir ayuda dada su creencia de que es incapaz, pero no tienes que validar su creencia tomando cartas en el asunto en su nombre.

De acuerdo, las preguntas de «actuar o no actuar» te ayudarán a determinar si debes plantearte echar una mano cuando alguien te pida que hagas algo que no puede hacer por sí mismo. Sin embargo, ¿qué ocurre si no te piden que intervengas? Veamos una historia que pondrá muy nerviosos a muchos médicos y terapeutas.

Hace mucho mucho tiempo, antes de la época de la teleterapia, tuve una clienta que pasó meses armándose de valor para seguir un tratamiento muy eficaz, pero un poco complicado, para el trastorno obsesivo-compulsivo (TOC).* Por desgracia, cuando se decidió a empezar, trasladé mi consulta a las afueras de Seattle, y como ella no tenía coche, se veía obligada a coger varios autobuses para asistir a nuestras sesiones. La parada más cercana a mi consulta (por la que yo pasaba con mi coche para ir a trabajar y después para volver a casa) estaba a poco más de tres kilómetros, lo que significaba que la clienta tenía que pasarse cuatro horas en transporte público y luego caminar casi seis kilómetros y medio para que pudiéramos exorcizar sus demonios del TOC.** Llegaba a terapia mojada por la lluvia de Seattle y hecha un

---

* La exposición con prevención de respuesta (EPR) para el TOC es el tratamiento al que me refiero aquí, y a pesar de ser un poco complicado, ¡no me cansaré de recomendarlo! La parte complicada es que los clientes en EPR tienen que enfrentarse a sus peores miedos mientras bloquean la conducta compulsiva que suelen utilizar para afrontarlos. Por ejemplo, si tienes miedo a los gérmenes, te haría tocar un inodoro durante una hora sin poder lavarte las manos después. Las personas que padecen TOC superan la enfermedad aprendiendo a tolerar la exposición a las situaciones que provocan ansiedad (Edna B. Foa, Elna Yadin y Tracey K. Lichner, *Exposure and Response [Ritual] Prevention for Obsessive Compulsive Disorder: Therapist Guide* [Oxford, Reino Unido, Oxford University Press, 2012]).

** Ningún otro profesional con experiencia en este tratamiento podía atenderla, así que quiso seguir trabajando conmigo. Me subo a mi diminuta tribuna de las notas a pie de página para decir que tenemos que asumir la crisis del sistema de salud mental. En 2021, el 65 % de los psicólogos de Estados Unidos afirmaron que no tenían capacidad para aceptar nuevos pacientes. Más de la mitad de las personas que necesitan atención de salud mental no la reciben. Como señaló muy acertadamente John Oliver, tras revisar estas estadísticas, en una emisión de *Last Week Tonight with John Oliver* titulada «Mental Health Care» [Cuidado de la salud mental], de 2022, «Cuando la gente pide ayuda, no estamos en condiciones de dársela». Vale, ya me retiro (*Last Week Tonight with John Oliver*, temporada 9, episodio 18, «Mental Health Care», creado y presentado por John Oliver, producido por Whit Conway, emitido el 31 de julio de 2022 en HBO).

desastre, no tenía nada que ver con la luchadora que yo esperaba hacer aparecer en nuestras sesiones; más bien parecía una gata derrotada e irritable a la que habían obligado a ducharse.

Era mi última clienta del día, y cuando yo salía de la consulta, ella ya estaba camino de la parada de autobús. Entre la oscuridad y la niebla, ella no podía verme en mi coche, pero yo sí podía verme a mí misma... Y odiaba lo que veía: a alguien que permitía que su posición le impidiera ser una persona decente. Como a tantos médicos, me habían metido en la cabeza que podía ser demandada por cualquier cosa en cualquier momento. Por eso no me ofrecí a llevarla a la parada de autobús que me pillaba de camino a casa: una mujer joven caminando en la oscuridad junto a una carretera muy transitada no era mi problema, pero si se subía a mi coche, podía serlo. ¿Y si tenía un accidente, o si ella declaraba que yo había dicho o hecho algo poco ético durante el trayecto?

Al cabo de solo dos semanas, manifestó su deseo de dejar la terapia. Sus síntomas eran invalidantes y quería completar el tratamiento, pero llegar hasta mi consulta la estaba matando. La validé utilizando las **técnicas de atención plena** y **comprensión**. A continuación, subí un peldaño en la Escala de la Validación:

–¿Y si te traigo de la parada de autobús y te llevo?

Me miró como si le hubiese dado una bofetada.

–¿Harías eso?

Desde el punto de vista clínico, era una obviedad: si no lo hacíamos así, no podría recibir el tratamiento que necesitaba. En términos de decencia humana, era una obviedad. Y desde el punto de vista ético, yo no tenía ninguna preocupación significativa.* Así que sí, estaba dispuesta a pluriemplearme como conductora de Uber para que ella pudiera hacer su terapia. Se echó a llorar y me dijo

* Hay muchas situaciones en las que llevar en coche a un cliente puede ser problemático, interferir en la terapia o resultar peligroso. Basándome en mi conversación con ella y en las consultas con mis colegas, decidí que, en aquella situación particular, las consecuencias de que esa clienta no recibiese el tratamiento eran peores que el riesgo que suponía el ir juntas en el coche durante unos minutos cada día.

que yo no tenía ni idea de lo que significaba para ella mi ofrecimiento.

Durante las siguientes catorce semanas, ajusté mi horario para poder recogerla cuando llegaba a la parada de autobús y llevarla de vuelta después de la sesión. Acordamos no hablar de nada personal o relacionado con el tratamiento en el coche, y casi todo el tiempo nos limitamos a escuchar The National. Sin embargo, en cuanto entrábamos en la consulta y cerrábamos la puerta, nos poníamos manos a la obra. Cuando le quedó claro que yo luchaba a su lado, se sintió reforzada para seguir adelante con su terapia.

Intervenir para ayudar a alguien que necesita ayuda pero no la ha pedido puede ser una poderosa forma de tomar cartas en el asunto. Además de demostrar atención plena, comprensión y empatía, muestra una aguda sintonía con los obstáculos que podrían interferir en la petición de la ayuda por parte de la otra persona.* Intervenir en esas situaciones envía un mensaje claro de que el sufrimiento de la persona es real y su necesidad de apoyo es válida.

El problema de tomar cartas en el asunto cuando no te piden que lo hagas es que en ocasiones puedes empeorar la situación. Es lo que sucede muchas veces cuando se malinterpretan las señales sociales. La persona afectada no puede emprender la acción necesaria, pero tampoco quiere tu ayuda, muchas gracias.

Varios años después de fundar una *start-up*, a mi amiga le encantó la idea de que su sobrina, Sam, decidiese unirse a la empresa como becaria. Cuando mi amiga se puso en contacto con Sam tras la primera semana de prácticas, esperaba oír una crítica elogiosa sobre la cultura de la empresa, donde trataba de implantar la diversidad, la igualdad, las iniciativas de inclusión y el teletrabajo varios días al mes. En cambio, Sam le dijo que la falta de un baño unisex en la empresa le parecía decepcionante. Sam, que es una persona no binaria, también le dijo que los letreros de los baños (un extraterres-

* En realidad, esto no justifica una nota a pie de página; solo quería señalar que me encanta cómo suena lo de «aguda sintonía». Espero que se ponga de moda...

tre con pantalones para el baño de hombres y otro con un vestido para el de mujeres) le parecían un poco inapropiados. Mi amiga se sintió fatal. Fue ella la que compró los letreros en Etsy. ¡Y hasta ese momento le habían parecido los más bonitos del mundo! Dado que los baños eran individuales, entendió que no había motivo para separarlos por género. Aquella misma noche se fue a casa, compró unos elegantes letreros que rezaban «Todos los géneros» y los instaló al cabo de una semana. Poco después recibió un correo electrónico de Sam diciéndole que estaba molesta y que quería hablar. Supongo que ya ves por dónde va esto. A Sam no le pareció bien que mi amiga cambiara los letreros de los baños. Era una recién llegada en una empresa predominantemente femenina, y como los nuevos letreros se pusieron poco después de su llegada a la empresa, todos la señalaron como la persona no binaria que había tenido problemas con los extraterrestres bonitos. No era una primera impresión muy buena.

Si actúas cuando la otra persona no quiere que lo hagas, aunque ella no tenga los recursos o la autoridad para intervenir, puedes parecerle paternalista, condescendiente, presuntuoso... Lo diré otra vez: cuanto más subas en la Escala de la Validación, más dura será la caída. Si interpretas mal los posos de té interpersonales e intervienes cuando no te llaman, puedes acabar invalidando a la otra persona y sintiéndote incomprendido por ella. Afortunadamente, existe una sencilla forma de contrarrestar las posibilidades de un desastre de validación en esta situación: **pregunta antes de actuar**.

Si una noche me hubiese parado sigilosamente junto a mi clienta al verla caminando bajo la lluvia, hubiese bajado la ventanilla y le hubiese dicho «Sube» con una voz gutural a lo Batman, mi intento de tomar cartas en el asunto podría no haber salido tan bien. Por otro lado, si mi amiga le hubiera preguntado a su sobrina si quería que cambiase la señalización de los baños, podría haber demostrado interés sin pasarse de la raya.

Si ahorras un montón de dinero para poder comprarle a tu mujer un coche deportivo que sustituya al sedán enorme del que se queja continuamente, estás actuando antes de preguntar.* Si te enfrentas al profesor de tu hijo por algo que ha ocurrido en clase después de que el pequeño te lo cuente como una confidencia, estás actuando antes de preguntar. Y si te pasas el fin de semana acabando un proyecto que tu colega no puede terminar porque está con gripe, estás actuando antes de preguntar. Para que conste, ninguno de estos ejemplos es inventado, y en todos los casos el «receptor» se sintió molesto, no validado.

Todos nos lanzamos a ponernos la capa de héroe y acudimos al rescate de las personas que nos importan, pero con ese gesto muchas veces creamos más problemas de los que resolvemos. La clave para tomar cartas en el asunto con eficacia cuando la otra persona no puede actuar consiste en hacerlo con moderación y atención. Hazte las preguntas de «actuar o no actuar» para ver si resulta apropiado que intervengas y, si es posible, pregunta antes a la otra persona si quiere que actúes.

Puede tomar cartas en el asunto por sí misma

Si los amigos y la familia no nos hubieran traído la cena varias veces a la semana cuando nació Havana, habríamos tenido que apañarnos solos. Podríamos haber recurrido a los cereales en caso de desesperación, pero de ninguna manera renunciaría a cenar después de quemar tantas calorías amamantando todo el día. ¡Mamá tiene que comer! Y comía. Sin embargo, cuando mi suegra, Rosa, me traía a escondidas mi guiso favorito y se escabullía rápidamente para no cargarme con la obligación de atenderla mientras tenía a una bebé recién nacida al pecho, vaya si me sentía vista (cosa que no deja de ser irónica, ahora me doy cuenta, porque ella hacía todo lo posible para no verme). Al respetar mi deseo tácito de privacidad y apoyo, Rosa me

* Si te llamas Mat Fleck, por favor, no dudes en actuar sin preguntar en estas circunstancias.

transmitió que mis necesidades eran válidas y que ella al menos estaba ahí, lo entendía y se preocupaba. Me sentí igualmente vista cuando mi madre insistió en coger un vuelo para venir una semana antes de que me indujeran el parto. Su acción me comunicó que el estrés y la fatiga que sentía eran reales y que la situación justificaba su apoyo, aunque hubiese sobrevivido sin él.

Intervenir cuando la ayuda no es estrictamente necesaria y no ha sido solicitada, como hicieron mis seres queridos, refleja la aguda sintonía que he mencionado y puede provocar que la persona que recibe esa ayuda se pregunte: «¿Cómo lo sabían?». ¿Cómo sabían que me sentía agobiada y que me ayudaría que recogiesen a los niños? ¿Cómo sabían que me daba pavor preparar las diapositivas para la presentación? ¿Cómo sabían que hoy era un día estresante y que lo único que quería era llegar a casa y comerme una pizza? (Nota al margen: la pizza es mi comida reconfortante. Mat lo sabe y tiene la extraña habilidad de detectar cuándo he tenido un día duro en el trabajo y solo me apetece llegar a casa y comerme una estilo Chicago. La visión de esa pizza valida inmediatamente mis emociones, mi necesidad de confort y la creencia de que Mat es el hombre de mis sueños).

No obstante, hay que tener en cuenta que mientras que hacer más de lo que nos pide alguien resulta altamente validante cuando la cosa sale bien, cuando sale mal, puede llegar a ser una estrategia de lo más invalidante. ¿Alguna vez te has encontrado en una situación en la que alguien que solo quería ayudar ha empeorado las cosas? Es lo que ocurre cuando esta técnica se tuerce. Entrometerse, pasarse de la raya y sobrepasar los límites son las consecuencias de actuar más allá de lo conveniente cuando se trata de hacer cosas que los demás pueden hacer por sí mismos.

La manera de evitar este error del entrometimiento tiene dos partes. En primer lugar, observa. Si tienes dudas sobre cómo pueden recibirse tus acciones, **pregunta antes de actuar**. En segundo lugar, mantente fiel a tu intención. Si tu implicación crea conflicto, significa que no es validante ni muestra empatía; al contrario, resulta egoísta y perjudicial. En lugar de ponerte a la defensiva, insistir o reproducir en tu cabeza la cinta del «Qué desagradecido», da un paso atrás y recuerda por qué has intervenido. Con la validación, tu intención es demostrar que estás ahí, que entiendes al otro y que te importa. Si detectas señales de tensión, puedes permanecer atento y comprensivo, y mostrar tu empatía retrocediendo sin juzgar.

Nota: si la gente espera que tomes cartas en el asunto porque siempre lo haces, no la estás validando; los demás dan por descontado que siempre vas a resolver las cosas. También es posible que les estés privando de la oportunidad de reforzar las habilidades que necesitan para mejorar en la gestión de sus vidas. Puedes hacerte una idea del efecto de esta técnica observando sus reacciones. La gratitud, las expresiones del tipo «¿Cómo lo has sabido?» y los agradecimientos sinceros sugieren que tu acción sí ha sido validante. La falta de reconocimiento, el creerse con derechos adquiridos o la actitud exigente significan que la técnica podría haberse vuelto en tu contra. Sí, tu objetivo es validar a alguien, no que hagan un desfile en tu honor, pero si la persona te trata peor con el tiempo o no te sientes bien contigo mismo después de intervenir, aléjate de esta estrategia.

Me gustaría terminar señalando que tomar cartas en el asunto no siempre consiste en proporcionar ayuda. Invertir tu tiempo, por ejemplo, en leer ese artículo que tu hermano te ha enviado por correo o en escuchar el pódcast que tu amigo te menciona continuamente figura entre las formas más sencillas de validar a través de la acción. Claro que tu pareja puede ir solo o sola a la reunión de la asociación de madres y padres del colegio sin ti, pero si te pide que vayas con él o ella, valida su deseo de apoyo acompañándola. Desviarte un poco de tu camino te ayudará mucho a demostrar que estás en sintonía emocional con la gente que te rodea.

RESUMEN

- Tomar cartas en el asunto significa intervenir directamente en nombre o en representación de otra persona.

- Lo principal que hay que tener en cuenta antes de aplicar esta técnica es si la otra persona realmente necesita o quiere que intervengas.
    - Cuando la otra persona no puede tomar cartas en el asunto por sí misma:
        - ◊ Hazte las preguntas de «actuar o no actuar», y asegúrate de que puedes responder «no» a todas ellas:
            1. ¿Dispone esta persona de los recursos necesarios para emprender la acción que precisa llevar a cabo?
            2. ¿Estaría haciendo algo que el otro tiene que aprender a hacer por sí mismo? Si es así, ¿es capaz de desarrollar las habilidades necesarias?
            3. ¿La acción entra en conflicto con mis valores?
    - Si no ha pedido ayuda, pregunta antes de actuar.
- Cuando la otra persona puede tomar cartas en el asunto por sí misma:
    - Observa, mantente fiel a tu intención y prepárate para retroceder a la primera señal de tensión.
    - Si, con el tiempo, la otra persona actúa como si se creyese con derechos adquiridos o muestra una actitud exigente, deja de utilizar esta técnica.

PARA PRACTICAR

Gran parte de la intención y la concienciación necesarias para tomar cartas en el asunto con eficacia se pueden desarrollar mediante la reflexión. Esta semana plantéate las siguientes preguntas:

1. ¿De qué manera estás tomando cartas en el asunto actualmente en tus relaciones? Observa si la persona puede actuar sin que tú intervengas o no.
2. ¿De qué manera has tomado cartas en el asunto en el pasado? Piensa si la persona hubiera podido actuar sin ayuda o no.

3. ¿Cómo podrías tomar cartas en el asunto para validar a las personas que te importan? Lo has adivinado: observa si la persona en cuestión puede o no emprender ella sola la acción que te estés planteando llevar tú a cabo.
4. ¿Cómo toman cartas en el asunto los demás para validarte en el presente?
5. ¿Cómo han tomado cartas en el asunto otras personas para validarte en el pasado?

Para los escenarios anteriores en los que hayas identificado la técnica de tomar cartas en el asunto en nombre de alguien que no puede o no podía actuar, plantéate las preguntas de «actuar o no actuar». Si tienes hijos, o si tiendes a mantener relaciones de dependencia, te recomiendo que lleves una imagen de las preguntas de «actuar o no actuar» como fondo de pantalla de tu móvil o que la añadas a tu lista de posibles tatuajes para el antebrazo.

Capítulo 12

EXTERIORIZAR: MI CONSEJO PARA JIMMY KIMMEL

No pregunto a la persona herida cómo se siente,
yo mismo me convierto en la persona herida.

WALT WHITMAN, «Canto a mí mismo»

El 11 de junio de 2019, en una audiencia del subcomité judicial de la Cámara de Representantes sobre la financiación del Fondo de Compensación para las Víctimas del 11-S (VCF), Jon Stewart pronunció un apasionado discurso ante una fila de sillas vacías que representaban a los hombres y las mujeres del Congreso que decidieron no asistir al acto.[1] Su testimonio, que se hizo viral rápidamente, consiguió validar con acierto a los rescatistas que tenía detrás de él, sentados y de pie, mientras responsabilizaba al Congreso de no haberlo hecho. Echa un vistazo:

> *Quiero dar las gracias al señor Collins y al señor Nadler por organizar este acto. Pero hoy, mientras estoy sentado aquí, no puedo evitar pensar en la increíble metáfora que es esta sala de las dificultades que los rescatistas del 11-S están sufriendo para poder obtener la asistencia sanitaria y las ayudas que les corresponden. Detrás de mí hay una sala llena de rescatistas del 11-S. Delante de mí, un Congreso casi vacío. Enfermos y agonizantes, han venido hasta aquí para hablar... ante nadie. Es vergonzoso. Es una vergüenza para el país. Y es una mancha para esta institución. Y deberían avergonzarse por los que no están aquí, pero no va a pasar porque la asunción de responsabilidades no parece ser algo que ocurra en esta Cámara.*

No queremos estar aquí. Lu [el detective Luis Álvarez] no quiere estar aquí. Ninguna de estas personas quiere estar aquí. Pero están, y no lo hacen por ellos. Están aquí para continuar luchando por lo que es correcto. Lu ha de someterse a su 69.ª quimio. El gran Ray Pfeiffer ha venido hasta aquí, con su cuerpo acribillado por el cáncer y el dolor, sin poder caminar, y la falta de respeto hacia él y los otros grupos de presión que participan en este proyecto de ley es totalmente inaceptable.

¿Saben?, antes... yo me enfadaba mucho con las injusticias que se les hacían a estos hombres y mujeres, me enfadaba con que las autoridades se limitaran a darles otra tarjeta de visita para sacárselos de encima, como si fueran niños pidiendo chuches y no los héroes que son y siempre serán. Ray me decía: «Cálmate, Johnny. Tranquilo. Tengo todas las tarjetas que necesito». Y se daba unos golpecitos en el bolsillo..., donde guardaba los recordatorios funerarios de los 343 bomberos muertos. El tiempo de respuesta oficial del FDNY [Departamento de Bomberos de Nueva York] el 11-S fue de cinco segundos. ¡Cinco segundos! Eso es lo que tardaron el FDNY, el NYPD [Departamento de Policía de Nueva York], la Autoridad Portuaria y Emergencias en responder a una necesidad urgente de la población. Cinco segundos. Cientos de ellos murieron en un instante. Miles más fueron llegando para seguir luchando por sus hermanos y hermanas.

Los problemas respiratorios empezaron casi de inmediato. Y les dijeron que no estaban enfermos, que estaban locos. Y luego, a medida que las enfermedades empeoraron y las cosas se hicieron más evidentes, les dijeron: «Bueno, de acuerdo, estáis enfermos, pero no es por la toxicidad del aire tras los atentados». Y después, cuando la evidencia científica fue irrefutable, tuvieron que oír: «Bueno, sí es por la toxicidad del aire posterior a los atentados, pero este es un asunto de Nueva York. No sé si tenemos dinero para indemnizaros por lo ocurrido».

Y lo siento si parezco enfadado y poco diplomático, pero es que estoy enfadado, y ustedes también deberían estarlo; y todos ellos también están enfadados. Y tienen razones de sobra para ello. Aquí no hay una sola persona, no hay una silla vacía en ese escenario que no haya tuiteado «No olviden nunca a los héroes del 11-S; no olviden nunca su valentía; no olviden nunca lo que hicieron, lo que le dieron a este país». Bueno, pues ¡aquí están esos héroes! Pero ¿dónde están todos esos que escribieron esos tuits? Y no pasaría nada si su dolorosa indiferencia y su hipocresía repugnante no tuvieran consecuencias, pero es que sí las tienen. Su indiferencia ha costado a estos hombres y mujeres su bien más preciado: el tiempo, que es lo único que se les está acabando.

Stewart utiliza la validación en este discurso de forma magistral. Resulta evidente, independientemente de lo que se pueda opinar sobre el Fondo de Compensación para las Víctimas del 11-S, que conoce bien las historias de las personas que participaron en las operaciones de rescate y recuperación y limpieza del 11-S, que entiende los obstáculos a los que se enfrentan y que empatiza con su causa. Todo ello lo transmite de manera clara y directa y sin desviarse en ningún momento de su objetivo de defenderlos. Dado que no se dirige a los rescatistas directamente, es posible que tengas que releer la transcripción para identificar las técnicas de validación que utiliza Stewart. Consigue incorporar las ocho estrategias de validación en su discurso, pero las dos que hicieron que este acabara siendo viral son: tomar cartas en el asunto* (que hemos visto en el capítulo anterior) y exteriorizar, de la que hablaremos a continuación.

Con la técnica de exteriorizar puedes expresar abiertamente tus sentimientos en respuesta a lo que alguien ha compartido contigo.** No es necesario que exageres tus emociones; al contrario, exteriori-

* Stewart tomó cartas en el asunto aprovechando su fuerza como estrella y sus dotes oratorias para concienciar sobre el Fondo de Compensación para las Víctimas del 11-S y responsabilizar al Congreso de su inacción.

** No existe un equivalente de la técnica de exteriorizar en los niveles de validación de Linehan. Lo más parecido es su nivel 6, tratar a la persona como alguien válido, pero hay diferencias significativas entre ambas estrategias (Linehan, *DBT Skills Training*, «Handout 18»).

zar es una cuestión de autenticidad. Se trata de que te quites la máscara y te permitas tener una reacción genuina y sin filtros. En el caso de Stewart, significó abandonar el personaje cómico que la gente esperaba de él. Para otras personas, podría consistir en hacer justo lo contrario. Si alguna vez te han acusado de tomarte demasiado en serio a ti mismo, deberías probar a desdramatizar tus circunstancias. Inevitablemente, descubrirás que cuando te permites ser como eres, sin pretensiones ni poses, creas oportunidades para que los demás hagan lo mismo.

Confío mucho en esta técnica en mi trabajo con los clientes. Debido a experiencias previas con otros terapeutas y a la imagen que se da de nosotros en los medios de comunicación, mucha gente llega a mi consulta pensando que soy o que me creo superior a ellos (mi gato puede confirmar que, de hecho, no soy superior a nadie). Por desgracia, no hay nada que acabe más rápido con la vulnerabilidad y la colaboración que el aire de superioridad y juicio. Por esta razón, intento ser auténtica a la hora de expresar mis reacciones a las experiencias que la gente comparte conmigo. En otras palabras, soy intencionadamente no intencionada. Cuando un cliente me dijo que había decidido presentarse a un cargo público, salté de la silla y aplaudí (¡pensé de verdad que era una buena idea!). Cuando otro me contó una experiencia sexual embarazosa que había tenido la noche anterior, me tapé los ojos con una mano y sonreí. Y cuando alguien me explicó con entusiasmo que se había hecho valer en una reunión y había conseguido cambiar el rumbo de un proyecto importante a pesar de ser un miembro júnior del equipo, exclamé: «¡Estás de coña!». Estas reacciones, aunque sin duda no son nada profesionales, representan mis inclinaciones naturales en esos momentos. En lugar de censurar mis emociones, las compartí abiertamente, y de ese modo fui un paso más allá al involucrarme y pensar en las experiencias compartidas conmigo; me permití sentirme afectada por esas experiencias de manera genuina y transparente.

Llegados a este punto, espero haberte convencido de que no es necesario ser psicólogo para utilizar técnicas como exteriorizar de manera habitual. Que se te salten las lágrimas cuando alguien comparte contigo una experiencia conmovedora es un ejemplo de esta técnica. Estremecerse y hacer ruidos de arcadas cuando tu hijo te cuenta algo asqueroso también cuenta como exteriorizar. Y que un empleado de IKEA diga que está «frustrado por la ineptitud de su empresa» después de que tu envío se retrase trece veces es otro ejemplo de exteriorizar (aunque eso, por supuesto, nunca va a ocurrir). La cuestión es que hay muchas oportunidades de utilizar esta técnica, e IKEA debería exigir formación en validación para sus empleados o dejar de vender artículos que no tienen en existencias.

CÓMO SER AUTÉNTICO

Las emociones pueden ser complicadas y dar miedo, pero no tiene por qué ser el caso cuando se trata de exteriorizar. Esta técnica se puede lograr a través de uno de estos tres modos de expresión: el comportamiento no verbal, el etiquetado o la insinuación.

Comportamiento no verbal

Las Cuatro Grandes de la comunicación no verbal que has aprendido para poder aplicar la técnica de atender (contacto visual, proximidad, gestos y asentir con la cabeza) demuestran implicación. Transmiten que estás prestando atención, pero no revelan realmente tus sentimientos. En cambio, las expresiones no verbales de la técnica de exteriorizar sí lo hacen. Se trata de expresiones de emoción sin palabras que indican no solo que estás prestando atención, sino también que te afecta lo que la otra persona está contando. Puede parecer una distinción sin importancia, pero tiene grandes consecuencias. ¿Alguna vez has debatido o planteado un problema que te preocupa ante un grupo? Si es así, ya conoces la diferencia entre las personas que siguen educadamente lo que dices y las que lo sienten. Saber que la gente te presta atención cuando hablas es agradable. Ver que te entienden y se preocupan es genial.

Dado que tenemos muchas emociones y formas de expresarlas, no dispongo de una lista de expresiones no verbales seleccionadas en las que deberías centrarte. El lenguaje no verbal utilizado para aplicar la técnica de exteriorizar puede ser tan sutil como llevarse una mano al corazón en respuesta a algo conmovedor, una mandíbula caída en señal de sorpresa o un movimiento lento de cabeza para mostrar incredulidad. Y puede ser dramático, como saltar de emoción, golpear con el puño en señal de frustración o llorar. Si ves el discurso de Jon Stewart, observarás cómo le tiemblan los labios y se le saltan las lágrimas cuando dice: «Su indiferencia ha costado a estos hombres y mujeres su bien más preciado: el tiempo, que es lo único que se les está acabando». Sus palabras son poderosas, pero su lenguaje no verbal es el que revela la emoción que hay detrás. Y es su emoción en ese momento la que transmite lo mucho que empatiza con los rescatistas a los que representa.

En lugar de intentar hacer algo específico cuando utilices esta estrategia, céntrate en bajar la guardia y dejarte llevar por tus emociones a medida que surjan. Exteriorizar es una extensión natural del enfoque de la regla de oro que hemos tratado en las **técnicas de comprensión**. Ponerte en el lugar de otra persona te ayuda a conectar con sus emociones. Permitirte experimentar y encarnar esas emociones sin trabas es una manera de demostrar la empatía que estás experimentando.

Aunque te animo a que utilices el lenguaje no verbal, no quiero decir que tengas que exagerar tus gestos. La exteriorización deja de ser eficaz en el momento en que no parece auténtica. Y no hay motivo para fingirla, porque todos estamos programados por naturaleza para mostrar nuestras emociones de forma no verbal a medida que las experimentamos. Los bebés no pretenden complacernos cuando entrecierran los ojos y sonríen; sus dulces expresiones no verbales representan un indicio inconsciente de su bienestar auténtico.

Lo confuso de las expresiones no verbales es que, aunque al principio son involuntarias, el entorno nos enseña a controlarlas rápidamente. Las pequeñas bolas de nieve en las que vivimos nos proporcionan todo tipo de información directa (por ejemplo: «Carlos, cuando pierdas el concurso de deletreo, debes sonreír amablemente y darle la mano al ganador, no patalear y llorar») e indirecta (imagínate a los niños riendo y señalando al pequeño Carlos mientras llora) sobre la idoneidad de nuestras expresiones no verbales. Esa información nos permite tomar más conciencia y, en última instancia, ser más capaces de controlarlas. A la larga, no necesitamos pensar en ocultar nuestras emociones; lo hacemos de forma automática.

Pero aquí está la cosa: la información que interiorizamos sobre lo que es y no es apropiado podría no ser exacta, o no aplicarse a las situaciones en las que nos encontramos actualmente. Los mensajes invalidantes como «Los chicos no lloran» o «No seas tan dramático» no solo resultan dañinos en el momento, sino que también nos disuaden de expresar las emociones asociadas a esas críticas en el futuro. Nos encerramos en nosotros mismos tan rápidamente y de forma tan hermética que la sola idea de experimentar con la técnica de exteriorizar puede parecer antinatural, si no peligrosa. Por desgracia, si no experimentamos, es poco probable que recibamos la información necesaria para adaptar nuestra conducta a nuestro entorno actual.

Etiquetado

Una forma obvia de comunicar tus emociones es etiquetarlas. El etiquetado es lo más directo que se puede ser, pero «directo» no tiene por qué significar «intrusivo» o «molesto». Piensa en la frase de Stewart: «Y lo siento si parezco enfadado y poco diplomático, pero es que estoy enfadado». Etiqueta su emoción claramente, pero con la misma rapidez desvía la atención de sí mismo y vuelve a la cuestión principal: «... y ustedes también deberían estarlo; y todos ellos también están enfadados. Y tienen razones de sobra para ello».

Cuando expreses lo que sientes, asegúrate de ceñirte a adjetivos relacionados con las emociones (triste, enfadado, decepcionado, emocionado, aliviado, etcétera) y no utilices pensamientos, como se hace al insinuar emociones (véase más abajo). Y recuerda que tu objetivo es apoyar a la otra persona, no desviar la atención de ella.

Insinuación

Por último, pero no por ello menos importante, puedes exteriorizar expresando pensamientos que impliquen emociones. Por ejemplo, podrías decir «¡Qué imbécil!» para demostrar que estás enfadado por el maltrato que alguien ha recibido, o «Suéltalo ya» para expresar anticipación, o incluso «Me acabo de hacer un poco de pis encima», que es lo que dijo mi mejor amiga, emocionada, cuando le conté que me había prometido. Insinuar emociones te permite incorporar el humor (que siempre es un plus) y puede resultar menos chocante que expresar tus sentimientos sin rodeos, sobre todo si la otra persona es «emoción-fóbica».* Insinuar ofrece un enfoque seguro de la técnica de exteriorizar, transmite: «Podemos hablar de sentimientos sin hablar de sentimientos».

Por ejemplo, a mi padre le pueden invadir las emociones relacionadas con terceros, pero no va a estallar en una rueda de emociones que le ayude a articular sus sentimientos. Es de los de «Tienes que estar de broma». Y «Tienes que estar de broma» puede significar que está emocionado por una buena noticia que le acabas de contar, frustrado por un contratiempo que le estás contando o sorprendido de que hayas conseguido asientos en primera fila para ver a los Pistons. No me malinterpretes: el tipo tiene emociones, pero es un graduado de West Point convertido en veterano del ejército que se crio en la década de 1950. Palabras como *decepcionado* y *eufórico* no forman parte de su vocabulario.

---

* «Emoción-fóbica» es un término que me he inventado para referirme al miedo totalmente real que tienen algunas personas a identificar y expresar sus emociones, y que suele ir unido a la incapacidad de hacerlo.

Así que cuando mi padre me llamó para decirme que tenía que operarse para extirpar una masa cancerosa de sus cuerdas vocales (la detectaron a tiempo y se ha recuperado por completo), yo no utilicé adjetivos como *triste* o *asustada* para validarlo. Le dije: «Tienes que estar de broma». Este es el lenguaje con el que se siente más cómodo. No es que no me hubiese entendido si hubiese etiquetado mis emociones; simplemente, no habría sabido qué hacer con ellas o cómo responder. Como dijo Nelson Mandela, o al menos es una frase que se le atribuye: «Si le hablas a un hombre en un lenguaje que entiende, el mensaje llega a su cabeza. Si le hablas en su propio lenguaje, el mensaje le llega al corazón».[*, 2]

En cuanto al modo de exteriorizar que funciona mejor –el comportamiento no verbal, el etiquetado o la emoción implícita–, depende de la situación. El lenguaje no verbal resulta ideal en circunstancias en las que hablar sería inapropiado (por ejemplo, bodas, funerales, graduaciones); obviamente, también puedes utilizarlo junto a la insinuación y el etiquetado. El uso de estos dos recursos dependerá de lo directo que quieras ser y del «lenguaje» preferido de la persona a la que estés validando.

CUÁNDO SER AUTÉNTICO

Como siempre, deberías subir la Escala de la Validación todo lo que puedas sin comprometer la autenticidad, por lo que se requiere algún tipo de reacción emocional auténtica para utilizar esta habilidad con eficacia. Más allá de eso, exteriorizar puede ser una técnica de validación especialmente poderosa en situaciones en las que tú o la otra persona estéis actuando como si nada o reprimiendo ciertas emociones.

---

* En realidad, Mandela dijo: «Porque cuando hablas un idioma, el inglés, mucha gente te entiende, incluidos los afrikáners, pero cuando hablas afrikáans, sabes que vas directo a sus corazones».

La otra persona actúa como si nada

La gente tiende a actuar como si nada cuando comparte emociones vulnerables, como la decepción, o cuando describe algo que podría molestar a otra persona. Incluso las emociones positivas, como la alegría y el entusiasmo, parecen vulnerables en ocasiones porque pueden exponer a la persona a que la juzguen. En cierto modo, actuar como si nada conteniendo las emociones es una estrategia adaptativa: nos permite evaluar si la persona en la que estamos confiando se siente segura y cómoda con el tema de conversación. Aunque esta estrategia puede proteger a la gente de juicios y conversaciones incómodas, también puede tergiversar profundamente sus verdaderas experiencias. **Al encarnar las emociones que otra persona está conteniendo, puedes proporcionarle la validación que tanto necesita y que, de otro modo, no recibiría.**

Hace unos años, una amiga de la universidad con la que había perdido el contacto me localizó para decirme que se había mudado a California. Nunca fuimos grandes amigas, pero me caía muy bien y lamentaba que no hubiéramos seguido en contacto. Quedamos para comer y, cuando empezamos a hablar, mencionó que llevaba casi diez años sin trabajar, desde que la había «despedido» su jefe anterior. No me pareció bien dejarlo ahí y le pregunté amablemente por las circunstancias de su despido. Me contó sin rodeos que su jefe había intentado violarla y que amenazó con despedirla si se resistía. Cumplió su amenaza y la despidió varias semanas después de que ella continuase rechazando sus insinuaciones. Contó su historia como si la estuviese leyendo en un periódico, sin apenas expresión o entonación alguna. En lugar de copiar el tono plano de mi amiga y disimular, dejé que mi ceño se frunciese de forma natural mientras negaba con la cabeza (comportamiento no verbal que indicaba rechazo y consternación) y dije algo así como «Estoy asqueada. No, espera: estoy cabreada. No, estoy asqueada y cabreada a partes iguales» (emoción etiquetada). Y añadí: «Ese tipo debería estar en la cárcel, pero supongo que es el presidente de la empresa» (compartí con ella mis sentimientos de injusticia, indignación e incredulidad, al tiempo que transferí el foco de mí a ella). Mi amiga contestó, asintiendo con la cabeza y abriendo mucho los ojos: «¡Director financiero!». Luego continuó relatando las secuelas de lo sucedido tras el despido, cómo le afectó entonces y cómo le seguía afectando. Unos días más tarde me envió un correo electrónico dándome las gracias por escuchar su historia. Me dijo que le había sentado bien compartirla. Si me hubiese centrado en la utilización de las técnicas de atender o copiar, dudo que me hubiese dado las gracias. Pero al canalizar mi Jon Stewart interior, pude «verla» y transmitirle que, en lo que a mí respectaba, ella no tenía nada que esconder.

Tú actúas como si nada (sin motivo)

Que tú actúes como si nada es la situación inversa a la que acabo de describir. En este caso, eres tú quien tiene una reacción emocional a la experiencia de otra persona, y tratas de reprimirla intencionadamente, algo que suele hacer Jimmy Kimmel. Sí, el presentador del programa nocturno. Mira, Kimmel es un llorón confeso. Ha admitido que se esfuerza para no llorar en los momentos más emotivos que vive en directo. Pero no siempre lo consigue. Lo irónico es que, aunque Kimmel se esfuerce por actuar como si nada, algunos de los episodios más populares de *Jimmy Kimmel Live!* son aquellos en los que valida la gravedad de un problema o el sufrimiento ajeno mediante la exteriorización.

Después de que su hijo recién nacido tuviera que ser operado de urgencia a corazón abierto, Kimmel salió a compartir su experiencia en antena y se emocionó hasta las lágrimas al hablar de la realidad de las familias que no pueden permitirse un seguro médico. «Si tu bebé va a morir y no tiene por qué, no debería importar cuánto dinero ganes... He visto a muchos padres en la unidad de cuidados intensivos neonatales, y no, ningún padre debería tener que decidir si puede permitirse salvar la vida de su hijo», dijo Kimmel mientras lloraba abiertamente.[3] Estas declaraciones del expresentador de *The Man Show* llorando, al igual que el discurso de Stewart, se han hecho virales porque la empatía es contagiosa. Ver a alguien emocionarse por otra persona no solo valida a esa otra persona, sino que inspira empatía en los demás.

No voy a fingir que no hay un montón de buenas razones para reprimir tus emociones al validar a otra persona (véase la siguiente sección, «Errores en la aplicación de la técnica de exteriorizar»), pero la mayoría de nosotros nos basamos en suposiciones que no siempre son correctas. Hemos interiorizado normas como «No hagas que esto gire en torno a ti», y muchas veces suponemos que expresar nuestras emociones agobiará o molestará a la gente. Aunque son reglas seguras para la vida, en general, también son incompatibles con las **técnicas de empatía**. La capacidad de utilizar y establecer una conexión a través de los niveles más altos de validación equivale a lo que hacen los grandes poetas y escritores. Romper las reglas, experimentar con la forma y desafiar las expectativas eleva el lenguaje de la validación a un arte en el que son posibles las conexiones profundas, intelectuales, interpersonales e intrapersonales.

ERRORES EN LA APLICACIÓN DE LA TÉCNICA DE EXTERIORIZAR

Puedes exteriorizar a través del lenguaje no verbal, etiquetando e insinuando tus emociones. Esta técnica puede transmitir una fuerte señal de empatía y es una habilidad especialmente eficaz cuando tú o la otra persona tratéis de restar importancia a las emociones sin motivo. Por supuesto, las técnicas más validantes son también aquellas en las que resulta más fácil cometer errores. De nuevo, existen innumerables normas culturales y contextuales en torno a la estrategia de exteriorizar que pueden ser contraproducentes, y los detalles al respecto están fuera del alcance de este libro. Lo que sí quiero es destacar tres errores en la aplicación de esta técnica que debes evitar, independientemente del contexto: exagerar, tocar la fibra equivocada y perder el control.

Exagerar

El objetivo de la validación consiste en comunicar que entiendes y empatizas con la experiencia de la otra persona. Si tu reacción es mucho más intensa que la suya, podría indicar que en realidad no has conectado con su experiencia. Una reacción emocional exagerada también puede eclipsar o robar el protagonismo a la persona que pretendes validar. Y peor aún: si está en modo lucha, huida o congelación, tus emociones intensas pueden desbordar rápidamente la situación. Existe un motivo por el que los rescatistas hablan en un tono bajo y firme y aportan consuelo en situaciones de crisis: saben que expresar cualquier señal de ansiedad, duda o miedo haría más mal que bien.

Tocar la fibra equivocada

Expresar emociones que entran en conflicto con lo que la otra persona siente puede provocar una desconexión inmediata entre ambos. Por ejemplo, si te ríes por interpretar como una leve señal de vergüenza lo que, en realidad, es la muestra de una profunda humillación o si expresas frustración ante el dolor de alguien. Por desgracia, si la otra persona no puede identificarse con las emociones que expresas, es poco probable que confíe en que tú puedas identificarte con las suyas.

Perder el control

En realidad, perder el control de las propias emociones con la técnica de exteriorizar ocurre mucho menos de lo que la gente teme, pero conviene mencionarlo. En una ocasión me reuní con una madre cuya hija de quince años había intentado suicidarse mientras estaba en «tratamiento» por depresión en un internado terapéutico. Baste decir que el tratamiento era una farsa total e implicaba algunos enfoques cuestionables, si no poco éticos. La niña volvió a casa después del intento de suicidio, y su madre empezó a buscar nuevo terapeuta. Soy una firme defensora de la atención basada en la evidencia y experta en el tratamiento de autolesiones y conducta suicida. No solo me sentí enfadada por lo que le había ocurrido a esa familia, sino que también me sentí triste..., realmente triste. El sistema les había fallado, si no explotado, y otra joven brillante había estado a punto de perder la vida en el proceso. La madre lloró durante toda la sesión, y en mis intentos por validar su dolor, me permití que se me saltasen las lágrimas. Pero no solo eso: es que empecé a llorar. A llorar de verdad. Yo misma me quedé muy sorprendida, y la madre también a juzgar por su expresión ojiplática. Me paso una gran parte del tiempo hablando de suicidio, trauma y sufrimiento. Había escuchado versiones de la historia de esta madre en innumerables ocasiones, y nunca se me había pasado por la cabeza la idea de que perdería la compostura si me dejaba llevar por mis emociones. Sin embargo, por alguna razón, aquel día el trabajo me afectó. Fui capaz de serenarme con la suficiente rapidez y pedir disculpas, pero la madre reprimió sus emociones notablemente a partir de aquel momento. Lejos de validarla, mi intento de exteriorizar la llevó a cerrarse. Nunca había cometido ese error y no lo he vuelto a cometer a pesar de que sigo utilizando esta técnica con frecuencia. A menos que pierdas el control de tus emociones en repetidas ocasiones, te animo a que no renuncies a exteriorizar, aunque cometas este error.

GESTIONAR LOS ERRORES

A modo de resumen, los tres errores que debes tener en cuenta cuando uses la técnica de exteriorizar son exagerar, tocar la fibra equivocada y perder el control. Veamos ahora cómo evitarlos y recuperarnos de ellos.

Prevención

La manera más segura de evitar los errores mencionados es la experimentación. Prueba a expresar una versión suavizada de tus emociones y observa cómo reacciona la otra persona. Si parece que se relaja y habla más, puedes experimentar aumentando la intensidad, siempre y cuando puedas hacerlo con autenticidad. Y aunque no debes suponer que tus sentimientos agobiarán a una persona que está disgustada o deprimida, debes tener cuidado al expresarlos delante de alguien muy angustiado o en crisis. Por último, si tienes mucho miedo de perder el control, experimenta primero con exteriorizar sentimientos positivos como la emoción, el entusiasmo o el orgullo, en lugar de hacerlo con sentimientos negativos como la frustración o la desesperación.

Recuperación

Si parece que tus emociones hacen que la otra persona se sienta incómoda, cerrada o nerviosa, déjalas a un lado y, como siempre, recurre a las **técnicas de atención plena**. Intenta hacer una o dos preguntas de atender para volver a involucrar al otro y dedica algo de tiempo al Juego A antes de probar con otra **técnica de comprensión** o de **empatía**. Si la otra persona trata de cambiar de tema, déjala; eso demuestra que controlas tus emociones y que ella controla la conversación. Y si puedes reírte de ti mismo, ¡hazlo! Un simple «Está claro que tengo que tomar menos café» puede llegar muy lejos.

Si tienes la experiencia poco frecuente de perder el control de tus emociones, no te castigues. Recuerda que el objetivo de la validación es comunicar que estás ahí, que lo entiendes y que te importa. Es nuestra capacidad de estar presentes para la otra persona la que se ve comprometida cuando nuestras emociones nos superan. Puedes recuperarte y volver al punto en el que os encontrabais cuando te hayas serenado. Intenta contactar por correo electrónico o con un mensaje de texto si no confías en tu capacidad de serenarte en persona, pero —hazme caso en esto— tienes que volver. Y no lo hagas solo para marcar la casilla «He vuelto». Tus amigos y tu familia se apresurarán a decir que no es para tanto y que no hay necesidad de seguir con el tema. Haz todo lo posible para que la persona reciba la validación que tratabas de darle. Si la situación ha tenido la importancia suficiente para desestabilizarte, lo más probable es que la otra persona todavía pueda beneficiarse de algún tipo de apoyo.

RESUMEN

- Exteriorizar significa expresar tu reacción auténtica a la experiencia de otra persona.
- Para ello, puedes hacer lo siguiente:
  - Utiliza el lenguaje no verbal.
  - Expresa pensamientos que sugieran emociones.
  - Etiqueta los sentimientos con adjetivos emocionales.
- Exteriorizar puede ser una técnica de validación especialmente eficaz cuando...
  - La otra persona actúa como si nada.
  - Tú actúas como si nada.
- Los errores más comunes en la aplicación de la técnica de exteriorizar son:
  - Exagerar.
  - Tocar la fibra equivocada.
  - Perder el control.
- Para evitar errores, experimenta expresando emociones menos intensas y abstente de utilizar la técnica en situaciones de crisis. Si te preocupa perder el control de tus emociones, practica

la validación de emociones positivas, ya que es menos probable que te descontroles.

- Para recuperarte de los errores, deja tus emociones a un lado, intenta hacer una o dos preguntas para volver a implicar a la otra persona, y prueba con alguna de las técnicas de validación más sencillas. Si no consigues recuperar la compostura, discúlpate y habla con la otra persona más tarde.

PARA PRACTICAR

1. El estudio de ejemplos sonoros y visuales de esta técnica puede ayudarte a entender mejor cómo se utiliza de manera eficaz. Consulta las siguientes fuentes sonoras y visuales, que aportan ideas para encontrar personas que exteriorizan, y practica la identificación de los modos de expresión (lenguaje no verbal, insinuación, etiquetado) que utilizan. Nota: puedes involucrar a otras personas en este ejercicio y convertirlo en un juego. Mi hija se acerca a lo más alto de la clasificación en mi familia; en cambio, mi gato criticón no ha hecho ningún progreso.
    - **Entrevistas en televisión:** ya sea en horario de máxima audiencia o bien entrada la noche, presta atención a los presentadores que hacen entrevistas. Estos profesionales tienen que facilitar conversaciones con sus invitados, hacer que se sientan cómodos y establecer rápidamente una buena sintonía. Los grandes son muy buenos en la técnica de exteriorizar.
    - **Pódcast y programas de radio:** los pódcast y los programas de radio son especialmente útiles para ayudarte a identificar **cómo** se utilizan las señales vocales (tono, altura tonal, volumen) para exteriorizar, porque esas señales suelen ser más evidentes en ausencia del lenguaje no verbal. Si

sabes inglés, te recomiendo encarecidamente el programa de Terry Gross, *Fresh Air*. Gross domina el arte de exteriorizar con sutileza, pero también sabe validar emociones positivas y negativas de forma clara y directa.

  - **Televisión y cine:** fíjate cuándo exteriorizan los personajes para comunicar que están ahí, lo entienden y les importa la experiencia de otro personaje, y presta especial atención a las interacciones que ves en la pantalla y que favorecen tu propia sensación de validación. Las películas *El indomable Will Hunting* y *Del revés* proporcionan algunos de los mejores ejemplos de validación que he visto en mi vida.

2. Intenta exteriorizar utilizando el lenguaje no verbal e insinuando y etiquetando emociones de forma independiente esta semana. No tienes que reprimir los otros modos si surgen de forma natural, pero haz un esfuerzo por utilizar uno de ellos. Si rara vez mantienes conversaciones que justifiquen la técnica de exteriorizar, puedes crearlas preguntando a un amigo, colega o conocido cómo conoció a su pareja, qué hizo después del instituto o sobre cualquier otra transición importante en su vida. Recuerda que no es necesario que la comunicación se produzca en persona. Los emojis son el equivalente moderno del lenguaje no verbal.

Sugerencias: imaginar que la otra persona es dura de oído puede ayudarte a usar el lenguaje no verbal (expresiones faciales y gestos) de forma natural. Y no olvides que menos es más; eso puede ayudarte a aliviar la presión de insinuar emociones. Por último, si etiquetar las emociones te resulta incómodo, opta por describir una emoción como un hecho que no se vincula a ti (por ejemplo, «Es increíble», en lugar de «No me lo creo», o «Qué desalentador» en lugar de «Me entristece escuchar eso»).

Capítulo 13

DESVELAR: EL PODER DEL ME TOO

> Cada uno de nosotros ha vivido alguna devastación, alguna soledad, alguna supertormenta meteorológica o espiritual; cuando nos miramos unos a otros, debemos decir: «Entiendo. Entiendo cómo te sientes porque yo también he pasado por eso».
>
> Maya Angelou, *Rainbow in the Cloud*

Cuando me diagnosticaron esclerosis múltiple, en 2011, estaba aterrorizada y completamente quemada por el sistema sanitario. Como suele ocurrir con la esclerosis múltiple, llevaba años enfrentándome a síntomas debilitantes y fui peregrinando por diferentes especialistas hasta que finalmente conseguí un diagnóstico. Sentí pánico cuando llegué a Washington después de nuestro viaje por carretera desde Carolina del Norte y programé una cita con el primer neurólogo que encontré. Era un hombre mayor en silla de ruedas que hablaba despacio y en voz baja. Su falta de registro médico informatizado me hizo dudar, igual que la fachada anticuada del edificio donde tenía la consulta, pero cuando desveló que él también padecía esclerosis múltiple, tras confirmar mi diagnóstico, inmediatamente sentí que le importaba y que podía empatizar con lo que yo estaba pasando. Se tomó su tiempo para compartir lo que recordaba después de que le comunicasen el diagnóstico, y con aquel gesto validó completamente mi experiencia. He seguido trabajando con algunos de los especialistas en esclerosis múltiple más respetados del país, pero no exagero cuando digo que ninguno se compara con aquel hombre tranquilo de Seattle, cuyo escritorio era un espacio caótico lleno de expedientes, que me tomó de la mano cuando empecé a llorar y compartió su experiencia conmigo.

El acto de desvelar (o autorrevelación) implica compartir detalles personales que guardan alguna relación con la experiencia o la reacción de otra persona.* Como técnica de validación, desvelar demuestra que lo entiendes desde el punto de vista conceptual y emocional, que eres capaz de conectar con la experiencia de otra persona porque has pasado por algo similar. En la cima de la Escala de la Validación, desvelar te sitúa cara a cara con el otro, y le muestras que te ves en él y permites que él se vea en ti. Aunque no siempre es de alto riesgo, la autorrevelación divulga en muchos casos nuestras vulnerabilidades, lo que nos expone a posibles juicios, rechazo y traición. Yo sostengo que el simple hecho de asumir esos riesgos es lo que permite que los demás vean cuánto nos importan.

Sin duda, desvelar es una de las formas más íntimas de validar a alguien, pero no tiene por qué estar reservada a las relaciones íntimas. Revelar las raíces de nuestra empatía es la manera más rápida y segura de comunicar su profundidad. Y a la luz de la empatía surgen cualidades como la confianza y la lealtad, que proporcionan vías para profundizar o fortalecer cualquier relación.

CUANDO NO ESTAMOS MÁS GUAPOS CALLADOS

Puedes utilizar la técnica de desvelar para validar a alguien si te has encontrado en una situación similar y te identificas con algún aspec-

* Aunque desvelar no figura entre las técnicas del *DBT Manual* de Marsha Linehan, sí aparece como técnica de validación en otras obras de la literatura sobre terapia dialéctica conductual, donde se denomina «vulnerabilidad recíproca» (Alan E. Fruzzeti y Allison Ruork, «Validation Principles and Practices in Dialectical Behavior Therapy», en *The Oxford Handbook of Dialectical Behaviour Therapy*, ed. Michaela A. Swales [Oxford, Reino Unido, Oxford University Press, 2015], págs. 325-344; Fruzzetti e Iverson, «Mindfulness, Acceptance, Validation», pág. 186).

to de su reacción. Por ejemplo, podrías validar la preocupación de un colega ante la idea de divorciarse de su pareja de toda la vida desvelando que tú también pasaste por un divorcio y recordando que tuviste sus mismas preocupaciones en su momento. Si no has pasado por una situación similar, pero has experimentado y puedes empatizar con la reacción de otra persona, desvelar puede ser una técnica eficaz de todos modos. Por ejemplo, podrías validar lo disgustada que se siente una persona después de que se le trabe la lengua durante una reunión de Zoom muy importante desvelando que en una ocasión lloraste hasta quedarte dormida porque te olvidaste de tu diálogo durante una representación teatral.

Como las otras técnicas de la Escala de la Validación, desvelar no es una táctica utilizada para desarmar a la gente. Entender la relación entre la experiencia de otra persona y la tuya es un ejercicio de empatía. En 2021, Mehmet Ümit Necef, un investigador que analiza el terrorismo islamista, publicó un artículo sobre la entrevista que realizó al terrorista encarcelado Enes Ciftci.[1] Al principio de la entrevista, Ciftci habló de un «agujero vacío dentro de mí» que, según dijo, desapareció cuando descubrió el islam. Necef le pidió a Ciftci que desarrollase esa idea y, mientras lo hacía, empezó a reflexionar inesperadamente sobre sus años de juventud, cuando él mismo se definía como revolucionario marxista.[2] Necef se identificó profundamente con la descripción del «agujero vacío» de Ciftci, ya que él mismo dejó a su familia y la universidad para unirse a una organización revolucionaria violenta en la década de 1970 con la intención de llenar lo que describió como un «vacío existencial». Necef también había sido encarcelado e interrogado por su actividad en la organización extremista.

Al principio de sus conversaciones, Necef le dijo a Ciftci que no simpatizaba con el Estado Islámico y que estaba en contra de los grupos violentos. Lamentó su vinculación con el extremismo de izquierdas, pero era capaz de identificarse con la experiencia de radicalizarse. Necef escribió: «Si no tenemos en cuenta los términos religiosos, habla como hablaba yo cuando tenía dieciocho años».[3] Necef sintió el impulso de compartir su historia y, a pesar de tener serias dudas sobre el desarrollo de su acto de revelación (incluida la posibilidad de que se utilizase en su contra), se arriesgó.

Y acertó. Según Necef, «Mi autorrevelación sobre mi vinculación con el extremismo de izquierdas en mi juventud animó a abrirse [a Ciftci] y tuve la clara impresión de que empezó a confiar en mí». Ciftci quiso saber más sobre la experiencia de Necef, y el tono de sus conversaciones cambió. «Sentí que el hielo entre nosotros, el hielo entre el investigador y el entrevistado, se estaba rompiendo, y nuestra interacción empezó a adoptar un tono bastante más relajado y cordial, más humano, de hecho».[4] La revelación tuvo un efecto notable en Ciftci, que empezó a hablar de temas y problemas personales, y a referirse a Necef como «hermano mayor» (*abi*) o «maestro» (*hocam*). Como suele ocurrir con la validación, Ciftci no fue el único afectado por el acto de desvelar. En palabras de Necef:

> *Ciftci dejó de ser mi «objeto de investigación», alguien cuyas creencias no compartía en casi ningún aspecto. [...] Ahora era un ser humano que había elegido un camino equivocado para alcanzar sus ideales políticos y religiosos, tal vez un «alma perdida», como yo al final de mi adolescencia. Atrás quedaba el investigador desvinculado para dar paso al antiguo extremista, tratando de entender a un extremista en el presente y que acabó sintiendo empatía por un terrorista convicto cuya ideología dista mucho de la mía.*[5]

Lo sé; he hablado de entrevistar a terroristas más de una vez en este libro. La razón es que no se me ocurre ninguna otra dinámica en la que dos personas estén más dispuestas a desconfiar la una de la otra, a no caerse bien y a discrepar. La capacidad de la validación para salvar la distancia entre terroristas y la gente que trata de detener a los terroristas es fascinante, concretamente porque parece tener un efecto calmante en ambas direcciones. Muchos de los relatos que he examinado se parecen al de Necef; ninguna de las dos partes cede a las creencias del otro, pero ambas partes reconocen algo de su humanidad compartida.

GRADOS DE DESVELAMIENTO

Información médica privada, un historial como extremista violento... Mis ejemplos hasta ahora sugieren que la técnica de desvelar requiere que compartas los detalles más íntimos de tu vida, pero no necesariamente es así. Sí, las revelaciones íntimas tienden a ser más impactantes, pero la información que compartes no tiene por qué ser de alto secreto o vulnerable para que resulte validante en mayor o menor medida.

Cuando me entero de que alguien es vegetariano porque le preocupa el bienestar animal como a mí, me invade una sensación inmediata de validación. No tengo que dar explicaciones ni preocuparme de que mis elecciones vitales lleven a esa persona a juzgarme o a sentirse juzgada por mí. Me siento aceptada y comprensiva. Este grado de validación es similar al que experimentamos cuando nos damos cuenta de que alguien comparte nuestras ideas políticas, que fue a nuestra misma universidad o que reconoce que los Detroit Pistons son superiores a todos los demás equipos de baloncesto. Aunque los desvelamientos de bajo nivel no implican información emocionalmente vulnerable, pueden transmitir un grado significativo de validación.

El grado en que una información compartida se percibe como una validación no depende solo de la naturaleza de la revelación, sino también de las circunstancias que la rodean. No puedo catalogar todas las situaciones en las que desvelar tiene un poderoso efecto de validación, pero hay dos que quiero mencionar porque ofrecen la oportunidad de alcanzar algunas de las formas de conexión más profundas que podemos llegar a experimentar.

Cuando desvelar invalida la vergüenza

En el capítulo 8 hablo de la toxicidad de la vergüenza. Ahora quiero darle el giro Caroline a este tema y hablar de cómo puedes usar tu vergüenza para ayudar a los demás. Pero primero va Brené Brown. Nadie es más reconocido por su trabajo sobre la vergüenza que Brown.

Lleva décadas investigando esta emoción e inspirando conversaciones sobre el tema a través de sus libros, pódcast y charlas TED. Para que conste, conseguir que la gente hable de la vergüenza no es tarea fácil. Aunque solo sea en abstracto, normalmente no nos gusta contemplar, pensar o hablar sobre la vergüenza. La evitación colectiva de este tema tiene sentido, ya que nuestro instinto es responder a los sentimientos de vergüenza escondiéndonos. Como afirma Brown, «La vergüenza prospera en el secreto, el silencio y el juicio».[6]

Hablar de la vergüenza requiere valor. Incluso cuando crees que los demás deberían aceptarte tal como eres, si hay un estigma social vinculado a algo que has hecho o con lo que te identificas, corres el riesgo de que te rechacen si hablas de ello. Por ejemplo, no siento ninguna vergüenza por haber sufrido un trastorno depresivo mayor. Sin embargo, me doy cuenta de que las enfermedades mentales van acompañadas de cierto estigma. Por decirlo suavemente. La enfermedad mental vendría a ser comparable al mal olor corporal si pensamos en experiencias que dan lugar a que la gente cuchichee sobre ti a tus espaldas.

Cuando hablo de mi historia de depresión, me arriesgo a ser juzgada, incomprendida y rechazada. En más de una ocasión me han avergonzado por tener esta enfermedad, aunque no me avergüenzo de ella. No creo que sea menos por haber sufrido depresión, pero a veces me preocupa que otros lo piensen. Las experiencias de vergüenza incluyen aquellas de las que nos avergonzamos y las que podrían llevar a que otros nos avergüencen.

De vez en cuando, la gente se atreve a compartir sus experiencias de vergüenza con nosotros. Puede que no digan gran cosa, a veces solo las mencionan de pasada, pero incluso los guiños sutiles a la vergüenza requieren valentía. Si has experimentado algo similar a lo que esa persona está describiendo, estarás en una posición única para validarla a través de la técnica de desvelar. Decir que te identificas con la experiencia de vergüenza de alguien es empatía en su máxima expresión. Prioriza la necesidad de aceptación del otro por encima de tu miedo a ser rechazado. Como técnica de validación, desvelar envía una clara señal de que no solo ves y comprendes la experiencia de la otra persona desde la lógica, sino que también puedes comprenderla emocionalmente e identificarte con lo que está pasando.

DESVELAR QUE TE IDENTIFICAS CON LA EXPERIENCIA DE VERGÜENZA DE ALGUIEN ES EMPATÍA EN SU MÁXIMA EXPRESIÓN.

Así, desvelar una experiencia de vergüenza similar puede acabar invalidando la vergüenza de la otra persona. Su conexión contigo no se pierde, sino que gana en profundidad. Transmites el mensaje de que «Tu verdad no nos separa. Nos une». Esta es una de las pocas excepciones a la regla «No invalides las emociones de los demás». Desvelar que tú también has hecho equis cosa o que te identificas como equis tipo de persona elimina el secretismo, el silencio y el juicio que la vergüenza necesita para sobrevivir. Comunica: «Puedes hablar de eso conmigo tranquilamente. No te juzgaré». Dicho de otro modo, «Tu vergüenza no es válida ni útil aquí». Brown define la vergüenza como «El sentimiento o la experiencia intensamente dolorosa de creer que somos defectuosos y, por tanto, no merecemos amor, sentido de pertenencia y conexión».[7] **Invalidar la vergüenza a través de la técnica de desvelar valida la valía de la otra persona.**

Si alguna vez has asistido a una reunión de Alcohólicos Anónimos (AA) o de Narcóticos Anónimos (NA), puede que te hagas una idea de lo conmovedor que resulta cuando las personas que entienden una experiencia que los demás juzgan se reúnen para dar testimonio de ella. La vergüenza se contrae a través de las interacciones sociales, y así es también como se cura.

Cuando no se han dado cuenta de que podías empatizar

Además de neutralizar la vergüenza de otra persona, la validación resulta especialmente eficaz para rebatir la suposición «no lo entenderías». Cuando fui a ver a aquel primer neurólogo en Seattle, esperaba que estuviese bien informado sobre la esclerosis múltiple porque era su especialidad. Sabía que sus conocimientos sobre la enfermedad estarían a años luz de los míos y que tendría experiencia de primera mano en su tratamiento. Sin embargo, no esperaba que fuese capaz de identificarse con lo que yo estaba pasando. Parecía imposible que alguien que no hubiese pasado por lo mismo entendiese los sentimientos de pérdida, miedo, confusión, desesperación y dolor que yo experimentaba. Claro, probablemente podría adivinar cómo respondería al diagnóstico después de años dando esa noticia a sus pacientes, pero no esperaba que fuese capaz de empatizar de verdad conmigo. Sin embargo, su desvelamiento demostró que sí podía.

Desvelar que te sientes identificado cuando alguien presupone que no puedes hacer algo semejante te permite atravesar rápidamente las barreras de sus suposiciones. Sugiere que no eres una de esas personas que creen que saben de lo que hablan; el hecho de haber pasado por algo similar significa que realmente lo sabes. Como terapeuta, puedo utilizar todas las demás técnicas de la Escala de la Validación para validar a un cliente que sufre depresión, pero solo hay una que demuestra hasta qué punto veo su experiencia, la comprendo y empatizo con ella. **Desvelar va al grano, agarra a la otra persona por los hombros y le dice: «No te juzgo; lo entiendo».**

MEA CULPA: ERRORES EN LA APLICACIÓN DE LA TÉCNICA DE DESVELAR

El hecho de que te sientas identificado con la experiencia de otra persona no significa que tengas que soltarlo todo necesariamente. Si tomar cartas en el asunto es como una herramienta eléctrica, desvelar es como una bomba. Tiene el poder de aniquilar la vergüenza y las suposiciones de los demás, pero también puede hacer que tu vida salte por los aires si no tienes cuidado. Para mí, la decisión de desvelar o no es una cuestión de eficacia y tolerancia. ¿Hasta qué punto confío en que mi revelación será eficaz en la validación de la otra persona? ¿Seré capaz de tolerar el juicio o el rechazo que podría surgir si no lo es? Incluso si la persona en la que confío se siente validada, tengo que estar preparado por si llega a filtrar mi historia en las redes sociales o a compartirla con otras personas que podrían juzgarme o ser crueles conmigo. De nuevo, las revelaciones no siempre tienen que ser íntimas para que resulten validantes, pero cuanto más privada sea la información, más cauteloso deberías ser a la hora de compartirla.

Aunque tu desvelamiento supere la prueba de la eficacia y la tolerancia, quedan muchos errores que podrías cometer. A continuación, te presento los fallos más comunes en la aplicación de la técnica de desvelar junto con mis consejos para evitarlos y recuperarse de ellos.

Error n.º 1: eclipsar su historia con la tuya

Todos hemos escuchado alguna vez un comentario del tipo «En mis tiempos, tenía que caminar dieciséis kilómetros por la nieve para llegar al colegio». A veces pretenden desestimar nuestras emociones o ayudarnos a poner las cosas en perspectiva. De vez en cuando, representan un intento sincero de desvelamiento que no acaba de salir bien. Si tu experiencia fue más intensa o difícil que la de la otra persona, corres el riesgo de minimizarla o incluso invalidarla. En lugar de demostrar que entiendes y te identificas con lo que te está explicando, pareces desconectado y egocéntrico.

Solución: la deferencia. Destaca lo más emocionante, decepcionante o lo que consideres de la experiencia de la otra persona en comparación con la tuya, siempre y cuando puedas hacerlo con autenticidad. Además, céntrate más en las observaciones que comparta la otra persona, como «¿Tú sientes equis?» o «Recuerdo haber pensado tal cosa» en lugar de eclipsar su historia, sin darte cuenta, con la tuya.

Ejemplo: validar a alguien que lleva varios meses experimentando náuseas a diario.

Voto negativo: «Las náuseas crónicas son lo peor. En mis dos últimos años de carrera estuve con este problema. Por aquel entonces estaba trabajando en mi tesis doctoral, y conseguí terminarla a pesar de lo mal que me encontraba. Entonces me diagnosticaron esclerosis múltiple. Las náuseas resultaron ser uno de los muchos síntomas con los que tuve que aprender a vivir».

Voto positivo: «Las náuseas crónicas son lo peor. Hace unos años me dieron bastantes problemas. No puedo imaginarme cómo manejas la necesidad constante de vomitar mientras crías a tres niños. ¿Te afecta o te molesta el olor de la comida?».

Error n.º 2: desviarse del tema

Aunque no eclipses la experiencia de la otra persona, puedes acabar perdiéndote en tu propia historia. Cuando compartimos nuestras experiencias, es normal que nos hagan preguntas al respecto o que expresen interés por nosotros. Eso está muy bien... hasta cierto punto. Si te ves atrapado en tu propia historia o si la conversación deja de tener como protagonista a la otra persona durante demasiado tiempo, tu intento de validación podría transmitir que te interesa más compartir tus experiencias que escuchar las suyas.

Aunque no te distraigas, la conversación puede pasar a centrarse en ti rápidamente si la otra persona interpreta tu desvelamiento como una señal de que quieres tener la oportunidad de hablar. Las conversaciones suelen ser un toma y daca, por lo que es razonable que alguien malinterprete tu desvelamiento como una manera indirecta de decir «Vale, ahora me toca a mí». **Si la persona a la que intentas validar tiende a centrarse en las necesidades de los demás por encima de las suyas o es muy sensible, debes tener**

mucho cuidado para que la conversación no pase a girar en torno a ti después de tu desvelamiento.

A las personas muy sensibles les afectan las señales emocionales y también tienden a no ignorar las emociones de los otros, sino a prestarles mucha atención. Ante una señal poco clara (desvelar) y el deseo de satisfacer las necesidades emocionales de los demás, este tipo de personas casi siempre dejarán de hablar de sí mismas para hablar de ti. ¡Y se le da extraordinariamente bien! Cuando mires el reloj, te darás cuenta de que te has pasado la última hora hablando de aquel verano que estuviste en Italia cuando tu intención era validar la ansiedad del otro porque tiene que realizar un vuelo internacional.

Solución: como en el caso de exteriorizar, resulta fundamental poner toda la atención en mantener el foco de la conversación en la persona a la que quieres validar. Haz preguntas, utiliza otras técnicas de validación... Haz lo que tengas que hacer, pero no permitas que el tema se desvíe completamente hacia ti. **A los psicólogos nos enseñan que debemos volver a centrar la conversación en el cliente inmediatamente después de desvelarles alguna cosa nuestra.** Esta es otra de esas estrategias que quedan enterradas en los artículos sobre psicoterapia, aunque funciona igual de bien en las citas a ciegas.[8] Más que con ninguna otra técnica, intento tener en mente el principio que recomienda «volver» cuando empleo la técnica de desvelar para validar a la otra persona, y sobre todo cuando mi revelación tiene un carácter narrativo.

Ejemplo: validar a un estudiante de último curso de bachillerato estresado por el proceso de solicitud de plaza en la universidad.

Voto negativo: «Cuando estaba en el instituto, en tercero de secundaria, teníamos que reunirnos con un asesor académico cada semana para investigar las universidades. Yo solo pensaba en la preparación de exámenes, los cursos avanzados y la redacción de solicitudes. Entonces se me ocurrió la brillante idea de hacer una prueba para la obra de teatro del instituto. Aquel año se hacía *Chicos y chicas*, y pensé que la obra me obligaría a centrarme en alguna otra cosa que no fuera la universidad. Gran error. Empecé...».

Voto positivo: «Creo que el proceso de solicitud para la universidad fue una de las etapas más estresantes de toda mi vida. ¿Te he contado alguna vez que me quedé dormida en un examen de la selectividad? Sí, me quedé totalmente frita. La noche anterior no pude dormir porque tenía miedo de no despertarme por la mañana. Al final me quedé despierta por temor a no oír el despertador, pero en el examen caí rendida. ¿Y tú? ¿Alguna noche en vela hasta el momento?».

Error n.º 3: traspasar los límites

El problema con los límites es que la gente habla de ellos como si fuesen líneas de neón brillantes, fijas y tan obvias que se ven desde el espacio exterior. No lo son. Los límites son muy personales, y en muchos casos resultan difíciles de detectar. Entre otras cosas, dependen de una combinación de factores, como la cultura, el género, la historia y las expectativas de cada uno. También cambian en función de la situación y de los roles en los que nos encontremos. Determinar los límites de una persona es como intentar encontrar la imagen tridimensional en uno de aquellos libros de *El ojo mágico* de los años noventa: hay que estudiarlos de cerca y entrecerrar los ojos para hallar la dimensión que se busca.

Si hablamos de desvelar, el límite específico que tratas de discernir es si resulta apropiado abrirse en respuesta a alguien que se ha abierto a ti. Cruzar el límite hacia territorio inapropiado suele ser el mayor temor en relación con la técnica de desvelar y, no voy a mentir, atravesar esa línea resulta doloroso. Traspasar el límite puede hacer que el otro se cuestione tu carácter y tu integridad.

Solución: si no tienes práctica en esta técnica, eres propenso a compartir más de la cuenta o te cuesta ver los límites, no te tires en bomba a la piscina del desvelamiento; empieza probando con la punta del pie. Experimenta compartiendo experiencias o emociones de nivel bajo y evalúa la respuesta de la otra persona. Si sospechas que podrías haber entrado en terreno inapropiado, ¡sal de ahí! Desvía la atención de ti mismo utilizando las **técnicas de atención plena** y adopta un tono más formal sin perder la calma y la serenidad. La seguridad psicológica se ve comprometida cuando se traspasan los límites, pero es posible restablecerla con constancia y paciencia. Si nos acercamos demasiado rápido, las personas actúan como lo hacen los animales amenazados; así que necesitan que des un paso atrás y mantengas la calma para volver a sentirse seguras.

Error n.º 4: acercarse demasiado

Si la experiencia que estás pensando en desvelar es cruda o dolorosa, no está resuelta o te desestabiliza, guárdatela. Es posible que veas una oportunidad única de validar a alguien con esta técnica, pero si todavía estás procesando la experiencia, es probable que tu intento de validación acabe agobiando a la otra persona. No importa que insistas en decir «estoy bien» o «siempre lloro así»: la mayoría de las personas en el fondo son amables y querrán aliviar el dolor que puedan haber provocado sin querer. Si tu experiencia aún te hace sentir mal, desvelarla hará que a la otra persona le cueste hablar de lo que le sucede a ella.

Solución: dale espacio y ve a lo seguro. No creo que yo hubiera podido desvelar las emociones que experimenté inmediatamente después de que a mi madre le diagnosticaran un tumor cerebral para validar a mi cliente, Ella, que perdió a su madre por un cáncer. Lo hice cuando mi madre ya estaba fuera de peligro y yo había tenido espacio para procesar la terrible experiencia, pero desvelarla antes habría sido una carga para mi clienta y una distracción para mí.

Si no estás seguro de contar con la distancia suficiente para hablar de una experiencia sin que te absorba, cúrate en salud y no hables de ello. Aclaro que esto no significa que no debas hablar con los demás sobre tus luchas o tu dolor. Por Dios, ¡hazlo! Pero no cuando tu intención sea validar a alguien. **Por si sirve de algo, el grado en que te sientas cómodo desvelando una experiencia con el fin de validar puede ser un indicativo sutil de lo bien que la has procesado.**

RESUMEN

- Desvelar implica compartir detalles personales sobre ti relacionados con la situación o la reacción de otra persona.
- Desvelar información menos íntima puede ser validante, pero las revelaciones íntimas, cuando resulten adecuadas, transmiten un mayor grado de validación. Desvelar resulta especialmente eficaz cuando:
  - Lo que cuentas invalida la vergüenza que siente la otra persona.
  - El otro no se ha dado cuenta de que lo entiendes perfectamente.
- Es fácil meter la pata con la técnica de desvelar, e incluso puede ser peligroso. Enumero los errores más comunes y te explico cómo gestionarlos:
  1. Eclipsar su historia con la tuya.
     Solución: desvela con deferencia y céntrate en las observaciones que comparta la otra persona, no en la singularidad de tu experiencia.
  2. Desviarse del tema.
     Solución: pregunta, utiliza otras técnicas de validación y haz lo que tengas que hacer para volver a centrar la atención en la otra persona después de haber contado tu experiencia.

3. Traspasar los límites.
   Solución: empieza probando con desvelamientos de bajo nivel para desarrollar la confianza y la familiaridad con esta técnica. Si cruzas un límite, desvía la atención de ti mismo utilizando las técnicas de atención plena y mantén la calma.
4. Acercarse demasiado a la experiencia.
   Solución: dale espacio y ve a lo seguro.

PARA PRACTICAR

Desvelar es la técnica de validación más difícil de practicar porque depende de que alguien se abra a ti primero. Esto significa que tendrás que basarte más en la imitación (observar a otros llevando a cabo esta práctica) para desarrollar esta técnica. En teoría, esto debería ser fácil. Como afirmó el sociólogo alemán Georg Simmel: «Todas las relaciones entre las personas se basan en que saben algo unas de otras».[9] Sin embargo, el hecho de que la gente revele información con frecuencia no significa que siempre lo hagan para validar a alguien. Se trata de tomar conciencia de cuándo se utiliza la técnica de desvelar para validar. Estas son las situaciones que debes analizar, y vas a tener que prestar mucha atención para encontrarlas:

1. Como ocurre con exteriorizar, puedes buscar ejemplos de desvelar en pódcast y en la tele. Los *reality shows* suelen estar repletos de escenas en las que se aplica esta estrategia; para los productores son minas de oro porque les sirven para desarrollar personajes y relaciones. En las redes sociales también hay buenos ejemplos de personas que desvelan en busca de validación, aunque no siempre tienen éxito. Por último, y lo más importante, reflexiona sobre ejemplos de tu propia vida: momentos en los que te hayas sentido validado cuando alguien ha compartido una información personal contigo y momentos en los que te hayas sentido incómodo por eso mismo.

2. Experimenta con revelaciones de nivel bajo. Empieza a familiarizarte con el hecho de compartir detalles sobre ti mismo mientras vuelves a centrar la conversación en la otra persona. Por ejemplo: «¡Me encanta la gorra de los Pistons! Soy superfán. ¿Quién es tu jugador favorito?». A medida que la técnica se te vaya dando mejor, experimenta con desvelamientos más vulnerables.

Tercera parte

Y AHORA LLEGAN LOS CAMBIOS

Capítulo 14

ESTRATEGIAS DE CAMBIO CONDUCTUAL

> La única manera de hacer que el cambio tenga sentido consiste en sumergirse en él, moverse con él, participar en el baile.
>
> ALAN WATTS, *La sabiduría de la inseguridad*

En el verano de 2013 estuve encerrada en un baño durante un par de meses con un joven que me instruyó completamente en el conductismo. Vale, técnicamente no estuve encerrada en un baño; él sí, pero yo podía entrar y salir cuando fuera necesario, cosa que agradecí porque estaba embarazada. Además, debo aclarar que el joven en cuestión era un gato asilvestrado de tres patas que había rescatado de nuestro patio y que ahora es conocido como Sparrow Baggins.

Para que conste, no tenía intención de pasarme el verano domesticando a un gato callejero. Cuando lo vi por primera vez saltando como un conejo en mi patio trasero, hurgando en busca de comida, pensé en atraparlo y llevarlo al refugio sin muerte de la ciudad. Pensé que le curarían la pata rota y que lo adoptarían. Cuando por fin lo atrapé, la veterinaria del refugio le echó un vistazo a la pata y dijo que no tenía solución. Sparrow no sobreviviría en la calle con solo tres patas, me dijo, y era demasiado viejo para domesticarlo. Añadió que la única opción humana era practicarle la eutanasia. En mi opinión, aquel refugio en particular se precipitó con la palabra *humana*; además, tendrían que añadir un asterisco gigante junto a la descripción de «sin muerte» de su rótulo que dijese «A menos que su gato sea callejero, tenga tres patas y nos apetezca matarlo».

Volví a la recepción para recoger a Sparrow, pero se negaron a entregármelo. Yo no era su propietaria, y el hecho de haberlo llevado al refugio significaba que había pasado a estar bajo su custodia. Sí, esta es también la historia de cómo me metí en una pelea por la custodia con el estado de California. Sin saber muy bien por dónde salir, hice lo que cualquier amante de los animales con principios haría: mentí y dije que tenía un santuario para gatos anexo a mi casa. Por algún milagro (o pesadilla, si le preguntas a Mat), la mentira funcionó y me entregaron a Sparrow. Cuando llegué a casa, lo dejé en el cuarto de baño y cerré la puerta.

Cuando Sparrow llegó a mi vida, yo ya era experta en el uso de estrategias conductuales para lograr cambios. Había terminado un doctorado y una residencia clínica, y había investigado sobre terapias cognitivo-conductuales, incluida la TDC, además de estudiar con algunas de las mentes más brillantes en ese campo. Tenía una práctica clínica competente y la reputación de saber tratar problemas de conducta complejos. Sin duda, ¡podría con un gato con tres patas! O eso me dije a mí misma mientras permanecía sentada en el suelo, al otro lado de la puerta del baño, cuestionándome mis decisiones vitales. Al final, Sparrow resultó ser uno de mis casos más difíciles. Y como cualquier clínico sabe, cuanto más difícil es el caso, más aprendemos de él.

Trabajar con Sparrow no me enseñó mucho sobre validación *per se*. Aparte de atender y copiar sus maullidos de vez en cuando para fingir que teníamos conversaciones significativas (qué días tan largos), no ejercité mis técnicas de validación. Cuando digo que aprendí mucho de Sparrow, me refiero a los principios del aprendizaje y el conductismo, las llamadas estrategias de cambio. Nuestro trabajo agudizó mis conocimientos sobre estas técnicas y su aplicación.

Cuando se trata de impulsar cambios concretos, como animar a mi hija a que limpie el garaje mientras yo hago ejercicio o ayudar a una empresa a cambiar una cultura laboral tóxica, pienso en términos de validación y conductismo. Aceptación y cambio. Atribuyo la mayor parte del éxito en mi carrera y en mi vida personal a esta combinación de técnicas. Dado que en esta tercera parte te explico cómo puedes combinar estos enfoques para transformar tu vida de la forma que más te interese, quiero repasar rápidamente las estrategias de cambio (algunas ya las he mencionado de pasada). La gente tiende a sobreestimar los efectos de la personalidad y el carácter en la determinación del comportamiento humano, por lo que en psicología se recurre con frecuencia a animales para demostrar cómo se produce el cambio mediante los principios del conductismo. En lugar de hablar de los perros de Pavlov o las palomas de Skinner,* voy a basarme en mi trabajo con Sparrow para explicar las diversas estrategias de cambio de este capítulo. El resto de la tercera parte lo dedicaré a analizar los entresijos de la combinación de esas estrategias con la validación y su aplicación a las personas.

ES UNA CUESTIÓN DE CONDICIONAMIENTO

El condicionamiento clásico y el condicionamiento operante son dos de las fuerzas motrices que determinan si las personas (y los animales) cambian su comportamiento, cuándo y por qué. Ambos procesos se basan en el poder de la asociación. **El condicionamiento clásico afecta a la conducta involuntaria.** Después de asociar repetidamente el sonido de mis golpecitos en la puerta con comida, Sparrow empezó a mover la nariz y a salivar (respuestas involuntarias) cuando me oía llamar a la puerta. Con el tiempo, comenzó a asociar mi presencia con comida, seguridad y comodidad. Sparrow se ponía en modo lucha o huida cada vez que alguien entraba en el baño, pero se calmaba de inmediato cuando veía que era yo. La aceleración involuntaria del corazón y la dilatación de las pupilas que acompañan a la activación simpática disminuían cuando se daba cuenta de que solo era mamá.

---

* Para estudiar el condicionamiento operante, Skinner construyó una caja e introdujo unas palomas a las que recompensaba con comida cuando picoteaban una tecla específica.

El condicionamiento operante afecta a la conducta voluntaria. Dado que estaba intentando cambiar la conducta voluntaria de Sparrow (es decir, esconderse, morder, destruir el baño, etcétera), centré casi todos mis esfuerzos en el condicionamiento operante. El moldeamiento, el refuerzo positivo, el refuerzo negativo, la extinción y el castigo son las herramientas principales del condicionamiento operante.

Cuando llegué a casa con Sparrow por primera vez, me lo imaginaba acurrucándose para dormir sobre mi pecho mientras yo acariciaba suavemente su patita atrofiada. Sabía que alucinaba pensando que iba a pasar algo así, pero no era consciente de hasta qué punto. El primer día que me arriesgué a entrar en el baño, me quedé horrorizada al descubrir que mi gatito manco se las había arreglado para destrozar el papel pintado, arrancar la cortina de la ducha y ensuciar la bañera. En el suelo había fragmentos de cristal de un marco de fotos que consiguió tirar de la pared. Había subestimado la parte «salvaje» del «animal salvaje».

No había ninguna posibilidad de que Sparrow se acurrucase amorosamente en mi regazo en un futuro próximo. Tenía mucho trabajo de moldeamiento por delante. ***Moldear* significa reforzar el progreso incremental hacia una conducta deseada.** Buscas la más pequeña mejora en la conducta actual de alguien y la refuerzas.

El *modus operandi* de Sparrow en aquel momento consistía en esconderse detrás del inodoro cuando yo entraba en el baño y quedarse allí hasta que me iba. Pensé que una ligera mejora sería conseguir que diese un pequeño paso para salir de su escondite, así que empecé el proceso de moldeamiento colocando un poco de comida húmeda sabrosa (recompensa) a unos quince centímetros del lugar donde se escondía. Me sentaba en la otra punta del cuarto de baño y esperaba hasta dos horas a que mordiese el anzuelo. Si no salía, me llevaba la comida húmeda y él tenía que esperar unas horas para que un comedero automático dispensase comida seca, mucho menos apetecible. Al principio me ignoró (enseguida explicaré por qué); después, un día, decidió arriesgar su vida para probar aquello que olía tan bien. ¡Y se dio cuenta rápidamente de que valía la pena! Al cabo de una o dos semanas, Sparrow empezó a salir a los pocos segundos de dejarle la comida.

Después de haber condicionado a Sparrow para que saliese de su escondite en busca de comida, alejé el comedero otros quince centímetros. Al pequeñín no le hicieron gracia mis juegos. La primera vez que introduje este cambio esperó más de una hora para salir, pero al final de la semana ya daba sus saltitos hacia la comida a los pocos minutos de dejarla en el suelo. Así fuimos progresando de manera secuencial: yo fui dejando la comida cada vez más cerca de mí hasta que tuvo que venir hasta mi regazo para cogerla y tolerar que yo lo levantara del suelo mientras comía. Al cabo de unos meses, tenía un dulce gatito de tres patas descansando sobre mi pecho mientras le acariciaba suavemente su pata atrofiada. Este es el poder del moldeamiento.

En mi trabajo con Sparrow, al principio recurrí a la comida para reforzar positivamente su comportamiento de acercarse a mí. He mencionado el refuerzo positivo en el capítulo 2, donde lo defino como una recompensa que se da después de que se produzca un comportamiento, y que incrementa la probabilidad de que ese comportamiento se repita. Ahora que estamos analizando la aplicación de estos principios, me gustaría destacar uno de los mayores errores que se cometen cuando se trata de reforzar a otros: resulta habitual confundir recompensas con refuerzos. **Para que una recompensa sea considerada un refuerzo, tiene que influir en la conducta.**

Ya he dicho que al principio Sparrow no mostró interés en salir a probar la comida, que era húmeda y venía en una lata con la imagen de un gato con perlas. Los gatos prefieren la comida húmeda a la seca, y las perlas me llevaron a pensar que había comprado un manjar delicioso. Sparrow no pensó lo mismo. Después de varias tentativas fallidas de intentar sacarlo de su escondite con aquel producto que incluía la imagen de un gato con perlas, acudí a Reddit y encontré un hilo que explicaba que los potitos con sabor a pollo de Gerber son irresistibles para los gatos. No es broma: en los círculos de socialización relacionados con los gatos se conocen como «*crack* de los gatitos». Compré un tarro, lo llevé al baño cuando Sparrow estaba bien y hambriento y, bum, ¡la situación se encarriló! Hasta aquel momento, me había pasado horas con la comida húmeda esperando a que se moviese hasta agotar el tiempo, pero con aquella comida para bebés con aroma a pollo solo tardó veinte minutos en rendirse. La comida que probé al principio era una recompensa. Le gustó, pero no lo suficiente como para cambiar su conducta. El potito con sabor a pollo de Gerber actuó como refuerzo.

El refuerzo negativo no es lo que piensas. Me refiero a que no es un castigo. El adjetivo *negativo* del refuerzo negativo hace un flaco favor a este término. **A pesar de ser «negativo», el refuerzo negativo sienta bien al individuo que lo recibe porque le quita algo aversivo o indeseable.** Cuando la gente salía corriendo del baño porque Sparrow se abalanzaba y bufaba, el gato recibía un refuerzo negativo por abalanzarse y bufar. Su conducta lograba que los humanos aversivos le dejaran en paz, lo que aumentaba las probabilidades de que Sparrow continuase haciendo lo mismo.

Una de mis primeras tareas consistió en extinguir el comportamiento agresivo de Sparrow ignorándolo (con la ayuda de varias capas de ropa protectora). **En lugar de proporcionar refuerzos por la conducta deseada, la extinción reduce el comportamiento problemático al eliminar los refuerzos que lo mantienen.**

Por último, el castigo es una consecuencia aversiva de una conducta. Los circos ambulantes con animales representan un testimonio de que el castigo puede cambiar la conducta. Sin embargo, si te preocupa el bienestar de la otra persona o tu relación con ella, los castigos deberían ser suaves y poco frecuentes. El doctor Alan Kazdin es un brillante conductista reconocido por su trabajo con niños negativistas. En la universidad me formé en su método, que se utiliza para ayudar a los padres a gestionar diversos problemas de conducta de sus hijos.[1] Una de las observaciones de Kazdin es que castigar a los niños les enseña lo que no deben hacer, no lo que deben hacer. Tuve muy presentes las palabras de Kazdin cuando trabajé con Sparrow. Sin castigos severos, como hacerle pasar hambre o daño físico, no podría conseguir la conducta que quería. Él no entendía lo que yo esperaba que hiciese, y mucho menos tenía incentivos para hacerlo.

Fue necesaria una combinación de moldeamiento y extinción para que Sparrow hiciera los cambios deseados. Después de un progreso significativo, podría castigar las regresiones quitándole la comida o saliendo de la habitación. **Sin embargo, el crecimiento siempre se logró reforzando el progreso y retirando los refuerzos que conducían al comportamiento problemático.**

Cuando de pequeña Havana tenía rabietas, yo pensaba en las enseñanzas de Kazdin y en mi experiencia con Sparrow. Parecía obvio que ella debería saber qué hacer (dejar de gritar y tirar cosas). Sin embargo, igual que Sparrow, tenía que aprender a hacerlo. Necesitaba ser reforzada por hacer una pausa, respirar profundamente, distraerse o calmarse. Sí, sabía que queríamos que dejara de gritar a pleno pulmón, pero todavía no había aprendido a regular sus emociones. Además de reforzar el progreso hacia la regulación de las emociones, yo debía tener cuidado de no reforzar las rabietas con atención. Hay que tener en cuenta que incluso la atención negativa —por ejemplo, gritar o discrepar con alguien— puede ser un acto reforzador. Como decía una querida colega: «No refuerces las discusiones con discusiones».

Antes de terminar esta sección, debo advertirte de que, en el territorio del conductismo moderno, el término *conducta* se utiliza de manera bastante libre e incluye desde los pensamientos hasta las emociones y el sudor. Esta definición más amplia de *conducta* resulta significativa porque implica que los pensamientos y los sentimientos de una persona se pueden moldear, más o menos como el comportamiento animal. Aunque sabía que los principios del conductismo no se limitan a la conducta observable, irónicamente tuve que pasar por socializar a un gato con tres patas para darme cuenta de lo importantes que son para cambiar las complicadas dinámicas y expectativas que definen las relaciones humanas.

En mi trabajo con Sparrow, observé que él aprendió a quererme a través del condicionamiento operante y el clásico. A medida que su conducta iba cambiando en respuesta a nuestro trabajo, sus emociones también cambiaron. La desconfianza se transformó en confianza.

El miedo y la angustia se convirtieron en afinidad y cariño. Empecé a entender que mis relaciones con las personas se habían formado más o menos de la misma manera: no a través del funcionamiento interno desconocido de la gran caja negra que tenemos entre los oídos, sino mediante los principios básicos del conductismo que afectan a los pensamientos y las emociones tanto como a las conductas. En mi defensa, creo que la parte de «conducta» del conductismo me había despistado inconscientemente. En realidad, debería llamarse *cambismo*, pero sospecho que el corrector ortográfico nos ha impedido actualizar el léxico.

Después de Sparrow, acogí abiertamente la noción de que las experiencias interiores de las personas se pueden moldear igual que su comportamiento. Cuando encontré resistencia, dejé de asumir que las personas son demasiado complejas (no puedo conseguir que un narcisista muestre remordimiento, no puedo ayudar a alguien que culpa a los demás de sus problemas, etcétera) y, en su lugar, me centré en mis métodos (necesito otro tipo de «alimento»). También adopté el mantra tan dialéctico de que «Las personas son complicadas y se rigen por principios básicos de cambio». A través de esta lente llegué a apreciar que, aunque las personas responden a recompensas básicas como la comida, los cambios interpersonales e intrapersonales vienen dictados casi siempre por refuerzos y castigos más complejos (más concretamente, la validación y la invalidación). Las personas necesitan validación emocional para avanzar y, en algunos casos, para sobrevivir. La necesidad de validación, como la necesidad de comida, la convierte en una potente recompensa que podría tener la fuerza suficiente para funcionar como refuerzo. Esta necesidad también explica por qué la invalidación emocional, como la privación de alimentos, nunca debería ser utilizada de manera intencionada para castigar a alguien.*

* Si te preocupan las personas a las que has torturado involuntariamente con invalidación emocional a lo largo de los años, puedes estar tranquilo. Todos experimentamos y transmitimos invalidación de vez en cuando, del mismo modo que todos experimentamos hambre y sed. Forma parte de la vida. La invalidación pasa a ser

MOLDEAMIENTO Y RESOLUCIÓN DE PROBLEMAS

El moldeamiento y la resolución de problemas son otras dos estrategias de cambio, aunque se asocian más con la teoría del aprendizaje que con el conductismo tradicional. En el capítulo 5 menciono el moldeamiento al explicar por qué utilizo ejemplos de los medios de comunicación para ilustrar diversas técnicas de validación. La conclusión es que aprendemos a través de la observación, y esto se aplica a conductas complejas como la validación y a técnicas más básicas como saltar suficientemente alto para llegar a una determinada fuente de alimento.* El moldeamiento, como los principios del conductismo, se aplica a pensamientos, emociones y conductas. La falta de autoestima, la dismorfia corporal y la arrogancia se pueden «enseñar» a través del moldeamiento. El lado positivo es que la autovalidación y la gratitud también se pueden aprender de la misma manera.

La resolución de problemas, como sabes, es el proceso de encontrar soluciones a los problemas. Una vez más, los psicólogos utilizamos el término *problema* de forma general, e incluye desde las emociones de una persona (por ejemplo: «Quiero estar menos irritable») hasta cuestiones logísticas (por ejemplo: «Necesito encontrar un lugar donde dejar al animal salvaje que he traído a casa»).

El componente *resolución*, siempre crucial, de la resolución de problemas implica técnicas como la lluvia de ideas, la formación en téc-

---

problemática cuando es grave, generalizada o se utiliza de manera intencionada para castigar a alguien.

* Una anécdota: mi gato mayor, Elmo, siempre saltaba a las encimeras de la cocina sin necesitar nada especial para alcanzarlas. Después de la llegada de Sparrow, Elmo empezó a saltar del suelo a algunos estantes más bajos y después a la encimera. Sparrow, con sus tres patas, siguió su ejemplo y no tardó en llegar a las encimeras de la cocina, donde descubrió que ¡había mucha más comida! Curiosamente, Elmo dejó de lado el método del estante inferior cuando Sparrow ya lo dominaba y recuperó su método más eficiente (el salto directo del suelo a la encimera). Elmo ganó una insignia de buen samaritano por su ayuda a Sparrow, pero se niega a llevar su banda de Girl Scout, y creo que todos estamos de acuerdo en que es una verdadera lástima.

nicas y la experimentación. Estos conceptos son bastante comunes, así que lo dejaré ahí. Lo siento, nada de historias bonitas sobre cómo ayudé a Sparrow a resolver sus problemas con su hermana, Mindee McMinderstein. Es un gato, e incluso las estrategias de cambio tienen sus límites.

AVANZAR

En los cuatro últimos capítulos expondré mis consejos sobre la combinación de las técnicas de validación de la segunda parte con las estrategias de cambio de este capítulo. Para empezar a pensar en el modo de aplicar lo aprendido, hay algunas lecciones de Sparrow que espero que tengas en mente. La primera es que el conductismo no se aplica solo a la conducta. Intensificar la intimidad, aprender a aceptarse a uno mismo y mejorar la cultura de un equipo, por ejemplo, constituyen cambios significativos que se rigen por los principios del conductismo.

En segundo lugar, la validación es como la comida. Todo el mundo quiere sentirse aceptado y visto. Punto. **Si una persona no responde positivamente a la validación, es porque en realidad no la has validado.** Del mismo modo que no dudarías de que un animal necesita comida, no cuestiones la necesidad de validación de una persona y no te juzgues tú por desearla.*

En tercer lugar, el hecho de que consigas validar a alguien no significa que vaya a cambiar necesariamente como tú quieras y cuando tú quieras. Por un lado, muchos de los cambios positivos asociados con la validación (mayor confianza, intimidad, etcétera) requieren tiempo y regularidad. Por otra parte, no eres Dios. Aunque combines la validación con las estrategias de este capítulo, las asocia-

* Si continúas teniendo problemas con la idea de que está bien desear la validación externa, prueba a sustituir el término *validación* por *aceptación* o cualquier otra característica del concepto de validación (por ejemplo, *atención plena*, *comprensión* o *empatía*).

ciones más fuertes, los refuerzos, los castigos, los déficits en las técnicas o las fuentes de influencia del entorno de una persona pueden socavar tus esfuerzos. Prepárate para que así sea. Cuenta con ello. En lugar de culpar a la otra persona o de declararla incapaz de cambiar, analiza las circunstancias (incluidas las limitaciones). Acepta las condiciones y cambia tu enfoque. Si esto falla, recuerda que la relación entre aceptación y cambio es bidireccional. Podría ser necesario que aceptes que algunas condiciones escapan a tu control, pero la aceptación en sí misma culminará en cambio. Y es posible que no sea el cambio específico que buscas o en el grado en que lo deseas, pero he aprendido a no subestimar nunca el poder de la aceptación o el efecto que puede tener en nuestras vidas.

Por último, unas palabras sobre la manipulación: cuando la tecnología de la conducta de Skinner* comenzó a causar problemas en las décadas de 1960 y 1970, se temió seriamente que la gente empezase a utilizarla para manipular y controlar a los demás. En la actualidad, creo que la mayoría de nosotros vemos las tecnologías –como, por ejemplo, la inteligencia artificial (IA)– como una amenaza mayor de esclavitud de la raza humana, pero quiero abordar de todos modos la cuestión conductismo = manipulación en lo que respecta a la validación porque resurge de vez en cuando. Cuando esto ocurre, reitero que la validación es la comunicación auténtica de la aceptación. Confundir y engañar a las personas son dos modos de actuar incompatibles con la validación; si los utilizas, lo único que conseguirás será dañar tus relaciones. También añado que, si la única motivación de una persona para aceptar a los demás es poder explotarlos, todo va a ir mal. Cualquiera que se esfuerce en cultivar la atención plena, la comprensión y la empatía experimentará cambios a lo largo del proceso, y no de manera que perjudique a la persona que trata de manipular. Yo, por mi parte, desearía que más gente intentase manipularme con aceptación y validación.

---

* El conductismo se menciona en muchas ocasiones como «tecnología de la conducta». En los enfoques cognitivo-conductuales modernos, también se conoce como «tecnología del cambio».

Capítulo 15

EDUCAR A NIÑOS EMOCIONALMENTE INTELIGENTES: VALIDACIÓN Y CRIANZA

> Todavía te oigo canturrear, mamá. [...] El color de tus palabras diciendo: «Déjala. Tiene derecho a ser diferente. Ya se dará cuenta de lo que hay uno de estos días. Deja a la niña que sea como quiera». Y soy, mamá.
>
> SONIA SANCHEZ, «Dear Mama», *Shake Loose My Skin*

Como podrás imaginar, existen diferencias significativas respecto a lo que se necesita para ser eficaz con tu hijo, con tu jefe o contigo mismo. Las técnicas de validación y las estrategias de cambio son las mismas en todos los casos; lo que vamos a ver ahora es cómo se aplican en diferentes tipos de relaciones. Este capítulo trata de la dinámica entre padres e hijos. Vamos a descubrir cómo se utiliza la validación para reforzar a los niños cuando son maravillosos y cómo disciplinarlos sin marcarlos de por vida. Los dos capítulos siguientes tratan de las relaciones íntimas y profesionales con adultos, y el último se centra en la relación más fácil de pasar por alto: la que una persona tiene consigo misma. Si no te relacionas mucho con otros adultos y tampoco con niños, o si has trascendido tu sentido del yo en un reciente viaje de ayahuasca, te recomiendo de todos modos que leas los capítulos dedicados a estos temas. Refuerzan los conceptos de este libro, y te prometo que todo el mundo puede extraer alguna enseñanza.

LA VALIDACIÓN COMO REFUERZO: EN BUSCA DE LA *SNITCH* DORADA

Hace tiempo trabajé con un cliente, Keith, que quería mejorar la técnica de exteriorizar para validar a su mujer, y una semana le puse como deberes que buscase oportunidades para practicar esta técnica con otras personas. Debo señalar que ya había formado a Keith en conductismo y habíamos hablado del refuerzo que podía suponer la validación, pero él no había experimentado los efectos de primera mano.

Unos días después de nuestra sesión, la mujer de Keith y su hija de nueve años tuvieron una pelea que acabó con la madre enviando a la niña a su habitación. Al cabo de un rato, Keith fue a ver a su hija y ella le gritó: «¡Ya lo sé! Sé que no lo estoy haciendo bien, pero de verdad que estoy intentando hacerlo mejor...», y luego empezó a despotricar en una de esas intervenciones tan ingeniosas que los niños desarrollan sobre la marcha cuando están enfadados con uno de sus padres. Keith se sentó a escuchar, sin avivar las llamas ni intentar apagarlas, mientras su hija se desahogaba sobre lo injustísima que estaba siendo su mamá. Mientras Keith aplicaba la estrategia de atender, empezó a centrarse en lo que estaba sintiendo. Y entonces, justo ahí [chasqueo de dedos para dar efecto], vio la oportunidad de hacer los deberes de validación y probar la teoría de su terapeuta que aseguraba que la validación puede ser reforzadora. Esperó un poco más y después intervino:

—¿Puedo cambiar de tema? Sé que estás enfadada ahora mismo, pero solo puedo pensar en lo que me has dicho antes: «De verdad que estoy intentando hacerlo mejor».

Su hija lo miró como diciendo «¿Esto es una prueba?». Keith continuó:

—Yo no tengo el valor para decir cosas así o ni siquiera admitirlas ante mí mismo. Estoy muy orgulloso de ti [emoción etiquetada] e impresionado [emoción etiquetada]. Me alegro [emoción etiquetada] de ser tu padre para poder aprender de ti.

A continuación, a Keith se le saltaron las lágrimas (expresión no verbal de la emoción de un tipo de esos que no lloran).

Entonces, en lo que pareció una escena sacada de una *sitcom* de los ochenta, su hija salió de la habitación y pidió disculpas a su madre. Y no con uno de esos «perdóóóón» falsos que se dicen apretando los dientes, sino con una disculpa sincera y validante acompañada de un abrazo e ideas sobre lo que podría hacer la próxima vez que las cosas fueran a más.

La reacción de la niña fue impresionante, pero me gustaría centrarme en la notable intervención de Keith que la precedió. De verdad, ¿te imaginas qué habrías sentido si, de pequeño, tu padre hubiese destacado lo que hiciste bien cuando lo que se esperaba era que se centrase en lo que habías hecho mal? Y no hablemos de que te dijese, con lágrimas en los ojos, que estaba orgulloso de ser tu padre. Personalmente, no puedo identificarme con esta experiencia, pero me imagino que no la olvidaría en mucho tiempo. Y de eso se trata. La gente codifica la relación entre lo que ha hecho y cómo se ha sentido al respecto. Las conductas que provocan emociones positivas intensas son propensas a repetirse: el niño que se ve reforzado porque se reconoce que ha actuado bien en un conflicto tiene más probabilidades de repetir su conducta en el futuro (algo que podría ocurrir al cabo de solo diez minutos, pero no me hagas mucho caso). La validación que le des a un niño no tiene por qué ser tan dramática como en este ejemplo, pero es necesario que el pequeño se identifique profundamente con ella para salir reforzado. **Con el paso de los años he descubierto que proponer, exteriorizar y desvelar tienden a ser las técnicas de validación más reforzadoras con los niños y los adolescentes.** Debo señalar que, aunque la validación es una forma estupenda de reforzar a los niños, no conviene utilizarla solo con este fin. La validación, como el amor, nunca debe negarse. Conviene que sea abundante en el entorno del niño y utilizarla de manera intencionada para reforzar el comportamiento.

Uno de los numerosos obstáculos a los que nos enfrentamos los padres es que nos resulta difícil ver el progreso, el crecimiento y la madurez que nuestros hijos demuestran con el tiempo, en parte porque siempre estamos con ellos. Pero también, admitámoslo, porque la afirmación «Sé que no lo estoy haciendo bien» no es tan llamativa como los gritos que la preceden o las quejas rencorosas que la continúan. Identificar lo que debemos reforzar con la validación como padres es como tratar de encontrar la *snitch* dorada si eres Harry Potter: tienes que ignorar toda la basura que te lanzan y concentrarte en localizar una bola de luz revoloteante que desaparecerá en cuanto le quites el ojo de encima.

Siempre hay una *snitch* dorada que encontrar, y con esto me refiero a un comportamiento ligeramente mejor o menos ofensivo que podemos reforzar con la validación. Tengo esto en cuenta como madre y también cuando trabajo con jóvenes con problemas graves de conducta. En ocasiones no puedo ver la *snitch* entre la niebla de mis expectativas o por el polvo que levanta un chaval al derrapar, pero siempre confío en que aparecerá. Si trabajo con ellos el tiempo suficiente y miro con atención, acabaré encontrándola.

Por fortuna, la mayoría de las oportunidades de reforzar a los niños con validación se producen fuera de los conflictos. Aunque resulta más fácil validar a alguien de manera auténtica si no le impides físicamente que te haga daño, tendrás que estar atento a esa escurridiza *snitch* dorada –la oportunidad de reforzar la conducta deseada con validación– para detectarla. Un partido de Quidditch solo dura una o dos horas; la crianza de los hijos es un trabajo 24/7. Lo que sigue es un ejemplo de librarse por los pelos protagonizado por una servidora. Probablemente verás la *snitch* enseguida, lo que demostrará mi idea de que estas cosas no son tan evidentes cuando se trata de tu hijo.

El colegio al que iba antes Havana tenía la gentileza de proporcionar a los alumnos algo de comer por la mañana. La cuestión es que se trataba de algo dulce con suficiente azúcar y calorías para que mi hija llegase sin hambre a la hora de comer y estuviese hambrienta a las tres de la tarde. Después de hablar con ella sobre este problema, acordamos que no se comería aquel tentempié. Y eso fue lo que hizo. Lo siento; debería haber dicho que eso fue lo que intentó hacer. Los pastelitos envueltos en plástico son la versión de Havana de los potitos Gerber con sabor a pollo de Sparrow. El olor a celofán y azúcar es suficiente para impulsarla a actuar en contra de su buen juicio y, si se diera el caso, a arriesgar incluso su vida. Necesitábamos un plan mejor. Pronto me di cuenta de que la solución era obvia:

–Si te comes el desayuno del colegio –le dije–, no podrás comerte el postre después de cenar.

Havana VIVE para su postre de después de la cena, así que, aunque no le entusiasmó el plan, creyó que probablemente funcionaría. Pero no funcionó.

Cada día de la siguiente semana, le pregunté si había logrado resistirse a comer el capricho de la mañana. Y en todas las ocasiones, la respuesta fue un «no» rotundo. Al quinto día me sentía frustrada, decepcionada y molesta. Y entonces vi una *snitch* dorada con el rabillo del ojo y fui a por ella.

–Esta semana no has mentido ni una vez. –Havana me miró con suspicacia desde la otra punta de la mesa. En serio, ¡¿por qué los niños siempre sospechan de nosotros cuando intentamos validarlos?! –. Podrías haberme dicho que no te habías comido el dulce que te dan en el cole para poder comerte el postre después de cenar, y no lo has hecho. Ni una sola vez. Tiene que haber sido un fastidio perderte el postre y decepcionarme [proponer], pero aun así has hecho lo correcto. Estoy muy orgullosa de ti, cariño [exteriorizar].

Havana se acercó y me abrazó.

–¡Es verdad! ¡Me ha costado un montón! –exclamó.

Havana estaba en la edad en que se empieza a experimentar con las mentiras, aunque era una pésima mentirosa y normalmente la pillábamos. No obstante, estaba empezando a darse cuenta de que era una solución obvia que utilizaban muchos niños para resolver sus problemas. Sus mentiras no eran flagrantes ni frecuentes; eran tan discretas que resultaba fácil pasar por alto cualquier mejora, y eso es lo que estuvo a punto de ocurrir. Después de aquella ocasión, me mantuve atenta a las oportunidades de atrapar una *snitch* dorada para reforzar su sinceridad con validación. Atrapé un par, y con cada una, los incidentes de la mentira fueron cada vez menos frecuentes y más espaciados. Al año siguiente, cuando tuvo que describirse con tres palabras para un proyecto titulado «Sobre mí», Havana eligió *divertida*, *creativa* y *sincera*. No solo se veía a sí misma como una persona honesta y se comportaba en consecuencia, sino que esa cualidad también se convirtió en motivo de orgullo para ella.

Atrapar la *snitch* dorada requiere permanecer vigilante, y hay un poco de curva de aprendizaje, pero tengo algunos consejos para ayudarte a avanzar rápidamente en tu juego:

- Siempre que un niño tenga dificultades para progresar en un ámbito (por ejemplo, saltarse el tentempié de la mañana), comprueba si está progresando en otro (por ejemplo, en sinceridad). Los niños no se desarrollan cuando y donde esperamos que lo hagan. **Pregúntate: «Si tuviese que reforzar algo, ¿qué sería?».**
- **Presta atención a las pequeñas señales de crecimiento y recuerda el principio del *moldeamiento*.** En el caso de los niños, el progreso puede consistir en tener una rabieta sin tirar nada (suponiendo que antes hicieran ambas cosas), gritar sin decir palabrotas o iniciar una tarea sin terminarla (de nuevo, suponiendo que se trate de un progreso).
- **Céntrate en los esfuerzos, las intenciones y el carácter del niño.** Si un niño te enseña un dibujo mal hecho, es posible que no veas mucho que reforzar, y mucho menos que validar de manera auténtica. Si, en cambio, reflexionas sobre el tiempo, la paciencia y la perseverancia que ha demostrado mientras trabajaba en ese dibujo, encontrarás muchas de las cualidades que quieres que desarrolle. Reforzar a los niños con validación no consiste en asegurarse de que todos reciban un trofeo; se trata de dar prioridad al proceso sobre el producto y al progreso sobre la perfección. Nota: si tu hijo hace un dibujo penoso al que no dedica mucho tiempo o esfuerzo, no te molestes en refor-

zarlo. Puedes ser amable y aceptar el dibujo con elegancia, pero si no ves un comportamiento que quieras reforzar, no es necesaria una respuesta del calibre de un refuerzo.

Posiblemente, lo mejor que puedes hacer para aumentar las probabilidades de encontrar oportunidades de reforzar a tu hijo con validación consiste en tener la intención como prioridad. Cambia el fondo de pantalla de tu teléfono por una imagen de las palabras *refuerzo* y *validación*, añádelas a tu calendario diario o busca otra forma de darte pie a reflexionar sobre estos conceptos. Eso era todo lo que tenía Keith como guía. Había aprendido los principios básicos del conductismo y estaba haciendo un esfuerzo coordinado para practicar la técnica de exteriorizar. Ahora es candidato a capitán de Gryffindor del año que viene.

Castigo: gestionar los problemas sin crearlos

Cuando saco el tema del castigo, los padres actúan como si hubiera sacado un porro para compartirlo en el baño del instituto. Se ponen nerviosos y entran en alerta máxima como si esperaran que los pillaran en cualquier momento. Lo entiendo. *Castigo* se ha convertido en una especie de palabra maldita en los círculos de crianza. Los terapeutas estamos formados para restarle importancia en el trabajo con los padres, y muchas veces se discute el concepto solo después de meses de refuerzo positivo constante. Es importante disminuir el énfasis en el castigo con los padres porque la mayoría tiende a abusar de él. A más no poder. Dejando a un lado los casos de maltrato real, muchos padres recurren con demasiada frecuencia, severidad e imprevisibilidad al castigo para que este resulte eficaz.[1]

Dicho esto, ¡claro que tiene que haber consecuencias para la conducta problemática! Podría mencionar todos los estudios sobre crianza que corroboran este punto, pero no es necesario: si has pasado algún tiempo con niños, sabrás que son como pequeños dinosaurios de *Par-*

que Jurásico que destruirán el parque y probablemente te matarán cuando se den cuenta de que la valla está desactivada. Las consecuencias, los castigos, las contingencias –como sea que los llames– son importantes. Y punto. La cuestión no es si los usas o no, sino cómo los usas.

No puedo abarcar todo lo que se debe y no se debe hacer en relación con el castigo, pero hay un punto en el que quiero detenerme: la invalidación emocional. Es muy fácil invalidar las emociones de un niño cuando actúa de manera descontrolada, pero esta forma de castigo insidiosa y subestimada no ayuda, más bien hace mucho daño. Existen numerosos estudios sobre los efectos negativos de invalidar las emociones de los niños durante los conflictos, así que me limitaré a lo más destacado:

- La invalidación emocional durante los conflictos entre padres e hijos guarda una estrecha relación con la ira, el trastorno de oposición desafiante y los problemas de exteriorización en adolescentes.[2]
  Traducción: la invalidación molesta a los adolescentes y puede llevarlos a portarse mal.

- Los niños son más propensos a desregularse cuando los padres invalidan sus emociones durante los conflictos. También es más probable que desarrollen estrategias de afrontamiento inadaptadas asociadas a problemas de salud mental.[3]
  Traducción: los padres que invalidan a sus hijos tienen hijos que se invalidan a sí mismos.

- Existe una fuerte asociación entre la invalidación emocional durante los conflictos entre padres e hijos y las autolesiones posteriores en adolescentes.[4]
  Traducción: no es necesaria.

Vale, son cosas desagradables. La importancia del castigo, junto con los efectos nocivos de la invalidación emocional, plantea la pregunta: ¿Cómo disciplinas a tus hijos sin invalidarlos? Para responderla, te remitiré a los estatutos de la validación del capítulo 3, que establecen claramente que solo debes **validar lo válido** y que **las emociones siempre son válidas**, al menos en lo que a ti respecta.

Los niños se comportan muchas veces de manera problemática en cuanto a las normas, la ley y, claro, la supervivencia básica. Es importante invalidar la conducta problemática en los niños. Eso es la crianza. Lo que no hay que invalidar son sus emociones. Los estudios que he mencionado hablan de los efectos de la invalidación emocional en los niños. Resulta muy fácil pasar por alto la línea entre invalidar la conducta de un niño e invalidar sus emociones, pero es devastador cruzarla.

Para mantenerte en el lado correcto de esa línea cuando se trata de disciplinar a los niños, céntrate en su comportamiento, no en su carácter o sus sentimientos. Deja que un castigo leve –pérdida temporal de un privilegio, una breve pausa obligada, tareas extras– haga el trabajo. Cuando valores la situación, céntrate en lo que ha hecho el niño (comportamiento observable) y sé específico.

Valoración	Invalidación
«Sé que estás emocionada, pero no está bien que irrumpas en el baño cuando estoy haciendo pis para preguntar si puedes ir a jugar a casa de Sophie».	«¡Fuera de aquí! Nunca piensas en los demás».
«Me decepciona que no hayas entregado tu redacción».	«No te tomas en serio el colegio».
«Está bien estar triste y molesta, pero no está bien gritar».	«¡Esto no es motivo para llorar!».

Lo ideal sería validar las emociones del niño y proporcionar al mismo tiempo una valoración de su comportamiento (por ejemplo: «Está bien estar triste y molesta, pero no está bien gritar»), pero no siempre es posible. Cuando los padres me preguntan cómo validar a un niño que pierde el control, mi respuesta es: «No lo hagáis». Si tu hijo se tira al suelo dramáticamente durante una rabieta y luego llora como si estuviera herido de muerte, o se mira en el espejo cuando llora y empieza a llorar más fuerte, la atención y la validación aumentarán su desregulación.[5] Dicho esto, es importante reconocer que sus sentimientos son válidos. Sí, se están comportando de una manera que les llevará a sentirse peor, pero están desregulados de verdad. Por extraño que parezca, su necesidad de intensificar las emociones negativas también es válida en cierto modo.

¿Alguna vez has canturreado en voz alta «Everybody hurts» de REM en la ducha después de un día duro? ¿No? ¿A lo mejor algo más reciente que «Everybody hurts», pero igual de desgarrador? ¿No? Vale, a lo mejor soy la única que se siente inexplicablemente obligada a sacar las emociones negativas aunque sepa que me pondré peor. Lo que pasa es que sé que no soy la única porque «Everybody hurts» vendió como tropecientos millones de copias, y nadie escucha esa canción para sentirse mejor. La cuestión es que los seres humanos estamos extrañamente programados para amplificar las emociones negativas. Cuando estamos enfadados, queremos despotricar, no meditar o ver vídeos de soldados que se reúnen con sus perros en YouTube. Cuando estamos tristes, nos aislamos, apagamos las luces y escuchamos «Everybody hurts». A veces, esta tendencia a actuar en función de las emociones se convierte en un trastorno en toda regla, pero todos lo hacemos en cierta medida.

Aunque la necesidad de exacerbar las emociones negativas es válida porque es normal, actuar en función de esa necesidad no es eficaz ni útil para un niño en plena rabieta. Un niño que se derrumba ante tus ojos se encuentra en un estado elevado de activación simpática: su cerebro de lagarto ha tomado el control, lo que significa que su ya limitada capacidad de razonamiento superior se ha reducido a cero. Centrar tu atención, ya sea positiva o negativa, en una conducta problemática puede reforzarla, así que lo mejor que puedes hacer es ignorar las sacudidas, facilitar que se calme por sí solo si el niño está abierto a ello, o distraerle por cualquier medio posible. En lugar de centrarte en la validación, en esos momentos debes tener cuidado de no invalidar las emociones de tu hijo. Es muy fácil que se escapen frases como «¡¿Pero qué pasa contigo?!», «Me da igual si te haces daño» o

«Eres demasiado mayor para esto» cuando reina el caos, pero esas palabras no se olvidan pronto. Al contrario, el daño que causan hace que destaquen en la memoria de los niños. Los comentarios invalidantes y pronunciados con rabia dirigidos a un niño se convierten muchas veces en el monólogo interior negativo que le persigue hasta la edad adulta.

LOS COMENTARIOS INVALIDANTES Y PRONUNCIADOS CON RABIA DIRIGIDOS A UN NIÑO SE CONVIERTEN MUCHAS VECES EN EL MONÓLOGO INTERIOR NEGATIVO QUE LE PERSIGUE HASTA LA EDAD ADULTA.

DISCIPLINA FRENTE A RESOLUCIÓN DE CONFLICTOS

Es posible que tengas que ignorar las rabietas o utilizar castigos leves para abordar problemas de conducta, pero estas estrategias no bastan para resolver conflictos con los niños. Confundir la disciplina con la resolución de conflictos ha llevado al omnipresente enfoque de fingir que no ha pasado nada en el ámbito de la crianza, y funciona más o menos así: el niño hace una pausa obligada o se le envía a su habitación. Al cabo de un momento, o cuando el pequeño se ha calmado, puede regresar al grupo. A continuación, todo vuelve a la normalidad como si no hubiera pasado nada. Si se ofrecen disculpas, se dicen rápidamente o de pasada. Este enfoque no es abusivo ni mucho menos, pero resulta tristemente incompleto. En lugar de reforzar al niño por autorregularse, se ignora su éxito. En lugar de reconocer sus emociones válidas, se pasan por alto. Cuando los conflictos se «resuelven» de esta manera una y otra vez, los niños no desarrollan las técnicas para procesar sus sentimientos y corregir sus errores; solo aprenden a seguir adelante y fingir que no ha pasado nada.

Para que la disciplina esté a la altura de la resolución de conflictos, debe ir seguida de una intervención inmediata. En esas intervenciones se pueden aplicar la validación emocional, la reparación y el refuerzo. Las conversaciones tienen que ser pausadas, y se producirán después de que haya pasado la tormenta y todos se hayan calmado. Según mi experiencia, las cabañas de sábanas y las habitaciones en penumbra con mantas calentitas crean el ambiente perfecto para estas intervenciones. Para estructurar la conversación, yo utilizo el enfoque ¿Qué ha pasado según tú?, en el que cada participante describe por turnos lo que ha observado, pensado y sentido durante el conflicto, mientras la otra persona busca algo que validar.*

Siempre dejo que la niña hable primero, suponiendo que quiera. Este pequeño gesto le aporta una sensación de control después de haberlo perdido hace solo un momento. Si utilizas mi método, prepárate para que tu hijo te tergiverse (y tergiverse la situación) al plantear su punto de vista. Si esto de ¿Qué ha pasado según tú? llega a ponerse de moda alguna vez, me gustaría encargar a un ilustrador que dibuje las escenas que describen los niños en esas conversaciones para convertirlas en una novela gráfica. Sería aterrador y divertidísimo a la vez. Supongo que nuestros hijos dirían lo mismo de nuestras versiones del conflicto, pero ellos no pueden permitirse pagar a un ilustrador o encargar novelas gráficas, así que no creo que tengamos que preocuparnos.

Orientar a los niños para que expresen qué estaban pensando y sintiendo durante el conflicto –frente a lo que tú, el padre o la madre, hiciste para provocarlo– es una de las maneras de evitar que esas intervenciones deriven en debacles del tipo «Él dijo, ella dijo». Morderte la lengua y utilizar tus **técnicas de atención plena** también te ayudarán. Si corriges el relato de un niño (porque está tan equivocado, ¿cómo no ibas a hacerlo?), intenta adoptar un ángulo del tipo «Entiendo que podría haber parecido eso». Por ejemplo: «Cariño, no te he lanzado una pelota. Iba conduciendo por la autopista, y no había pelotas en el coche. Sin embargo, entiendo que tuvieses la sensación

* Si observas que mi enfoque ¿Qué ha pasado según tú? es similar a la técnica de la intervención Gottman-Rapoport que describo en el capítulo 7, tengo que decir, lector de notas a pie de página, que ¡me has impresionado una vez más!

de que con mi tono y mis palabras te estaba lanzando un golpe fuerte. ¿Sentiste que te estaba haciendo daño?».

Aunque no estés de acuerdo con algunos de los detalles dramáticos que describa tu hijo, siempre debes tratar de identificar y validar sus emociones. «Duele sentir que no te están escuchando, sobre todo si la otra persona es tu padre» o «Yo también me sentiría frustrada si tuviese que compartir un juguete nuevo con mi hermana». La finalidad de este tipo de intervenciones consiste en enseñar a los niños a reconocer y validar sus sentimientos. El hecho de que no hayan sabido gestionarlos no significa que las emociones que han experimentado sean malas o equivocadas. **Puede resultar apropiado que un niño se sienta culpable por portarse mal, pero bajo ningún concepto queremos que se avergüence de quién es o de cómo se siente.**

Además de proporcionar validación emocional, **busca oportunidades de disculparte** por cualquier cosa lamentable que hayas dicho o hecho durante el conflicto. Y nada de «siento que te hayas sentido así». Las disculpas deben describir claramente lo que has hecho mal, incluir las palabras «lo siento» y terminar con ideas sobre cómo vas a reparar la relación o a cambiar tu conducta. Si puedes validar tus emociones al tiempo que asumes la responsabilidad de tu conducta, será un verdadero triunfo. Por ejemplo: «He levantado la voz más de lo que debía. Lo siento. No pasa nada por enfadarse, pero no está bien gritar. La próxima vez, haré una pausa cuando empiece a sentirme así». Recuerda que, si quieres que tus hijos asuman la responsabilidad de sus errores, tienes que predicar con el ejemplo.

Después de que tu hijo comparta su punto de vista y tú hayas validado sus emociones, habrá llegado el momento de compartir con la técnica de ¿Qué ha pasado según tú? Asegúrate de expresar lo que pensabas y cómo te has sentido durante el conflicto. Intenta identificar emociones más allá de la frustración, el enfado u otros matices de la ira. Tu hijo (y posiblemente los vecinos) ya sabe que te has enfadado. Puedes mencionarlo, de acuerdo, pero intenta retratarte como algo más que un personaje de dibujos animados que echa humo por las orejas. Estos son algunos posibles ejemplos:

«Tenía miedo de que alguien sufriera algún daño».

«Estaba decepcionado conmigo mismo por no saber cómo ayudarte».

«Estaba confuso por tu frustración».

Por último, anima a tus hijos a validarte haciéndoles preguntas del tipo «¿Se entiende?», «¿Te has sentido así alguna vez?», «¿Entiendes cómo he llegado a eso?». Después de mostrar cómo se valida en tu conversación con ellos, este es un momento tan oportuno como cualquier otro para ayudarles a practicarla. No es necesario forzar la situación si se niegan a participar. Este ejercicio no consiste tanto en que tú consigas la validación que te mereces como en proporcionar el andamiaje para que tus hijos desarrollen las técnicas que necesitan.

NOTAS EN LA NEVERA

Soy del tipo de madres de «lo pongo en la nevera para que no se me olvide», así que quería concluir este capítulo con una serie de puntos que se podrían imprimir perfectamente para colocarlos en el aparato que prefieras y que los tengas a la vista.

- La validación tiene que ser abundante en la vida de un niño y utilizada de manera intencionada para reforzarlo por ser maravilloso.
- Para encontrar esas escurridizas oportunidades de atrapar la *snitch* dorada y reforzar la buena conducta con validación:
    - Busca pequeñas señales de crecimiento y recuerda el principio del moldeamiento.
    - Céntrate en los esfuerzos y las intenciones del niño.
    - Pregúntate: «Si tuviera que reforzar algo, ¿qué sería?».
- Cuando disciplines a un niño, no agraves los castigos con invalidación emocional. Tus valoraciones deben atenerse a la conducta observable del pequeño. Valida sus emociones siempre que sea posible.

- Habla con el niño después de las grandes discusiones para validar sus emociones, detectar las *snitch* doradas y pedir disculpas (para predicar con el ejemplo).
- Utiliza el enfoque ¿Qué ha pasado según tú? para llevar las intervenciones por el buen camino, y considera la posibilidad de contratar a un ilustrador para que capture los «momentos preciados» que tú y tus hijos describáis.

Capítulo 16

EL LENGUAJE UNIVERSAL DEL AMOR: LA VALIDACIÓN EN LAS RELACIONES DE PAREJA

Sentí que era un refugio hablar contigo.

EMILY DICKINSON, en una carta a Thomas Wentworth Higginson, 1878

Nota: este capítulo no trata de las relaciones que implican violencia en la pareja. Como señalo en el capítulo 8, una víctima de malos tratos no está en posición de cambiar la conducta de su agresor.

ENSEÑAR A TU PAREJA

La mayoría de los padres ya piensan en premios y castigos con sus hijos, así que cuando explico mis historias sobre Sparrow y me centro en conceptos conductuales con los padres, asienten con la cabeza. Sin embargo, cuando presento este material a las parejas, me encuentro con miradas alarmadas y algún que otro comentario del tipo «¿Acabas de comparar a mi mujer con un gato con tres patas?». Sí, lo he hecho, pero esa no es la cuestión. La cuestión es que los principios del cambio afectan a todas nuestras relaciones por igual, tanto si somos conscientes de ellos como si no. Puede resultar inquietante pensar que deberías abordar a tu pareja para que cocine contigo de la misma manera que procederías para domesticar a un gato asalvajado, pero aquí estamos. Ignorar los principios del cambio no hace que desaparezcan, solo incrementa las posibilidades de que se vuelvan en tu contra. En las relaciones de pareja, el principio que más caro nos sale pasar por alto es el castigo.

Los padres son conscientes de que castigan a sus hijos porque utilizan el castigo de manera intencionada y hablan de ello abiertamente: «Vas a quedarte en un rincón a pensar» o «Le vamos a recortar el tiempo de pantalla si no acaba los deberes». En las relaciones de pareja, los castigos suelen pasar desapercibidos y casi nunca son intencionados. Puede que no quisieras castigar a tu pareja por hacer mal la compra, pero cuando te diste cuenta de que se había olvidado de la leche y pusiste los ojos en blanco, es exactamente lo que hiciste. La naturaleza insidiosa del castigo permite que se acumule como una fuga de monóxido de carbono no detectada que poco a poco debilita el control de la realidad de los miembros de la pareja. Y, claro, cuando vienen a verme a mi consulta en busca de ayuda para mejorar su relación, debo de parecerles un poco loca cuando les hablo de refuerzos, castigos y gatos con tres patas. Qué cosas...

Gracias a nuestro viejo amigo/diablo que todos llevamos sobre los hombros, el sesgo de negatividad, tendemos a dar más importancia a los aspectos negativos de nuestras relaciones y a prestar menos atención a los aspectos positivos. El sesgo de negatividad resulta especialmente problemático en las relaciones a largo plazo, en las que la ira, la frustración y el resentimiento pueden acumularse con el tiempo en torno a temas como la forma en que la pareja gasta el dinero o aborda la crianza de los hijos o se niega en redondo a ver la primera temporada de *Euphoria*. Si se acumula suficiente negatividad, uno o ambos miembros de la pareja podrían encontrarse en lo que los expertos en matrimonios denominan anulación del sentimiento negativo (NSO, por sus siglas en inglés).[1] Una persona en NSO percibe de forma negativa las afirmaciones, actitudes y conductas de su pareja, incluso cuando son objetivamente neutras o positivas. Por ejemplo, en lugar de conceder a su pareja el beneficio de la duda cuando no responde de inmediato a un mensaje de texto, la persona en NSO podría albergar pensamientos como «Está intentando demostrar que su tiempo es más importante que el mío. ¡¿Qué clase de persona no tiene la decencia de responder a su mujer?!». La NSO puede llevarnos a castigar a nuestras parejas por lo que no nos gusta en lugar de reforzarlas por lo que apreciamos en ellas. Los efectos secundarios de estos prejuicios son problemáticos porque, como ya he dicho, si te importa el bienestar de la otra persona o tu relación con ella, los castigos deberían ser suaves y escasos.

En las relaciones románticas se dan dos problemas adicionales que pueden hacer que se conviertan en placas de Petri para el castigo. En primer lugar, parece que estamos programados para ignorar el principio del moldeamiento cuando se trata de la persona con la que dormimos. Es peor que eso. En lugar de reforzar el progreso en nuestra pareja, tendemos a castigarla con invalidación. Veamos algunos ejemplos de parejas con las que he trabajado:

Ejemplo n.º 1

Chris y Jordan quieren sentir más apoyo mutuo. Para Chris, esto significa que Jordan ayude más en casa. Jordan se esfuerza por hacer la colada, pero se olvida de meter la ropa en la secadora. Chris se da cuenta de que hay ropa mojada en la lavadora y se pone de los nervios.

Ejemplo n.º 2

Los dos miembros de la pareja están de acuerdo en que el sexo es un problema. Marcia quiere aumentar la intimidad sexual, pero Clara se siente agobiada por esa petición. Clara invita a Marcia a darse un baño de espuma. No tienen sexo, pero el baño es sensual y supone un gran paso para Clara. En la siguiente sesión de terapia de pareja, Marcia quiere hablar de por qué no tuvieron sexo.

Ejemplo n.º 3

Juanita y John quieren que este se involucre más con los niños. En concreto, ella quiere que él adopte un papel más activo en la gestión de las responsabilidades parentales. John decide llevar a los niños de compras tras recogerlos del cole y Juanita se lo agradece, pero después devuelve todo lo que ha comprado porque encuentra mejores precios en otra tienda.

En este último ejemplo podría parecer que Juanita recompensó a John diciéndole «gracias», y sí, dar las gracias está bien, pero devolver los artículos desacredita el intento de John y socava su competencia. El error de Juanita alude al segundo problema: tendemos a subestimar lo que nuestros compañeros consideran un castigo. Aunque el efecto no fue intencionado, Juanita anuló el esfuerzo de su pareja rehaciendo la tarea ella misma. No aceptó su trabajo, sino que lo rechazó/lo devolvió. ¿Cuál es un sinónimo de desacreditar, rechazar y negar? *Invalidar*. ¡TACHÁN! John no fue reforzado por el agradecimiento de Juanita: fue castigado con invalidación. Del mismo modo, hablar de un encuentro sexual en terapia de pareja puede no parecer problemático, sobre todo si la pareja está trabajando en la intimidad sexual. Sin embargo, centrarse en que el otro no ha cumplido con las expectativas podría percibirse como un castigo, en especial si ese otro ha percibido el «fracaso» como un progreso. En lugar de sentirse motivada para intentarlo de nuevo, la pareja castigada en este escenario estará cada vez más convencida de que la situación no tiene arreglo.

La clave para evitar el castigo y fomentar el cambio en tu pareja consiste en pensar en términos de pequeños saltos o pasos y validación. Sí, un hombre hecho y derecho debería ser capaz de llegar a su hora, pero tu marido hecho y derecho no puede. Acepta dónde estás. Llegar menos tarde de lo habitual es un avance. Refuérzalo. O, al menos, no castigues la mejora. Aquí es donde la validación adquiere un valor incalculable. A lo mejor no puedes decir que te alegras de que tu pareja haya llegado unos minutos tarde, pero sí puedes validar con autenticidad su esfuerzo y la intención de llegar puntual. La belleza de la validación radica en que te obliga a centrarte en lo válido, por imperfecto que pueda ser.

Dado que todo esto es más fácil de decir que de hacer, incluyo algunos ejemplos de respuestas de validación que podrían haber sido utilizadas para reforzar, o al menos no castigar, a los protagonistas de los ejemplos anteriores:

La colada

«Oye, he visto que has puesto la lavadora [copiar]. *Gracias. Veo que intentas apoyarme y que te tomas en serio lo que te dije* [proponer]. *Nunca has sido de los que hablan y después no hacen nada* [proponer]. *No lo digo lo suficiente, pero admiro eso de ti* [exteriorizar]».

El baño sin sexo

«Me encantó la espontaneidad de nuestro baño del martes, pero quería saber si a ti te agobió [proponer]. *Fue la primera vez que hacíamos algo así, por lo que sería totalmente comprensible que te hubieses sentido incómoda* [equiparar + proponer]. *Estamos juntas en esto, cariño* [exteriorizar-sugerir compromiso, lealtad], *y quiero hacer todo lo posible para que nuestra relación vaya bien para las dos, incluso si eso significa ir despacio* [tomar cartas en el asunto]».

El material escolar

«Sé que hacer colas larguísimas entre compradores cabreados de material escolar no es una forma maravillosa de pasar tiempo con los niños [proponer + equiparar], *pero veo que intentas encontrar maneras de apoyarme sin que tenga que pedírtelo* [proponer]. *Gracias, cariño»*.

Estos ejemplos ponen de relieve un punto importante: no es necesario llamar la atención sobre los errores cometidos por tu pareja para ayudarla a hacerlo mejor la próxima vez. ¿Ya estás de vuelta? Doy por sentado que acabas de tirar el libro, porque ese es el tipo de respuesta que suelo recibir cuando le digo a la gente que está bien reforzar a los adultos por hacer algo parcialmente correcto sin comentar nada sobre lo que han hecho mal. Sin embargo, es cierto: cuando se trata de progresar, la repetición y las contingencias naturales (por ejemplo, no tener ropa seca) tienen más probabilidades de provocar mejoras que la crítica o la invalidación. Esta última solo disminuye la probabilidad de que tu pareja aborde la tarea en el futuro. Las críticas castigan los intentos; la validación los refuerza.

También es posible que te hayas dado cuenta de que, en mis ejemplos de refuerzo de los avances, el miembro de la pareja que refuerza no expresa emociones negativas. ¿Significa eso que nunca deberías expresar frustración o decepción? Por supuesto que no. Comunicar sentimientos heridos está bien, siempre que no lo hagas mientras intentas reforzar el cambio. Si, por ejemplo, la prioridad de Marcia fuese que su pareja entendiera que estaba decepcionada por no haber tenido sexo, hablar de su dolor habría sido lo correcto. Sin embargo, cuando le pregunté a Marcia qué era más importante, reforzar el progreso o que Clara validase su decepción, soltó una carcajada.

—¡Obviamente, el progreso! Ella sabe muy bien lo decepcionada que estoy con nuestra vida sexual.

Resulta perfectamente razonable querer que los demás validen tu decepción y que continúen haciendo progresos para satisfacer tus expectativas. Sin embargo, como normalmente no puedes hacer ambas cosas a la vez, depende de ti determinar qué es prioritario en cada situación. Por si te sirve de algo, es probable que centrar tu atención en el apoyo del otro y no en lo que te decepciona reduzca tu negatividad hacia esa persona.

El moldeamiento es un proceso. No te estás apuntando a una vida de ropa mohosa por validar el esfuerzo de tu pareja y guardarte tus críticas acertadas. Cuando ayude más en casa, entonces podrás aumentar las expectativas si es necesario. Sin embargo, te animo a que te lo pienses dos veces antes de hacerlo. Si vas en serio con lo de hacer cambios en tu relación, tendrás que aceptar las imperfecciones. La ropa se quedará mojada, las cosas en el sexo llevarán su tiempo y te perderás las ofertas, pero ¿cuánto importa todo eso si te paras a pensarlo? Si tuvieras que elegir entre la eficacia o tu relación, la perfección o la colaboración, la aceptación o el resentimiento, ¿qué elegirías?

GESTIÓN DE CONFLICTOS

El mayor punto de entrada para el castigo en las relaciones de pareja es el conflicto. No es de extrañar que validar a tu pareja durante las discusiones figure entre las mejores cosas que puedes hacer por tu relación. Los estudios sugieren que las parejas que se validan mutuamente durante los conflictos tienen menos probabilidades de evitarse y están más satisfechas con su relación.[2] La comunicación es mejor (hay menos quejas y menos casos en los que se dicen cosas que nunca deberían decirse en voz alta) y menos problemas en la relación en general. No te preocupes si no puedes acceder a las **técnicas de empatía** más elevadas, como exteriorizar la tristeza que sientes por el otro o tomar cartas en el asunto comprometiendo tu postura. Según John Gottman, el lenguaje no verbal y los «Mmm...» y «Hum...» básicos utilizados en la técnica de atender son suficientes.[3]

El efecto espectacular de la validación en las relaciones durante el conflicto tiene sentido si se considera la *proporción 5:1*. Las investigaciones demuestran que una proporción de 5:1 entre positividad y negatividad durante el conflicto pronostica la estabilidad matrimonial a largo plazo, mientras que una proporción de 0,8:1 o inferior pronostica un divorcio.[4] La positividad en estos estudios consistía principalmente en la validación, aunque solo fuese a través de prestar atención. La negatividad se definió como crítica (atacar el carácter), actitud defensiva (hacerse la víctima inocente), desprecio (faltar al respeto o degradar al otro) y evasivas (negarse a reconocer o comunicar). Gottman bautizó a estos comportamientos como los Cuatro Jinetes del Apocalipsis, porque están relacionados con la destrucción de la relación y el divorcio.[5] Yo los veo como las cuatro técnicas de la escala de la invalidación de un doble malvado.

La validación es fundamental para lograr esa proporción 5:1, pero por si no lo has probado, validar a la persona con la que estás discutiendo es ¡tan sumamente difícil! Un dato reconfortante es que en la pelea no todo tiene que ser de color de rosa. Las discusiones pueden ser acaloradas y caóticas sin resultar destructivas. Incluso pueden incluir la invalidación, siempre que la proporción entre positividad y negatividad esté en torno al 5:1. Recuerda que la simple técnica de atender cuenta como positividad, y que la negatividad se refiere a los Cuatro Jinetes del Apocalipsis, no a expresar emociones negativas.

En cuanto al modo de incrementar la validación en tus discusiones, tengo dos consejos. El primero consiste en tatuarte de una vez por todas «validación ≠ acuerdo» en el antebrazo. El tatuaje en sí no tendrá propiedades mágicas, pero verlo cada día como recordatorio debería ayudarte a interiorizar el mensaje.

Si discutes con alguien, es porque no estás de acuerdo con algo que ha dicho o hecho. «¿Cómo has podido dejar que nuestra hija de seis años juegue a *Call of Duty*?», por ejemplo. El desacuerdo está bien, pero si quieres convencer a la otra persona de tu punto de vista, o al menos evitar que la conversación degenere, debes encontrar algo que validar (por ejemplo: «Te gusta ese juego casi tanto como a mí ese pódcast de monólogos, así que entiendo que quisieras compartirlo con ella»). La validación es la forma de discrepar con tu pareja sin faltarle al respeto.

Mi otro consejo para canalizar la validación durante los conflictos consiste en dar a tu pareja el beneficio del dolor. Cuanto más se enfada alguien, más dolido puedes suponer que está. No es necesario estar de acuerdo con la narrativa de la otra persona para ver que su reacción es real.

Al principio de mi carrera trabajé con Sergey y Melinda, una pareja de abogados. Un día llegaron a la sesión en medio de una discusión sobre si Sergey se había marchado de casa dando un portazo en señal de frustración. Mis intentos de orientarles hacia la validación se vieron frustrados una y otra vez por su inclinación a discutir. Al final de la sesión, ambos habían presentado argumentos irrefutables para probar que Sergey había dado el portazo (o no, desde su punto de vista), pero estaban más enfadados que cuando habían llegado.

Años más tarde, tuve un desacuerdo similar con alguien por un portazo, pero como era un gato desvalido, no podía discutir con él. Sparrow se asustó cuando cerré la puerta después de entrar en el cuarto de baño. Desde mi punto de vista, no cerré la puerta más fuerte o de manera más agresiva que en las ocasiones anteriores, pero me quedó claro que él pensó lo contrario. Se escondió y me bufó, cosa que significaba que estaba asustado. Inmediatamente suavicé mi tono de voz y mis movimientos. Como no podía razonar con él, no tuve más remedio que aceptar su reacción.

La otra ventaja a la hora de conceder a Sparrow el beneficio del dolor fue que pude ver la vulnerabilidad detrás de su ira y su agresividad. La ira suele ser una emoción secundaria, es decir, una reacción a otra emoción (primaria). En el caso de la ira, la emoción primaria suele ser el miedo. Gran parte de mi trabajo con parejas se reduce a ayudarlas a ver el miedo a través de la ira que se dirigen mutuamente. Bajo la ira de Melinda por el portazo de Sergey estaba su miedo a que él le perdiera el respeto. Bajo la ira de Sergey por la acusación de Melinda estaba el miedo a que ella le acusara de violencia durante una discusión. Para ayudarte a ver al animalillo que es tu pareja bajo el pelaje inflado de su ira, pregúntate: «¿De qué tiene miedo?» o «¿Por qué se siente amenazado?». Cuando la ira se apodera de ti, estas preguntas pueden ayudarte a expresar tu dolor de manera precisa sin alejar a tu pareja.

PUNTOS PARA RECORDAR

Los castigos son como termitas que carcomen la estabilidad de tu relación sin darte cuenta. Existen varios factores que pueden provocar una infestación de castigos en tu relación de pareja: (1) anulación del sentimiento negativo, (2) expectativas de cambio poco realistas, (3) subestimar lo que podría parecer un castigo y (4) el conflicto. La clave para evitar estos obstáculos mientras se fomenta el cambio consiste en pensar en términos de moldeamiento y validación. Cuando tu pareja no cumpla tus expectativas, busca indicios de progreso que puedas reforzar con validación y no respondas de maneras que desestimen o minimicen su esfuerzo. Los conflictos representan un castigo por naturaleza, pero si puedes mantener la proporción entre validación e invalidación en torno al 5:1, evitarás que tu relación sufra daños permanentes. Para ayudarte a mantener esta proporción, échale un ojo a tu tatuaje validación ≠ acuerdo y esfuérzate por dar a tu pareja el beneficio del dolor.

Capítulo 17

VALIDA COMO UN PROFESIONAL: LA VALIDACIÓN EN EL TRABAJO

El arte de la aceptación es el arte de lograr que alguien que acaba de hacerte un pequeño favor desee haberte hecho uno más grande.

RUSSELL LYNES, *Reader's Digest*

Cuando el directivo Matt Sakaguchi se cambió de equipo en Google, para evitar los problemas interpersonales que habían afectado a su anterior grupo de trabajo[1] hizo lo que cualquier googler sobresaliente que se precie haría: consultó a investigadores sobre el modo de establecer una cultura de equipo saludable. Los especialistas con los que habló formaban parte del Proyecto Aristóteles, una división interna de Google encargada de identificar las características fundamentales de los equipos de alto rendimiento. Tras estudiar a cientos de equipos y acumular tantos datos que podrías llenar una piscina y lanzarte a ella a lo Tío Gilito, los investigadores del Proyecto Aristóteles recopilaron algunos consejos para Sakaguchi. Le dijeron que primero tenía que evaluar los puntos fuertes y débiles de su equipo y para ello le facilitaron un cuestionario que Sakaguchi repartió rápidamente entre un montón de empleados incomodados, o así me los imagino, porque a nadie le apetece rellenar otro cuestionario.

Sakaguchi pensaba que su equipo era fuerte, pero los resultados de la encuesta sugirieron lo contrario. Ante los datos desconcertantes, hizo lo que haría cualquier directivo sobresaliente que se precie: organizó una reunión de todo el día fuera de la empresa para hablar de los resultados con su equipo. Comenzó la reunión con un ingenioso ejercicio para romper el hielo en el que pidió a todos que dibujaran su trayectoria vital, utilizando únicamente imágenes para transmitir cómo habían llegado al punto en el que se encontraban. Sakaguchi fue el primero en presentarla al grupo, y, en lugar de ofrecer la cronología de color de rosa que cabría esperar en un entorno profesional, compartió (con imágenes) que padecía un cáncer en estadio IV. Sakaguchi explicó a continuación que llevaba cinco años en tratamiento, mientras trabajaba en Google, pero que los médicos habían descubierto no hacía mucho un punto preocupante en su hígado, y eso significaba que el cáncer podría estar extendiéndose de nuevo. Todos los miembros del equipo compartieron sus historias. En lugar de burdos intentos de recrear sus fotos perfectas de Instagram, los participantes siguieron el ejemplo de Sakaguchi y mostraron sus vidas reales, con lo bueno y lo malo.

Sakaguchi no buscaba validar a una persona con su desvelamiento, sino validar la experiencia universal de tener una vida fuera del trabajo. La fachada de funcionamiento del equipo interfería en la capacidad de Sakaguchi de entender la naturaleza de los problemas a los que se enfrentaban. Sospechó que podría estar ocurriendo lo mismo desde un punto individual, y acertó. Al animar a la gente a hablar libremente, ayudó a los miembros del equipo a verse entre ellos, y sus problemas, con más claridad.

Sakaguchi declaró más tarde: «Mi objetivo con aquel ejercicio fue que [el equipo] viera que cuando sabes las cosas por las que ha pasado la gente, ya no puedes mirarla igual. Empiezas a ver a los demás como personas en primer lugar, no como compañeros que te dificultan el trabajo. En este nuevo nivel de intercambio, fuimos realmente capaces de mantener algunas conversaciones sobre la manera de trabajar mejor como equipo. Al cabo de un mes, la dinámica del grupo había cambiado y se convirtió en uno de los mejores equipos con los que he trabajado en Google».[2]

Sakaguchi no se basó en el Proyecto Aristóteles, al menos no directamente. Ninguno de los investigadores con los que consultó le dijo que tenía que explicar al grupo su diagnóstico de cáncer, pero sí hablaron de la importancia de la seguridad psicológica, la creencia compartida por los integrantes de un equipo de que no serán invalidados ni sufrirán otras repercusiones (castigos) por hacer preguntas, admitir errores o asumir riesgos interpersonales. En su libro *La organización sin miedo*, la conductista organizacional Amy Edmondson define la seguridad psicológica a grandes rasgos como un «clima en el que las personas se sienten cómodas expresándose y siendo ellas mismas».[3] Tener seguridad psicológica en un equipo significa que sus miembros confían en que pueden aportar todo su ser al trabajo y ser aceptados.

Los investigadores del Proyecto Aristóteles identificaron varias características de los equipos de alto rendimiento, pero la seguridad psicológica fue la más importante con diferencia.[4] Sus investigaciones demuestran que los integrantes de equipos con una alta seguridad psicológica tienen más probabilidades de permanecer en la empresa, obtienen mayores ingresos, incorporan ideas de los demás y son calificados como eficaces por los directivos. La importancia de la seguridad psicológica no es exclusiva de Google, y el equipo del Proyecto Aristóteles no fue el primero en descubrirla. El concepto existe desde hace décadas, y estudios realizados en sectores de todo tipo –desde el cuidado de la salud hasta la industria manufacturera– han demostrado su relación con la innovación, el compromiso de los trabajadores, una mejor salud mental de los empleados, equipos con mayor rendimiento y menos rotación de personal.[5]

El enfoque general de Sakaguchi para establecer la seguridad psicológica parece sacado de este libro: modeló la conducta que deseaba para el equipo (hablar con honestidad), ofreció a los demás la oportunidad de hacer lo mismo, y los reforzó con validación cuando lo hicieron. De acuerdo, para ser justos, no estoy segura de que Sakaguchi consiguiera reforzar con éxito a los miembros del equipo. Sin embargo, teniendo en cuenta que su objetivo era ayudarlos a sentirse vistos y que la dinámica del equipo mejoró después de la reunión, voy a asumir que algo de validación sí hubo. Como mínimo, estoy segura de que la mayoría de los miembros del equipo no se sintieron invalidados o castigados por abrirse.

CUANDO LA VALIDACIÓN SE IMITA Y SE UTILIZA PARA REFORZAR A LAS PERSONAS QUE ASUMEN RIESGOS INTERPERSONALES, AUMENTA LA SEGURIDAD PSICOLÓGICA.

No estoy diciendo que los equipos tienen que ser tan abiertos como el de Sakaguchi para poder mejorar sus dinámicas, pero sí mantengo que establecer la seguridad psicológica se reduce a la validación, así como a ofrecer un modelo y al refuerzo. Cuando la validación se imita y se utiliza para reforzar a las personas que asumen riesgos interpersonales, aumenta la seguridad psicológica.

REFUERZO DE LA CONDUCTA EN EL TRABAJO MEDIANTE LA VALIDACIÓN EMOCIONAL

La validación es el refuerzo más barato, más dulce y más flexible que puedes utilizar en entornos profesionales. Llega a todo el mundo –becarios, ejecutivos, colegas, clientes, directivos, etcétera– y puede reforzarlos por cualquier cosa, desde proponer nuevas ideas hasta devolverte la grapadora. Sin embargo, los estudios sugieren que la validación en el trabajo es muy escasa. Según una encuesta de Gallup de 2017, solo tres de cada diez empleados están muy de acuerdo con la afirmación de que su opinión importa en el trabajo.[6] Otra encuesta realizada por Catalyst tres años más tarde reveló que casi la mitad de las mujeres encuestadas afirmaron tener dificultades para expresarse en las reuniones virtuales, y una de cada cinco afirmó sentirse ignorada.[7]

La falta de validación en el entorno laboral es un error, pero resulta comprensible. A los empleados se les paga para que trabajen para una empresa. Y la expectativa es que se evalúe su capacidad para hacerlo cada cierto tiempo. En lo que respecta al refuerzo, esta cultura de la evaluación se presta más al elogio que a la validación. El elogio indica una evaluación positiva o aprobación (por ejemplo: «Buen trabajo», «Bien hecho», «Fue una gran presentación»). El énfasis en ser profesional –frente a lo personal– significa que los elogios se centran más en el trabajo que en la persona.

No hay nada intrínsecamente malo en los elogios. A ver, si la única misión en la vida de una persona es engullir como si estuviera en una partida de PAC-MAN, se encontrará con algunos problemas, pero dar y recibir elogios es sano y útil en general. El elogio es un potente refuerzo y se puede utilizar fácilmente en combinación con la validación. **Elogie el trabajo; valide a la persona** es un consejo que doy casi cada semana a mis clientes corporativos. El problema del elogio es que, cuando se utiliza en exceso o no se equilibra (al menos ocasionalmente) con validación, puede parecer hueco e impersonal. Impersonal puede ser lo que las personas esperan de sus interacciones en el trabajo, pero no es lo que las motiva.

Un estudio con más de mil quinientos empleados demostró que las personas tienen tres veces más probabilidades de involucrarse en su trabajo cuando creen que su jefe se preocupa por su vida personal.[*,8] Sin embargo, menos de un tercio cree que sus jefes se preocupan realmente por ellos. En otra encuesta con más de nueve mil empleados de doce países, el 94 % se mostró de acuerdo con la afirmación de que la empatía es una cualidad esencial en un lugar de trabajo saludable. Aunque los empleados la valoran, menos de la mitad de las empresas de todo el mundo imparten formación en empatía. Por cierto: las que sí lo hacen muestran unos niveles significativamente más altos de compromiso entre los empleados.[9]

Tus directivos, empleados y compañeros valoran los elogios, pero estos no representan el único tipo de comunicación que los motiva. Si algo hemos aprendido de la investigación clínica en los últimos treinta años, es que la validación favorece el cambio. No solo ayuda a

---

* Según una encuesta Gallup de 2022, las empresas con trabajadores involucrados obtienen un 23 % más de beneficios que aquellas cuyos trabajadores no se involucran, además de reducir significativamente el absentismo, la rotación y los accidentes, y aumentar la fidelidad de los clientes (Gallup, *State of the Global Workplace Report* [Gallup, 2022], consultado el 1 de marzo de 2023, <https:// www.gallup.com/workplace/349484/state-of-the-global-workplace2022-report.aspx>).

crear una cultura que fomenta la creatividad y el compromiso, sino que también puede reforzar conductas específicas. En el entorno laboral, la validación resulta especialmente adecuada para reforzar a las personas por los siguientes motivos:

- Superar las expectativas o avanzar en la dirección deseada.
- Demostrar tenacidad o mantener el progreso en ausencia de otros refuerzos (en la recta final de un proyecto, tras una serie de contratiempos, etcétera).
- Adoptar conductas que contribuyen a la seguridad psicológica, como admitir errores, pedir ayuda y aportar valoraciones.

Para entender mejor cómo se podría utilizar la validación para reforzar a una persona en cada uno de estos escenarios, veamos tres ejemplos de la vida real (solo se utilizan nombres reales en uno de ellos).

1. Reforzar a un compañero por superar las expectativas y avanzar.

Mi clienta Pam fue la última en decir «Yo no» cuando su equipo estaba decidiendo quién hablaría con su colega Dwight sobre su problema de actitud. Según Pam, Dwight era impulsivo y dominante, motivo por el que alguien tenía que decírselo y nadie quería hacerlo. Dwight había sido condescendiente y despectivo con Pam en el pasado. Fue preparada para que él negara su responsabilidad, culpase a los demás y tal vez la insultara. No esperaba que Dwight no se pusiera a la defensiva y asintiera pensativo, que es lo que ocurrió. Pam terminó la conversación con elogios: «Ha sido una buena reunión». Estuvimos de acuerdo en que podría haber hecho más para reforzar la actitud no defensiva y receptiva de Dwight, de modo que le envió un breve correo electrónico que reproduzco aquí:

> *Dwight, me sorprendió tu actitud no defensiva y receptiva durante nuestra conversación. No sé si yo podría haber reaccionado con el mismo nivel de elegancia y consideración si alguien me hiciese co-*

mentarios difíciles [equiparar + calificador Caroline]. *Fue inspirador* [exteriorizar].

2. Reforzar a un empleado por mostrar tenacidad y mantener el progreso en ausencia de otros refuerzos.

A principios de año hice un parón y envié a mi editora (que también se llama Caroline) un largo correo electrónico sobre los cambios estructurales que estaba pensando hacer en el manuscrito de este libro. Al final del correo, le dije:

> *Me temo que este libro es una basura. Malísimo, vamos. Por favor, dime si es así. No me ofenderé. Soy buena en autovalidación, así que, aunque hieran mis sentimientos, puedo validarlos y sentirme mejor.* 😅

Respuesta de Caroline:

> *En primer lugar, he leído una gran parte de este manuscrito, y no es basura para nada. Así que, a menos que lo hayas reescrito entero, es imposible que sea malísimo al cien por cien* [elogio].
>
> *En segundo lugar, es TOTALMENTE NORMAL que a estas alturas estés convencida de que es malísimo. Les pasa a todos los escritores en este punto del proceso de escritura. A lo mejor me preocuparía más si no lo pensases. Es como la pubertad literaria, desagradable, pero inevitable* [validación-equiparar].

Este correo electrónico es un ejemplo sólido de elogio del trabajo sumado a la validación de la persona. La respuesta de Caroline me sacó del parón y me permitió retomar el ritmo de escritura. También me reforzó por asumir riesgos interpersonales: pedir opiniones sinceras, expresar emociones y utilizar el humor. Sus palabras me animaron a poner todo mi ser en nuestras conversaciones futuras.*

---

* Por si te lo estás preguntando, no, no reforcé a Caroline por elogiarme y validarme elogiándola y validándola a ella. Ya tenemos el mismo nombre, y su capacidad para

3. Reforzar a un colega por mostrar conductas que fomentan la seguridad psicológica.

Michael, un director con el que colaboraba en una iniciativa de salud mental, hizo algunos comentarios que me parecieron despectivos. Decidí enviarle un correo electrónico para decirle que me había ofendido y expresarle mi preocupación. Enemistarme con el director habría sido un desastre para la iniciativa, pero estaba dispuesta a correr el riesgo. Respondió inmediatamente:

> *Odio cuando me preocupa haber ofendido a alguien en un correo electrónico y me quedo esperando la respuesta todo el día, así que quería volver a ponerme en contacto cuanto antes, aunque ahora mismo solo puedo decirte unas cuantas cosas* [equiparar y tomar cartas en el asunto].
>
> 1. *NO me has ofendido con tu comentario; me has informado.*
> 2. *Ahora veo lo insensibles que fueron mis comentarios* [equiparar; está sugiriendo que cualquiera en mi lugar habría sentido lo mismo].
> 3. *Me avergüenzo de lo que dije. Y, lo que es más importante, odio haberte hecho daño* [exteriorizar]. *Quiero arreglar esto* [tomar cartas en el asunto].
>
> *¡Seguimos!*

Michael probablemente se dio cuenta de que necesitaba responder con tacto a mi correo dada la naturaleza de la cuestión que le planteé, pero no creo que informase de su respuesta a recursos humanos antes de pulsar el botón de enviar. Habló con el corazón, como Pam y Caroline en los ejemplos anteriores. Aquí radica un punto importante: no necesitas una lista detallada de cosas que esperas que los demás hagan de forma espontánea para reforzarlos con validación;

---

utilizar la validación como refuerzo (aunque eficaz) me asustó un poco. Hay muchas posibilidades de que Caroline sea mi yo del futuro.

tus emociones te indicarán esas oportunidades. A Pam le sorprendió la respuesta de Dwight; Caroline empatizó con mi situación. Si un colega dice o hace algo que provoca emociones positivas intensas en ti, el refuerzo con validación será procedente. Otro punto importante es que las emociones negativas fuertes, como las que imagino que sintió Michael, también pueden indicar que necesitas reforzar a alguien con validación. Normalmente, nos sentimos atacados cuando alguien intenta hacernos daño, pero también podemos sentirnos atacados si trata de evitar que le hagamos daño.

El sentimiento de tergiversación e indignación que experimentamos cuando nos llaman la atención es la reacción instintiva de nuestro ego al ser puesto en su lugar. Estas emociones de lucha derivan del dolor de haber hecho daño a alguien y del miedo de lo que eso significa para nuestro carácter, nuestra relación y nuestro trabajo. La respuesta natural de la mente a toda esa negatividad consiste en elaborar una narrativa egocéntrica y defensiva para protegerte («¡Qué sensible!», «¡Eso no es lo que quería decir!»). En lugar de eso, esas emociones negativas y los pensamientos que las rodean deberían servirte como señal para buscar núcleos de verdad. La otra persona podría estar actuando basándose en información errónea o en expectativas poco realistas, pero centrarte en su equivocación es tan fácil como contraproducente. Puedes no estar de acuerdo con las interpretaciones de los demás, pero si quieres que la gente te diga si la has ofendido, tienes que encontrar la forma de reforzarla cuando lo haga.

He decidido terminar con el ejemplo de Michael porque pone de relieve la relación entre los temas principales de este capítulo: la seguridad psicológica, la validación como refuerzo y la diversidad y la inclusión, que vamos a ver a continuación.

DIVERSIDAD E INCLUSIÓN

Ser aceptado en un grupo no consiste simplemente en ser admitido en ese grupo. Una empresa puede no discriminar en sus prácticas de contratación, pero pagar menos o tolerar microagresiones hacia las minorías, que entonces se sienten marginadas o infravaloradas. La inclusión requiere representación y aceptación. Fieles a su costumbre, las industrias del mundo occidental se preocupan sobre todo por las apariencias («¿Contratamos a suficientes mujeres negras?») y no por las experiencias («¿Se sienten incluidas las mujeres a las que contratamos?»). Lejos de fomentar la aceptación, nuestro enfoque de la diversidad ha consistido históricamente en ignorarla. Hasta hace poco, «no veo el color»* se consideraba una perspectiva de mente abierta, y la mayoría de las instituciones albergaban la creencia errónea de que los grupos minoritarios se integrarían alegremente en la mayoría a través de algún tipo de crisol metafórico (una imagen tan perturbadora como el concepto que representa).

Cada vez resulta más evidente que la manera de fomentar la inclusión no consiste en ignorar nuestras diferencias. Se trata de reconocerlas sin juzgarlas; algunos dirían que hay que hacerlo con plena conciencia, comprensión y empatía para que la otra persona se sienta aceptada. Tras la senda marcada por los movimientos Black Lives Matter y #MeToo, las instituciones reconocen, cada vez más, experiencias que antes ignoraban.

El mayor obstáculo al que se enfrentan ahora es el miedo. La gente evita las conversaciones sobre diversidad e inclusión no porque piense que es productivo hacerlo, sino por miedo a que su falta de comprensión empeore las cosas. Por problemático que sea el miedo, veo un resquicio de esperanza en el hecho de que la gente esté reflexionando largo y tendido sobre el modo de transmitir aceptación y protegerse de la invalidación. ¿Cuántas veces ha ocurrido eso a lo largo de la historia? Si visitases la librería de mi barrio, podrías pensar que hay un billete dorado escondido en los libros sobre diversidad e inclusión porque vuelan de las estanterías. La pregunta que todo el mundo parece intentar responder en estos tiempos que corren es

---

* La palabra *color* se puede sustituir por *género, edad, discapacidad, neurodiversidad*, etcétera.

¿cómo hablar de experiencias con las que no te puedes identificar? **En otras palabras, ¿cómo puedes validar a alguien si no entiendes o no empatizas con su experiencia?**

Lector, lectora: dado que vas camino de conseguir un título honorífico de la Escuela de Validación Caroline, ¿por qué no intentas responder esta pregunta? Sugerencia: consulta el borrador de la Escala de la Validación. Si has respondido «Utilizando las **técnicas de atención plena**», ¡enhorabuena! Te has ganado oficialmente el título.

No pretendo reducir la complejidad del diálogo sobre diversidad e inclusión a un par de técnicas. Hay muchos elementos que hay que tener en cuenta en esas conversaciones. Los problemas y las soluciones a los que nos enfrentamos son complicados, pero en honor a la dialéctica, quiero equilibrar la complejidad con un poco de sencillez: el primer paso para transmitir aceptación consiste en desarrollar y demostrar plena conciencia. Las **técnicas de atención plena**, atender y copiar, pueden ayudarte en este punto. Estas técnicas están diseñadas para sumergirte en la experiencia del otro. No sustituyen a la educación ni a la inmersión cultural, pero ofrecen un primer paso significativo hacia la comprensión y la empatía.

Para concluir este debate, quiero hacer un llamamiento a los líderes y a las personas en puestos de poder para que hagan uso de las técnicas de validación en el trabajo, porque posiblemente se encuentran en la mejor posición para influir en la diversidad y la inclusión. Un estudio con más de veinte mil alumnos de treinta y cuatro universidades de Estados Unidos concluyó que la validación interpersonal y académica de la universidad y el personal influía de forma directa en el sentido de pertenencia del alumnado, y —agárrate— que esas experiencias compensaban los efectos negativos de la discriminación y los prejuicios.[*, 10] En palabras de los autores, «Las experiencias de validación pueden reforzar la autoestima y el valor en entornos educa-

* Los autores definieron la «validación académica» como la confirmación de la capacidad interior de una persona para aprender y estar en la universidad. Incluye conductas como atender a los estudiantes animándolos a preguntar y participar, y demostrando interés y preocupación por su progreso.

tivos que podrían ayudar a los estudiantes a mantener su resiliencia a pesar de las microagresiones y los ataques a su identidad social».[11] Por otra parte, las investigaciones sugieren que los directivos con habilidades interpersonales sólidas, como la validación, son vistos por sus subordinados directos como jefes que apoyan más la diversidad y la inclusión.[12] Como señaló un investigador, «Un gramo de aceptación auténtica y amplia de miras vale más que un kilo de políticas de discriminación positiva, comunicaciones internas políticamente correctas y programas de formación en diversidad».[13]

Los efectos registrados en estos estudios son impresionantes, pero sobre todo confirman algo que ya sabíamos: las personas en puestos de poder son poderosas. Esto no significa que el resto de nosotros seamos ineptos, sino que los que están en posición de contratar o despedir, aprobar o suspender tienen la responsabilidad de incluir y aceptar, reforzar y validar.

Capítulo 18

TODO EL MUNDO SUFRE: AUTOVALIDACIÓN

> Paradójicamente, cuando me acepto como soy, puedo modificarme.
>
> CARL ROGERS, *El proceso de convertirse en persona*

Es Nochevieja y estoy sola en casa, escribiendo. Mat y Havana están en Washington visitando a mis maravillosos suegros. Quiero estar con mi familia, pero no he podido hacer el viaje. Los desplazamientos en avión me han provocado brotes de esclerosis múltiple en el pasado. Para que conste, un brote de esclerosis múltiple se caracteriza por el empeoramiento de los síntomas ya existentes o la aparición de otros nuevos. Básicamente, es como derramar agua en el ordenador: el agua es un desencadenante desconocido en el entorno, y el ordenador es tu cerebro.

El mes pasado padecí un brote inesperado, así que no puedo arriesgarme a tener otro. Me planteé la posibilidad de ir en coche hasta Seattle, pero los espasmos musculares que todavía no se han resuelto del brote anterior hacen que me resulte imposible estar sentada mucho tiempo. Tecleo furiosamente durante treinta minutos y después paro y hago mi combo de flexiones de brazos y saltos de tijera. Tardaría dos años en llegar a Seattle a ese ritmo, por no mencionar que podría acabar encerrada en algún sitio si me viesen haciendo ejercicio en la cuneta.

Mientras escribo, noto una oscuridad en mi interior. La siento turbulenta en mi pecho, apretándome la garganta y presionando detrás de los ojos. La letra de una canción de Dave Matthews Band se repite en mi cabeza: «Why are you different? Why are you that way?» [¿Por qué eres diferente? ¿Por qué eres así?].[1]

Me siento vulnerable e imprudente al compartir mi experiencia contigo, y no solo porque sigo escuchando a Dave Matthews Band en mi mente. Se supone que la gente se ve reflejada en los libros como el mío, pero todavía no he conocido a nadie con mi extraño cóctel de síntomas y limitaciones. He decidido dejarme llevar por la vulnerabilidad y compartir mi historia porque la realidad es que todo el mundo se enfrenta a emociones negativas y a los pensamientos invalidantes.

Tendemos a confundir sentirnos mal con ser malas personas. Sin embargo, no hay nada malo o anormal en experimentar emociones como la soledad y la inseguridad. Todo el mundo sufre, y todo el mundo experimenta el mismo tipo de dolor en un momento u otro. Curiosamente, las maneras que tenemos de autoinvalidarnos también son más o menos las mismas. Cuando experimentamos un revés, se activan nuestras creencias básicas negativas. En esencia, estas creencias son autoconceptos invalidantes que en el fondo sabemos que son verdad. Aclaro: en realidad no son verdad, pero la rigidez con la que nos aferramos a ellos hace que lo parezcan. Desarrollamos estas creencias en respuesta a experiencias dolorosas en la infancia, y pobre del tonto (o del terapeuta) que intente cuestionarlas, porque casi siempre son parte fundamental de la identidad de una persona.[2]

Cabría esperar que las creencias básicas negativas de las personas sean tan diversas como las experiencias, las culturas y la educación que las conforman. Todo lo contrario. La investigación sugiere que las creencias invalidantes que mantenemos sobre nosotros mismos en general pertenecen a una de estas tres categorías: indefensión (por ejemplo, «Soy dependiente»), falta de amor propio (por ejemplo, «Soy defectuoso») e inutilidad (por ejemplo, «Soy tóxico»).[3] Nuestras experiencias pueden ser distintas, pero las emociones que sentimos y las formas en que nos autoinvalidamos son compartidas.

Trabajar las distintas formas de autoinvalidación que agravan el sufrimiento es el tema de este capítulo. No quiero desanimarte ni aburrirte con las historias sobre mi salud (¿demasiado tarde?), pero tampoco quiero inventarme un escenario o recordar una situación con la fanfarronería de que ya la he procesado. Por un lado, es evidente que me gusta la enseñanza a través de la imitación (o modelado), y doy prioridad a la autenticidad sobre la perfección siempre que sea posible. Por otro lado, me gusta hacer las cosas por mí misma y no hay nada que odie más que un vídeo de YouTube en el que su protagonista pasa a cámara rápida las partes complicadas de un proyecto para mostrar el resultado final desde doce ángulos distintos. Quiero ver lo que hace cuando las estanterías de IKEA que está utilizando para transformar un armario le caen encima y perforan una tabla del parquet.

La negatividad que siento por estar sola en Nochevieja es real, igual que la autoinvalidación que la amplifica. En este último capítulo vamos a examinar el fenómeno de la autoinvalidación y a cuestionarlo con —lo has adivinado— autovalidación. Te explicaré cómo debes aplicar las técnicas de validación que has aprendido en este libro para ayudarte a dirigir la atención plena, la comprensión y el cuidado a emociones difíciles como el arrepentimiento y la desesperación (que puede parecer peligroso reconocerlas, por no hablar de aceptarlas).

AUTOINVALIDACIÓN

Ver el error en tus actos no es lo mismo que autoinvalidarte. La autoinvalidación se produce cuando adoptas una postura dura y autocrítica hacia tus errores o lo que percibes como defectos (por ejemplo, «Qué idiota soy»), o cuando los interiorizas como defectos del carácter (por ejemplo, «Esto me convierte en una persona desagradable»). Juzgar, desestimar, trivializar o dudar de tus emociones y experiencias internas también es autoinvalidación. Aunque invalidar las emociones pretende negarlas, el sufrimiento no sigue las reglas de los vampiros. No necesita una invitación para entrar, y si le cierras la puerta en las narices, puede que se vaya, pero solo para ir a buscar a algunos amigos que le ayuden a derribar la puerta. Entre esos «amigos» figuran la vergüenza, la repulsa y el autodesprecio.

En respuesta a la fiesta virtual de negatividad que surge de la autoinvalidación, o bien intentamos evitar pensar en la situación que ha provocado nuestras emociones, o nos ponemos a la defensiva (con nosotros mismos) en un intento de justificar lo que sea que hayamos pensado, sentido o hecho. El resultado es un ciclo de rumiación que podría parecerse a la introspección, pero nada más lejos. Mientras que la introspección es intencionada y sin prejuicios, la rumiación es obsesiva, incontrolable e incriminatoria. **La introspección fomenta el crecimiento; la rumiación lo ahoga.**

Por otra parte, la autovalidación es una respuesta de aceptación hacia el propio sufrimiento y los errores, impulsos, compulsiones, adicciones, transgresiones y carencias que han contribuido a su aparición. En lugar de poner en duda o minimizar las propias experiencias internas, la autovalidación las afirma. Los estudios demuestran que la autovalidación y la autocompasión, lejos de conducir a una enorme celebración de las propias miserias, se asocian con una disminución de la rumiación y la neurosis.[4] Las personas que se autovalidan también manifiestan una mayor motivación para reparar y evitar la repetición de las malas acciones en comparación con quienes no se autovalidan, y es más probable que contemplen sus defectos percibidos como modificables.[5]

Para reiterar un punto que he tratado repetidamente en la tercera parte, el castigo excesivo causa estragos en las relaciones y en el bienestar de las personas expuestas a él. Esto incluye los castigos que te impones a ti mismo. Cualquier sentimiento de culpa, tristeza o decepción es más que suficiente para ayudarte a aprender de tus errores. No es necesario que te castigues con negatividad para seguir por el buen camino. Por desgracia, la autoinvalidación se ha convertido en una especie de gen dominante que se transmite de generación en generación. La mayoría de nosotros sufrimos de autoinvalidación en mayor o menor grado. Solo es cuestión de cuánto y de si contamos con las técnicas para gestionarlo.

LAS TÉCNICAS

La autovalidación consiste en dedicar plena atención, comprensión y empatía a tus emociones y experiencias para que puedas aceptarlas. El enfoque que he desarrollado utiliza el marco básico de la Escala de la Validación, basada en el trabajo de Christopher Germer y Kristin Neff sobre la autocompasión, y en las técnicas de tolerancia de la angustia de la terapia dialéctica conductual.[6]

Dado que ahora se trata de comunicarte contigo mismo, hay un par de técnicas de la Escala de la Validación que no podrás aplicar. Leer tu propia mente no tiene mucho sentido, así que puedes eliminar la estrategia de proponer de la lista, y lo mismo ocurre con la de desvelar, ya que supongo que no necesitas conmoverte escuchando cosas que ya sabes de ti mismo.

Las seis técnicas restantes –atender, copiar, contextualizar, equiparar, exteriorizar y tomar cartas en el asunto– representan los pasos hacia la autovalidación, y vas a pasar por todas ellas. En lugar de utilizar las técnicas que te parezcan naturales y accesibles, la autovalidación requiere que empieces por las **técnicas de atención plena** y vayas avanzando por las técnicas de manera secuencial en el orden mencionado.* Aunque la atención plena es el punto de partida, puedes volver a estas técnicas siempre que te distraigas o te sientas superado.

Si te parece cursi o poco natural trabajar ciertas técnicas contigo mismo, recuerda que para eso estás haciendo esto. Aprender a tolerar y dejar atrás el malestar requiere tiempo y paciencia. Como ocurre con cualquier habilidad nueva, cuanto más practiques, más te gustará.

---

* Los lectores más atentos se darán cuenta de que exteriorizar va después de tomar cartas en el asunto en la Escala de la Validación, pero aquí aparece antes. La razón es que las técnicas de cada conjunto son intercambiables cuando se trata de validar a los demás. Cada conjunto de técnicas resulta más exigente y potente que el anterior, pero las técnicas de cada conjunto no se enumeran en un orden determinado. Sin embargo, cuando se trata de autovalidación, el orden es importante, y exteriorizar debe ir antes que tomar cartas en el asunto.

En la siguiente sección nos moveremos entre describir lo que hay que hacer y modelar cómo hacerlo aplicándote las técnicas a ti misma. Me voy a enfocar en una emoción, pero en la práctica puedes centrarte en más de una. Al final de este capítulo encontrarás un ejercicio de autovalidación que te guiará por cada uno de los seis pasos que describo.

TÉCNICAS DE ATENCIÓN PLENA: ¿QUÉ SIENTO?

En la autovalidación, las **técnicas de atención plena** te ayudan a sentir tus emociones sin alimentarlas.

Paso 1: atender

Para atender, utilizarás de nuevo el lenguaje no verbal, escucharás y harás preguntas para cultivar la conciencia. En lugar de indicar que estás prestando atención, quieres comunicar aceptación desde el principio.

Las Cuatro Grandes de la comunicación no verbal* no te ayudarán en este caso, pero abrir las palmas de las manos, relajar el cuerpo y respirar profundamente sí. Estas señales no verbales contrarrestan la respuesta de lucha/huida/congelación del cuerpo cuando intenta protegerte. A través de los notables canales de la biorretroalimentación, tu sistema nervioso empezará a recibir el mensaje de que puede relajarse y disminuir su resistencia al enemigo, que en este caso eres tú mismo.

En este momento estoy sentada, encorvada, y tecleando con las piernas cruzadas. Es hora de ver si puedo enviar un mensaje a mi

* Contacto visual, proximidad, gestos, asentir.

sistema nervioso que diga «Relájate de una p. vez». En realidad, no siento mucha tensión o resistencia, solo la oscuridad turbulenta que he mencionado. En cualquier caso, cruzaré los brazos y apretaré todos los músculos durante veinte o treinta segundos, y luego los relajaré. Nota: este es un truco clásico que usan los terapeutas para ayudar a los clientes a relajar los músculos tensos. Después de soltar, me sentaré con las palmas de las manos hacia arriba, sin cruzar las piernas, mientras respiro profundamente diez veces desde el diafragma. Ya está.

Vale, he vuelto, y resulta que mi cuerpo estaba mintiendo totalmente cuando decía que no me sentía tensa. Estaba aguantando mucho. Además, me duele la espalda por haber estado tan tensa. Nota al lector: no acumules tensión. Nota para mí: no te juzgues por acumular tensión.

Para la escucha de la técnica de atender, utilizarás una versión modificada del Juego A que te ayudará a llegar al corazón de lo que estás experimentando. Cuando se trata de ti, el «corazón» siempre será la emoción (o emociones) que rodean el problema al que te enfrentas. **Así, en lugar de preguntarte «¿Por qué importa esto?», la pregunta que tienes que responder es «¿Qué estoy sintiendo?».** Es más fácil decirlo que hacerlo. Las emociones son como la cuenta de la red social de un famoso cuya contraseña es 1234. La verdadera emoción será publicar cosas como «Estoy frustrado» o «Estoy molesto», pero después un juicio hackeará la cuenta y publicará «Soy un idiota». Si te desplazas sin pensar por el *feed*, confundirás el juicio con la emoción, pero es un impostor. Para atender a tus emociones, debes filtrar los juicios, las interpretaciones negativas, las proyecciones y otros pensamientos que parecen sentimientos, pero que en realidad son solo reacciones a ellos. **Los sentimientos se llaman sentimientos porque puedes sentirlos.** Intenta localizar la emoción en tu cuerpo y siéntate con ella. Cuando hayas identificado una emoción, etiquétala utilizando un adjetivo de emoción que te ayude a diferenciarla de los impostores.

Cierro los ojos en busca de un sentimiento que describa la oscuridad turbulenta que intento ignorar. «Estoy rota» es lo primero que me viene a la mente. Eso es un juicio. «No, no lo es», insiste el juicio. «Es un hecho. No puedes hacer lo que hacen los demás. Ni siquiera puedes sentarte a ver una película entera. Rota». Siente, no alimentes, me digo. El juicio pasa como una nube. Escucho a mi cuerpo, la hinchazón dolorosa en mi pecho, la amenaza sorda de las lágrimas detrás de mis ojos. Lo siento en el corazón, la sensación de estar cayendo mientras permanezco quieta, sentada. Esto es desesperación.

Paso 2: copiar

En cuanto identifiques una emoción (por ejemplo, desesperación), tu mente enviará un ejército de pensamientos del calibre de los Boinas Verdes para oscurecerla y mortificarte. Sacan la artillería pesada –recuerdos dolorosos de la infancia, explicaciones elaboradas de por qué no sirves para nada, letras de viejas canciones de Dave Matthews Band–: lo que sea para distraerte del sentimiento y, al mismo tiempo, exacerbarlo. **Para ayudarte a mantener la plena conciencia en esas condiciones, copia o repite la emoción.** Decirla en voz alta o escribirla puede ayudarte a aumentar la conciencia porque así involucras más partes del cerebro. Para evitar una identificación excesiva con el sentimiento, descríbelo utilizando el lenguaje «esto es» en lugar de «yo soy» (por ejemplo, «Esto es ira» en lugar de «Estoy enfadado»). A pesar del énfasis en el «yo», la autovalidación te ayuda a reconocer la humanidad de tu sufrimiento. La narrativa personal que intenta vincularse a tus emociones crea la impresión de que estás solo en tu experiencia. «Nadie podría identificarse con mi extraño cóctel de síntomas y limitaciones». Bajo esa impresión de que eres diferente está la realidad de que eres humano.

En cuanto identifico la desesperación, las tropas entran en tropel. Me atacan con pensamientos del tipo «Tienes una nevera llena y un Mac-

Book; no tienes ni idea de lo que es la desesperación». Y con recuerdos: un correo electrónico de mi hermano de hace quince años en el que me llamó egoísta; el brillante sol de California sobre la cama donde estaba acostada, completamente agotada a las once de la mañana, mientras escuchaba a los vecinos que volvían a casa del mercado. «Esto es desesperación», me repito, intentando sentir la emoción sin alimentarla. Es más fácil decirlo que hacerlo. Los pensamientos sobre la emoción continúan distrayéndome. Copio las palabras «Esto es desesperación» en la aplicación de notas de mi teléfono. Me las repito en silencio. Con el tiempo, el espacio entre mis pensamientos y mis sentimientos se amplía. Cuanto más me concentro en sentir la emoción, más fuerza pierde.

COMPRENDER: ¿POR QUÉ ME SIENTO ASÍ?

Las **técnicas de comprensión** centran tu atención en los hechos, no en la culpa, para que puedas examinar la validez de tus emociones sin caer en una espiral de vergüenza y culpa. Nota: hablo de contextualizar y equiparar por separado, pero en la práctica puedes alternar entre ellas.

Pasos 3 y 4: contextualizar

Con esta técnica, vuelves a buscar el rastro de causa y efecto que conduce a una reacción. En este caso, la reacción que tratas de resolver es tu emoción y los hechos que has de tener en cuenta son las circunstancias que podrían haberla provocado o exacerbado, incluidos el pasado, la información errónea y el trastorno. El pasado incluye acontecimientos del pasado reciente, como haber recibido un correo electrónico despectivo de un compañero de trabajo, y factores de vulnerabilidad como haberse saltado la comida o no haber dormido bien.

Las suposiciones y los juicios suelen ser engañosos, así que puedes considerarlos información errónea para este ejercicio. No te castigues por hacer suposiciones o emitir juicios; simplemente, reconócelos por lo que son y por cómo te afectan. **Contextualizar reconoce las condiciones que contribuyen a tus emociones sin culparte a ti mismo ni a los demás por ellas.**

Me gusta estar sola; prefiero el sonido de las teclas a la gente hablando. Entonces ¿por qué me siento desesperada? Tengo esclerosis múltiple, parece demasiado obvio, así que repaso lo que he escrito hasta ahora en busca de pistas. Interesante. Los pensamientos y los recuerdos que he registrado sugieren otras causas para mi desesperación: soy egoísta, desagradecida y puede que demasiado dramática. ~~¡No permitas que estas cosas se salgan con la suya!~~ Estos pensamientos no son hechos. ¿Cuáles son los hechos?

- *No elijo quedarme en casa. El hecho es que viajar podría poner en peligro mi salud. Además, tengo dolor. El dolor muchas veces conduce a la desesperación. #trastorno*
- *Hace años que mis síntomas me impiden hacer muchas cosas que quería hacer. La decepción no desaparece solo porque el momento haya pasado. #historia*
- *Me he juzgado duramente por luchar contra este trastorno. Parece que doy por sentado que, como hay algo que está mal, debe haber algo malo en mí. #información errónea*

Resulta que la respuesta obvia —tengo esclerosis múltiple— era la correcta. Por enésima vez, me recuerdo que la aceptación no es un logro que puedas tachar de una lista; es una práctica. «Me llamo Caroline Fleck y tengo esclerosis múltiple».

Pasos 3 y 4: equiparar

En el capítulo sobre la técnica de equiparar te animo a utilizar el enfoque de la regla de oro, que consiste en ponerse en el lugar de otra persona para ayudarte a comprenderla y validarla. Equiparar tus propias experiencias requiere lo contrario: debes reconocer la humanidad de tus emociones. Damos por hecho que ciertos sentimientos negativos (celos, ira, desesperación, etcétera) dan una mala imagen de nuestro carácter y son inaceptables. Sin embargo, se trata de emociones normales que todas las personas experimentan. Puede ser complicado reaccionar a ellas, pero no es necesario que te castigues con invalidación cuando surjan. Para equiparar tus emociones, observa los hechos que hay debajo de las normas y las expectativas perfeccionistas que has interiorizado. **Pregúntate: ¿Juzgaría a un amigo por sentir lo que yo estoy sintiendo en esta situación? ¿Cómo reaccionaría ante un ser querido si estuviera en mi lugar?**

> *Me pregunto si juzgaría negativamente a mi cuñado Joe, que padece la enfermedad de Crohn, por sentirse desesperado si sus síntomas le impidiesen viajar. La respuesta es un visceral «¡NO!». El juicio es tan discordante con la que sería mi reacción ante Joe que parece ofensivo y repugnante. Vale, si me parecería comprensible que Joe sintiera desesperación, ¿por qué yo no puedo sentirla? «Porque eres psicóloga». Pero ¡¿qué dices, Mente?! Haz el favor de explicarte. «No sé, ¿no deberías estar por encima de emociones como la desesperación?». No. A los psicólogos, como al resto de las personas, se nos permite sentir desesperación. ¿Juzgaría yo a alguno de mis colegas por sentir desesperación? Otro «¡NO!» visceral. ¿Entonces? «Entonces, eres diferente y más débil que ellos». Voy a volver a las* ***técnicas de atención plena*** *un rato. «Sí, me imaginaba que iba a ser el siguiente paso». Ya he vuelto. Así, los hechos son estos:*
>
> - *No juzgaría a nadie de mi familia ni a ningún colega por sentir desesperación.*
> - *Todas las personas sienten desesperación, incluso los psicólogos.*
> - *Si otra persona estuviera en mi lugar, sentiría empatía por ella.*

En este momento, puedo ver de dónde procede la desesperación, y estoy convencida casi al 95% de que es una reacción razonable a las circunstancias.

TÉCNICAS DE EMPATÍA: ¿CÓMO PUEDO MOSTRAR AFECTO Y COMPASIÓN HACIA MÍ MISMO?

Las **técnicas de empatía** te ayudan a responder a tu sufrimiento con amabilidad y a canalizarlo hacia algo constructivo. Si te resulta confusa la idea de dedicarte empatía a ti mismo, puedes sustituir el término por *compasión* o *empatía compasiva*, como también se conoce. Según Paul Ekman, la compasión es un subconjunto de la empatía específico del sufrimiento, y se refleja en el impulso de reducirlo.[7]

Paso 5: exteriorizar

Cuando exteriorizas para validar a otras personas, expresas tus sentimientos en respuesta a lo que alguien ha compartido. **En la autovalidación, las emociones que expresas hacia ti mismo son el afecto y la compasión.** Una vez más, recurrirás a la comunicación verbal y no verbal para exteriorizar. Nota: no caigas en la trampa de pensar que puedes saltarte la técnica de exteriorizar porque eres demasiado guay para el monólogo interior. Llevas años hablándote a ti mismo, solo que no lo has estado haciendo muy bien.

El tacto, ya sea a través de abrazos, tomarse de la mano o palmadas en la espalda, figura entre las formas no verbales más comunes de demostrar afecto por los demás. En la autovalidación utilizarás gestos similares para reconfortarte. La relación de cada persona con su cuerpo es distinta, así que experimenta con diferentes gestos hasta encontrar uno que te resulte reconfortante y te transmita apoyo. Algunos ejemplos son los siguientes:

- Abrazarte a ti mismo mientras te acaricias los brazos.
- Colocarte una mano sobre el corazón.
- Acariciarte el estómago o colocarte una mano en esa zona.
- Apoyar una mano en la otra.

Cuando te hables a ti mismo, utiliza frases sencillas y amables. Evita las autoafirmaciones del tipo «Soy lo bastante bueno, lo bastante listo y, maldita sea, le caigo bien a la gente». La intención es expresar ternura hacia tus emociones sin intentar cambiarlas.* Estos son algunos ejemplos:

«Esto es duro».

«Te perdono».

«Que acepte lo que no puedo cambiar».

«Te quiero».

En cuanto me pongo la mano derecha sobre el estómago, me invade una sensación inmediata de alivio y apertura (puede que sea una respuesta de condicionamiento clásico después de todos estos años vinculando ese gesto a la amabilidad). Me imagino a mí misma agachada y dando palmaditas en la espalda a una mujer que coincide con mi descripción. Sé que la mujer soy yo, pero el hecho de no verle la cara me desconecta lo suficiente para sentir la empatía que sentiría de forma natural hacia una persona desesperada. «Déjalo estar», le digo. En ocasiones digo «Te quiero» para consolarme, pero esas palabras no me salen de forma natural en este momento. Mientras estoy aquí sentada, en Nochevieja, las palabras son «Déjalo estar», «Déjalo estar, cariño», repito con calidez y confianza. «Déjalo estar».

* Reaccionar con ternura a tus emociones sin intentar cambiarlas acabará cambiando tus emociones para mejor. Sin embargo, si solo tratas de sentirte mejor, no podrás engañarte a ti mismo y no funcionará. Me doy cuenta de que hemos trascendido a la lógica de Yoda, pero créeme, todo cuadra.

Paso 6: tomar cartas en el asunto

Si te tomas en serio tus emociones, parece lógico que también reacciones a ellas con seriedad. El autoconsuelo y buscar el sentido son dos formas de hacerlo. La puerta de entrada del autoconsuelo es a través de los sentidos (el gusto, el tacto, el olfato, la vista y el oído). Entre los ejemplos figuran tomar una infusión caliente, darse un baño, encender unas velas, ordenar tu espacio y escuchar música relajante. Estas actividades tienen por objeto hacer más llevadero el sufrimiento, no negarlo o amplificarlo.

> *Si yo tratase de cuidar a alguien sumido en la desesperación, le ayudaría a ponerse en pie y le prepararía un té. Así que eso es exactamente lo que voy a hacer. También encenderé mi leal vela Paddywax con aroma a Yosemite, cogeré el suave Squishmallow que a veces utilizo como almohada, pondré algo de Chopin y encenderé la chimenea.*
>
> *Vale, ya estoy de vuelta. Me siento menos a flor de piel a pesar de haberme topado con algunos problemas, como derramarme té caliente en las manos y enfrascarme en una pelea a gritos con Google Home, que se ha tomado mi petición de que ponga a Chopin como una excusa para hacer sonar «Chopsticks» a todo volumen. A pesar de los obstáculos, me siento mejor, más tranquila.*

Buscar el sentido a las emociones y las experiencias negativas solo es posible después de reducir la autoinvalidación que te castiga a aceptarlas. Siempre he considerado que el sufrimiento es energía. Se puede utilizar con fines constructivos o destructivos, pero la energía en sí misma es neutra. Si no aceptas las cosas dolorosas que has hecho o que te han hecho, no puedes opinar sobre cómo se dirige esa energía. Si se abandona a su suerte, la negatividad suele acabar alimentando una conducta autodestructiva. Tenemos tanto miedo de regodearnos en nuestras emociones que acabamos regodeándonos en nuestros intentos de evitarlas.

Aceptar el sufrimiento no significa que vaya a subsumirte o definirte; a través de la aceptación, tú puedes definirlo. **Tomar cartas en el asunto te lleva a canalizar las emociones tiernas que has estado reprimiendo y que dan sentido a tu vida:** volver a tocar un instrumento olvidado, leer un artículo sobre un tema que te interesa, preparar galletas para alguien o escribir con el corazón un capítulo sobre autovalidación con la esperanza de que otra persona lo lea y le resulte útil. No importa lo grande o lo pequeño que sea; solo da un paso hacia algo que te importe, y que sea un paso que no tenías previsto dar ese día.

El capítulo es importante, pero mi corazón me dice que necesito enviar un correo electrónico a una mujer que conocí en Petco en julio. Dirige una organización sin ánimo de lucro que distribuye animales en acogida entre las tiendas de mascotas de la zona para facilitar su adopción, y llevo tiempo queriendo contactar para ver si necesita ayuda con las tareas diarias. Sí, me doy cuenta de que han pasado más de seis meses; no, no sé por qué he tardado tanto en contactar con ella. Lo único que sé es que ahora mismo no quiero escribir un correo electrónico. Estoy agotada y dolorida. Bla-bla-bla. Vale, vamos a ello.

Y estoy de vuelta. Me he ofrecido a ayudar los jueves y los domingos por la tarde con Havana. Tengo que decir que me siento bien. Muy bien en realidad. Escribir el correo electrónico no me ha agotado ni me ha exigido tanto como pensaba que lo haría. Me ha recordado mi fuerza. No puedo volar a Seattle en este momento, pero todavía puedo vaciar un arenero.

EJERCICIO DE AUTOVALIDACIÓN

Practica este ejercicio en momentos de angustia o vulnerabilidad. Te recomiendo encarecidamente que escribas tus respuestas a las preguntas hasta que memorices el proceso y puedas seguir cada paso sin distracciones.

Si te distraes en algún momento de esta práctica, utiliza las **técnicas de atención plena** para volver al momento presente.

Atención plena: «¿Qué siento?»	**Paso 1: atender**	• Aprieta todos los músculos y abre las palmas de las manos, relaja el cuerpo y respira profundamente. • Pregúntate: «¿Qué estoy sintiendo?». Concéntrate en dónde experimentas la emoción en tu cuerpo y etiqueta tus sentimientos utilizando adjetivos relativos a emociones (frustrado, asustado, triste, etcétera).
	Paso 2: copiar	• Aparta tu atención de cualquier pensamiento que surja y vuelve a centrarte en tus sentimientos. • Repite para tus adentros «Esto es [emoción que has identificado]» como si fuera un mantra o escribe la frase.
Comprender: «¿Por qué me siento así?».	**Pasos 3 y 4: contextualizar y equiparar**	**Contextualizar:** considera el contexto más amplio en el que se producen tus emociones (el pasado, reciente y lejano; la información errónea, incluyendo suposiciones y juicios, un trastorno, etcétera). **Equiparar.** Pregúntate: • «¿Juzgaría a un amigo por sentir lo que yo siento en esta situación?». • «¿Cómo respondería a un amigo íntimo si estuviese en mi lugar?».
Empatía: «¿Cómo puedo mostrarme afecto y compasión a mí mismo?».	**Paso 5: exteriorizar**	• Experimenta con diversas formas de tacto suave. Por ejemplo: - Colocar una mano sobre el corazón. - Abrazarte mientras te acaricias los brazos. - Tocarte o frotarte suavemente el estómago. - Juntar las manos. • Dedícate palabras amables como si estuvieses consolando a un amigo. Utiliza frases sencillas y reconfortantes como «Te quiero» o «Esto es duro».
	Paso 6: tomar cartas en el asunto	• Dedícate autoconsuelo prestando atención a tus cinco sentidos. • Haz algo que refleje tus valores: por ejemplo, ayudar a los demás, crear arte, hacer ejercicio o leer. Nota: elige algo que no tenías pensado hacer.

UNAS PALABRAS SABIAS PARA ACABAR

Como todos los escritores, recurrí al equivalente literario de un equipo de expertos en imagen personal para ayudarme a pulir los capítulos después de escribirlos. Mi equipo de lectores y editores se mostró receptivo, atento y, en general, paciente con los muchos errores editoriales que cometí, pero hubo un problema que creo que todos se hartaron de señalar: la incoherencia en el uso de los pronombres. Para que quede claro, no es que confundiese los pronombres de género, cosa que podría invalidar gravemente la identidad de una persona y debe evitarse a toda costa. No, mi problema era del tipo «yo»/«tú». Utilizaba «ellos» y «nosotros» indistintamente, y el «yo» al que se hacía referencia al principio de una frase acababa siendo un «tú» al final en muchas ocasiones. Por ejemplo, escribí: «Sí, mi objetivo es validar a alguien, no que me hagan un desfile en honor a mi esfuerzo, pero si la persona te trata peor con el tiempo, o si no te sientes bien contigo mismo después de intervenir, aléjate de esta técnica».

Con el tiempo, el comentario sobre los «pronombres incoherentes» se redujo a «pronombres» y, finalmente, a «¡¡¡¡¡pronombres!!!!!», ya que el problema persistía. Lástima, me siento fatal por mi equipo de imagen, porque sus comentarios no lograron que dejase de repetir estos errores una y otra vez.

La tendencia a intercambiar los pronombres yo/tú es un mal hábito que, al parecer, he desarrollado con los años. ¿O no? No soy nadie para psicoanalizar los lapsus (del habla o del teclado), pero a una parte de mí le gusta creer que confundía los pronombres de manera subconsciente a propósito para expresar algo importante: concretamente, que todos somos uno. Es un argumento cursi, pero cada día estoy más convencida de ello.

Mi trabajo sobre la validación me ha llevado a centrarme menos en las características que dividen a las personas –marido contra mujer, jefe contra empleado, psicóloga frente a gato callejero– y más en las conexiones entre ellas. Donde antes veía un abismo infinito que separaba el «tú» del «yo», ahora veo un pequeño valle con puentes que lo atraviesan. Mi dolor te duele. Validar a los demás nos ayuda, y validarnos a nosotros mismos ayuda a los demás. Es posible que mis intercambios de pronombres fuesen un intento subconsciente de subrayar estas ideas. O puede que solo sea una escritora descuidada. O a lo mejor es un acto de rebeldía.

Cuando lancé mi propuesta para este libro a agentes y editores, algunos expresaron su preocupación por el énfasis que hago en los demás. O, más bien, por el énfasis en aceptar a los demás. Nadie tuvo problemas con un libro sobre cambiar a los demás. Esos libros se venden como churros. La cuestión era si los lectores estarían dispuestos a centrarse en la aceptación por encima de todo. En el terreno de la autoayuda, ¿tendría alguna posibilidad un libro sobre validar a los otros? Yo creía que sí. Sobre todo porque la premisa es que la aceptación conduce al cambio. Por no mencionar el hecho de que aceptar a los demás es una forma de autoayuda. El confinamiento solitario y el aislamiento social se consideran tortura porque la conexión con otras personas es fundamental para nuestro crecimiento y nuestra estabilidad. Resulta que, junto con el aislamiento, el hecho de no aceptar a los demás es la forma más segura de distanciarse de ellos.

Aun así, lo entiendo. La aceptación no es tan atractiva como el cambio, incluso aunque al final suponga un cambio. En realidad, no lo entiendo. La verdad es que eso es solo lo que me dijeron. Creo que la aceptación y el cambio son dos caras de la misma moneda. Creo que trabajar en las relaciones con otras personas es casi siempre la forma más fácil de cambiar la relación con nosotros mismos, y que nos conviene confundir el «tú» con el «yo» de vez en cuando (aunque no al escribir un libro). Por último, creo en las personas como tú, que entiendes que validar a los demás te ayuda a ti y validarte a ti mismo ayuda a los demás.

Gracias a la incansable y necesaria ayuda de mi equipo de imagen, se han corregido todos los errores en los pronombres (creo). Lo que no quería era que se perdiese el posible trasfondo de esos errores. Para hacer justicia a las ideas que han inspirado mi trabajo sobre la validación, te dejo con las palabras de aquellos que captan el espíritu de mi perspectiva y continúan inspirándome a día de hoy.

> Cuanto más se olvida uno de sí mismo –al entregarse a una causa a la que servir o a la persona amada–, más humano se vuelve y más perfecciona sus capacidades.
>
> VIKTOR FRANKL[8]

> Tú y yo somos nosotros y ellos, y ello y el cielo.
>
> ADA LIMÓN[9]

> La aceptación es el primer paso hacia el cambio.
>
> MARSHA LINEHAN[10]

EPÍLOGO

No tengo pechos. Es decir, sí tengo, pero no son míos. Los míos me los quitaron durante una doble mastectomía en el verano de 2023. Lo que tengo ahora son expansores de metal llenos de solución salina. Y cáncer de mama. Me lo diagnosticaron exactamente una semana después de poner el punto final a la última frase de la que debería haber sido la última página de este libro.

Editar el manuscrito durante la quimioterapia fue surrealista. Frases como «Nunca he querido darle a una enfermedad nada que no me hubiese quitado ya» parecen más premonitorias que inspiradoras ahora que se me cae el pelo a mechones. Y me sorprende la gran distancia que me separaba de las experiencias difíciles que describía. Sí, los síntomas de la esclerosis múltiple están activos, pero el propio diagnóstico no es ninguna novedad. Sí, los brotes son todos distintos, pero los entiendo y he establecido soluciones alternativas que me ayudan a manejarlos de manera que la mayoría de la gente no se entera. Como un hombre lobo, soy capaz de mantener las apariencias mientras me adentro en las sombras de vez en cuando para sobrellevar diversos síntomas y tratamientos. Esta combinación de autosuficiencia y compartimentación me ha permitido centrarme en mis dos trabajos a tiempo completo: madre y psicóloga. Durante la mayor parte de mi vida adulta, he sido más una cuidadora que una receptora de cuidados.

El cáncer lo cambió todo. A diferencia de la depresión y la esclerosis múltiple, que tuve la suerte de poder gestionar por mí misma y ocultar cuando era necesario, el cáncer no se puede disimular con una sonrisa despreocupada y un fuerte improvisado debajo de mi escritorio para dormir entre cliente y cliente. Por primera vez en mi vida, me veo tan mal como me siento. No hay forma de camuflar los tubos que drenan líquido de mi pared torácica mientras voy de camino al mercado de agricultores o el tono verdoso translúcido de mi piel como consecuencia de la quimioterapia. La gente no me dice «¡Pero pareces muy saludable!» como cuando contaba que tenía esclerosis múltiple. En cambio, todo el mundo abre mucho los ojos (como los dibujos de anime) cuando hablan conmigo, como si estuvieran mirando a un animal abandonado en la perrera.

Afortunadamente, recibir tanta atención y afecto no ha cambiado ninguno de los puntos de vista que defiendo en este libro. En todo caso, el cáncer ha reforzado mi convicción de que encontrarle sentido al sufrimiento utilizándolo para conectar con los demás y validarlos nos acerca a lo que algunos llaman «iluminación». Sin embargo, al releer el manuscrito con la mirada retrospectiva de estos últimos meses, me doy cuenta de que hay dos puntos que no se han tratado lo suficiente. El primero es que la autovalidación es como un escudo del Capitán América contra la invalidación externa.

Desde clientes a médicos, pasando por la vecina a cuya tía diagnosticaron hace poco un estadio III, todos los que saben que tengo cáncer –que, de nuevo, es todo el mundo– parece ser un experto en lo que va a ocurrir y cómo hay que prepararse: «La primera semana después de la quimio es la más dura», «Mi prima me dijo que necesitarás un cabezal de ducha de mano para después de la mastectomía», «Tómate los analgésicos que te den»... A veces comunican sus expectativas como directrices. Mi oncólogo me dijo que me tomase un mínimo de cuatro meses sin trabajar para la quimio como si la baja médica remunerada fuese un hecho para una persona que está siendo tratada en Stanford. El cirujano me dijo que no debía elevar mi frecuencia cardíaca durante ocho semanas después de la mastectomía. Cuando llegó mi turno de pedir en una heladería, un familiar anunció rápidamente: «Solo tomará agua», y luego, en un tono que solo he oído en las películas cuando un personaje le dice al otro «Actúa con naturalidad», me susurró «El azúcar alimenta el cáncer».

En general, aprecio las recomendaciones y las ideas que me aportan (excepto cuando se interponen entre el helado y yo). El problema es que todo el mundo está tan convencido de lo que es correcto que discernir lo que es correcto para mí sería casi imposible si no tuviese práctica en autovalidación. Por la noche o, seamos sinceros, a mediodía, mientras me acurruco bajo el edredón, subo mentalmente los peldaños de mi Escala de la Autovalidación para averiguar qué siento, por qué lo siento y qué necesito para avanzar. A veces me apoyo en la sabiduría ajena que he ido recogiendo; a veces hago exactamente lo contrario de lo que me sugieren. En cualquier caso, me siento segura de mis decisiones.

La autovalidación también tiene la característica útil de protegerte de la sensación de invalidación que surge de forma natural cuando el mundo parece insistir en que tus sentimientos son «erróneos». Por ejemplo, en las setenta y dos horas posteriores a mis tratamientos de quimioterapia experimento despersonalización, y parece como si me observase desde fuera de mi cuerpo. Mat puede dar fe de que, a pesar de ser psicóloga, soy pésima describiendo qué se siente en esos momentos. Lo más aproximado que puedo decir es que se trata de una combinación de agitación y angustia por la sensación de que no soy yo misma. Los gatos no son monos. Los monologuistas son inaguantables. Es una verdadera lata. No estoy deprimida o apática, sino más bien ausente. El único indicio de mí es la conciencia de que no soy como siempre.

Una inesperada indiferencia hacia los gatitos no aparece en ninguna de las páginas y páginas de impresos que mi oncólogo me dio sobre los efectos secundarios de la quimioterapia. Todos los médicos y las enfermeras con los que he hablado sobre esta despersonalización me han respondido con alguna versión de «Nunca he oído hablar de eso» antes de pasar rápidamente a otra cosa. Traducción: «Eso no es válido».

En ausencia de autovalidación, habría dudado de mí misma. «¿Y si no es la quimio? ¿Y si es cosa mía?». La capacidad de ver la validez de mis emociones y confiar en mi experiencia por encima de las expectativas de los demás me ha protegido de lo que imagino que habría sido un batiburrillo de autoinvalidación. Hay momentos en mi vida en los que habría pensado que estaba loca o que era demasiado dramática, o incluso habría cuestionado mi experiencia. Básicamente, hay momentos en mi vida en los que habría reaccionado hacia mí misma como la sociedad suele reaccionar ante los síntomas médicos de las mujeres: desestimándolos y trivializándolos. En cambio, me siento capacitada para hablar de lo que me pasa, y no ocultarlo. Si yo siento esto y me siento sola en esto, es posible que haya más personas a las que les ocurra lo mismo.

Así que sí, la autovalidación es importante. Mejora la autoestima, la autocompasión y la relación con uno mismo, como hemos visto en el capítulo 18. Una de las cualidades que empieza a surgir a medida que se fortalece una relación es la confianza. Quiero destacar que, al mejorar cómo te relacionas contigo mismo, la autovalidación hace que te resulte más fácil confiar en tus decisiones y experiencias, lo que te permite aceptar las aportaciones de los demás sin sentirte confundido o invalidado por ello.

El segundo punto al que habría que dedicar más tiempo es la validación externa. En el libro explico cómo validar a otras personas y cómo validarte a ti mismo. En repetidas ocasiones normalizo el deseo de recibir validación de otros, pero no he explicado cómo se obtiene. Me preocupaba que centrarme en el modo de recibir validación restase valor a la importancia de transmitirla, pero he cambiado de opinión.

En mi casa siempre ha sido habitual pedir validación. La semana pasada, cuando Havana se desilusionó al saber que no coincidiría con ninguna amiga en el nuevo curso, le pregunté si quería validación o resolución de problemas. Respondió que quería validación; más tarde, cuando le sugerí que quedásemos con algunos niños de su clase para jugar, reiteró: «Mamá, solo quiero validación». Cuando Mat saca el tema del trabajo y yo me pongo en modo *coach* con él, muchas veces tiene que aclararme que lo que busca es validación, no estrategias de comunicación. Y cuando Mat me dirigió una mirada reprobatoria después de decirle que necesitaba acoger a otro gatito del refugio, tuve que aclarar que lo que buscaba es que validase mi necesidad —tomando cartas en el asunto y acompañándome—, no que cuestionara mi lógica.

En mi caso, no es habitual que pida validación a personas ajenas a mi familia directa. Como he dicho, la mayor parte de mi vida adulta he desempeñado el papel de cuidadora, no de receptora de cuidados. Ahora que el cáncer ha cambiado el guion, me encuentro inundada de mensajes de personas que intentan apoyarme, normalmente aportando datos, anécdotas u otras garantías de que todo saldrá bien.

Mis amigos y mi familia luchan contra lo mismo que yo: el miedo. Y una respuesta lógica al miedo es atacar a aquello que lo provoca. ¿Qué puede ser más alentador que ofrecer estadísticas optimistas e historias de éxito de personas que han superado la enfermedad que amenaza mi vida? Esas respuestas son razonables, y a veces me reconfortan; en otras ocasiones, el optimismo me inspira un profundo sentimiento de soledad que, paradójicamente, me lleva a querer esconderme. El hecho de que mi respuesta sea contradictoria de un día para otro no facilita las cosas. Lo que me ha ayudado es pedir validación cuando la necesito, sin más. Casi todo el mundo que me conoce entiende esta petición (al menos conceptualmente), pero puede que no sepan cómo o qué validar. No pasa nada. No hay nada malo en dar detalles, siempre que se haga con delicadeza, no con críticas. He aquí un par de ejemplos descarados en los que busco validación externa:

- Le dije a un familiar que me sentía culpable por toda la ayuda que necesitaba e inútil por eso mismo. Su reacción inmediata fue rebatir mis emociones: «¡No puedes hablar en serio! Tienes cáncer, ¡no te machaques!». Le dije que apreciaba los ánimos y la perspectiva, pero que me ayudaría que validase mis sentimientos. Se mostró confuso, así que le aclaré: «En un mes, pasé de ser el sistema de apoyo de todo el mundo a necesitar el apoyo de todo el mundo. Intento decirme a mí misma que es normal tener dificultades con ese cambio repentino y que no necesito sentirme mal por sentirme mal». Inmediatamente cambió el chip y empezó a argumentar a mi favor proponiendo ejemplos de mi necesidad de apoyo.

- Una amiga bienintencionada me dijo «Es algo temporal. Volverá a crecer» cuando empecé a llorar por haber perdido el pelo. Le aclaré con delicadeza que lo que necesitaba era sentir que mi tristeza y mi decepción eran razonables, que no se trataba de una reacción dramática. Se echó a reír. «Creo que solo intento convencerme para no llorar. ¡Tu pelo es precioso, y es muy doloroso que lo pierdas!». Nota al margen: tengo un pelo estupendo. Corrección a la nota al margen: *tenía* un pelo estupendo.

La validación que surgió en esas situaciones no perdió valor por tener que pedirla. Y aunque mi práctica de autovalidación es sólida, sigo creyendo que el hecho de que los demás vean, entiendan, empaticen y, en definitiva, acepten por lo que estoy pasando es reparador. Por decirlo suavemente. Algunos días, la validación externa se recibe como agua en unos labios resecos. El hecho de ser vista por otra persona, de sentir que aceptan la realidad de lo que estoy pasando..., bueno, eso es muy importante. Por citar a DelGaudio, «Es un puñetero regalo».[1] Y desear ese regalo no te hace débil o dependiente; solo refleja tu humanidad. Citando al famoso psicólogo social Mark Leary, «Los seres humanos pueden diferir de otros animales de forma más evidente no en términos de su tendencia a asociarse o interactuar, sino en su deseo de ser aceptados por los demás».[2]

Como en cualquier dialéctica, la relación entre el yo y el otro no es una cuestión de uno u otro, sino de ambos. Puedes ver la validez de tus experiencias y desear que los demás también la vean. Puedes aceptarte a ti mismo y sentirte fortalecido por la aceptación de las otras personas. Puedes expresar tus necesidades emocionales, incluida la necesidad de validación, y tener relaciones sanas. Y ya que hablamos de dialéctica, quiero asegurar a todas mis hermanas que podrían llegar a enfrentarse a un cáncer de mama que podéis extirparos los pechos y seguir teniendo pechos.

Si estás leyendo este epílogo, voy a suponer que también has leído la introducción y todas las notas a pie de página. De nuevo, eres de los míos. Y ya que estamos aquí solos, al final, quiero darte las gracias por leer mi libro de principio a fin. Independientemente de si te gusta o estás de acuerdo con mi perspectiva, la combinación de atender (escuchando mis palabras) y tomar cartas en el asunto (leyendo lo que muchos lectores seguramente se habrán saltado) valida el trabajo que he realizado en este libro. Gracias. También quiero pedir disculpas por si el epílogo me ha quedado un poco caótico. Los efectos de la quimioterapia en el cerebro son reales, y me preocupa que estas últimas páginas parezcan haber sido escritas por Seth Rogen mientras estaba de pícnic en Ámsterdam.

APÉNDICE

RESUMEN DE LA ESCALA DE LA VALIDACIÓN

<table>
<tr><td rowspan="2">Técnicas de atención plena</td><td>Atender:
Demuestras que prestas atención y escuchas sin juzgar.</td><td>• Utiliza las Cuatro Grandes: contacto visual, proximidad, gestos, asentir.
• Juega al Juego A preguntándote:
- «¿Cómo se puede mejorar su punto de vista?».
- «¿Por qué lo considera importante?».
• Haz preguntas y comentarios.</td></tr>
<tr><td>Copiar:
Reflejas la reacción de la otra persona.</td><td>• Refleja sus palabras.
• Refleja sus modos.
• Pon palabras a sus modos.</td></tr>
<tr><td rowspan="3">Técnicas de comprensión</td><td>Contextualizar:
Reconoces que la reacción de una persona tiene sentido en un contexto más amplio.</td><td>Considera si la conducta problemática es válida teniendo en cuenta:
• El pasado.
• La información errónea.
• Un trastorno.</td></tr>
<tr><td>Equiparar:
Comunicas que la conducta de una persona es equiparable a la reacción que tendrían los demás.</td><td>• Utiliza el enfoque de la regla de oro para fomentar la comprensión.
• Habla en primera persona si es un compañero o una autoridad; utiliza la tercera persona para mostrar deferencia.
• Considera la posibilidad de añadir el calificador Caroline: «Y lo estás manejando mejor que la mayoría».</td></tr>
<tr><td>Proponer:
Dices lo que crees que la otra persona está pensando o sintiendo.</td><td>• Utiliza el Juego A, las preguntas de la técnica de atender o la regla de oro para generar ideas.
• Expón tu idea con naturalidad o a modo de sugerencia, dependiendo del nivel de confianza y de la relación.</td></tr>
<tr><td rowspan="3">Técnicas de empatía</td><td>Tomar cartas en el asunto:
Intervienes en nombre de alguien.</td><td>La persona no puede intervenir por sí misma:
• Plantéate las preguntas de «actuar o no actuar»:
- ¿Dispone de los recursos necesarios?
- ¿Puede y debe aprender a hacerlo por sí misma?
- ¿La acción requerida va en contra de mis valores?
- Preguntar (pedir permiso) antes de intervenir.

Si la persona puede tomar cartas en el asunto por sí misma:
• Recuerda tu intención y prepárate para retroceder.</td></tr>
<tr><td>Exteriorizar:
Expresas tu reacción auténtica.</td><td>• Utiliza la conducta no verbal.
• Expresa pensamientos que impliquen emociones.
• Etiqueta tus sentimientos utilizando adjetivos relacionados con las emociones.</td></tr>
<tr><td>Desvelar:
Confías experiencias compartidas.</td><td>• Céntrate en las observaciones compartidas, no en la singularidad de lo tuyo.
• Vuelve a centrar la conversación en la otra persona después de compartir.
• Utiliza desvelamientos de bajo nivel para determinar los límites.</td></tr>
</table>

AGRADECIMIENTOS

Me obsesioné con la banda sonora de *Hamilton* mientras escribía este libro. A Havana también le gustaba mucho y me sacaba de mi concentración de vez en cuando, irrumpiendo en la habitación en la que me hubiese refugiado, para cantar «Why do you write like you're running out of time» [¿Por qué escribes como si se te acabara el tiempo?] con todas sus fuerzas.

Es un estribillo frecuente en la obra y parecía perfecto para burlarse de mí cuando empecé a sacrificar horas de mis preciados fines de semana para escribir. Lo extraño es que me sentía torturada en secreto por esa misma pregunta. «¿Por qué escribes como si se te estuviera acabando el tiempo?», escribí en un pósit después de un día escribiendo de manera especialmente compulsiva. ¿Quién se escribe mensajes enigmáticos en pósits? Yo no, o al menos nunca lo había hecho. Algo pasaba.

Estaba sumida en un frenesí de pánico por acabar el libro. Mis allegados dieron por sentado que tenía un plazo estricto y se sorprendieron al enterarse de que mi editora no me había presionado ni una sola vez. Creo que sus palabras exactas fueron: «Las fechas de entrega solo se ponen en los contratos para evitar que se nos vayan de las manos (en plan años de retraso). No te preocupes». Entonces, ¿por qué escribía como si se me acabara el tiempo?

Creo en los efectos transformadores de la validación y estaba entusiasmada ante la perspectiva de darlos a conocer a todo el mundo. Sin embargo, eso no explicaba del todo mi comportamiento. Bajo la superficie de mi tenacidad estaba el miedo a no vivir lo suficiente para terminar el libro. Me doy cuenta de lo dramático que suena, pero no podía deshacerme de la sensación de premonición que me empujaba a escribir. Sentí un profundo alivio cuando acabé el manuscrito, y no solo por haberlo terminado, sino también por no haber muerto antes. «¡Uf! –recuerdo que pensé–, ¡mi miedo a la muerte no era una premonición!». Los lectores aplicados que han leído el epílogo saben que el alivio no duró mucho. Una semana después de terminar el libro, me diagnosticaron cáncer de mama. La enfermedad era invasiva y agresiva, y se había extendido por los ganglios linfáticos.

Aunque ya había acabado de escribir, todavía quedaba mucho trabajo de preparación del manuscrito para su publicación. Una vez más, me preocupaba quedarme sin tiempo, solo que en esta ocasión el miedo estaba más que justificado.

Una de las cosas que ocurren con el cáncer es que pone las cosas en perspectiva. Después de mi doble mastectomía desarrollé una infección que podría haber sido mortal; tuve problemas cardíacos tras mi tercera quimioterapia y me dijeron que sufría una sepsis grave o insuficiencia cardíaca (resultó no ser ninguna de las dos cosas). La muerte parecía inminente, y cuando me di cuenta de que podría ser cierto que se me acababa el tiempo, no quise escribir más. No quería hacer nada más que estar con mi familia. Y también quería estar sola para vomitar, dormir y tener diarrea.

La otra cosa sobre el cáncer es que revela el carácter de las personas. Cuando la gente se entera de que tienes cáncer, casi siempre responde con lástima y preocupación, y ninguna de las dos cosas resulta especialmente reveladora. Los momentos que revelan el carácter se reflejan en la manera de tomar cartas en el asunto, en especial cuando tiene un coste personal. El equipo formado para trabajar en este libro se compuso de individuos excepcionalmente talentosos. Me resultó evidente (e intimidante) desde el principio, pero no me di cuenta del verdadero carácter de muchos de ellos hasta que el cáncer me los reveló.

Me gustaría dar las gracias en primer lugar a esos «caracteres», porque no sé si este libro se habría llegado a publicar sin ellos. A Caroline Sutton (mi yo del futuro), gracias por disipar mis inseguridades con la risa, como hiciste en tantas ocasiones, y por ser la luz que me ayudó a encontrar el camino a través de tantos túneles oscuros. A la buena gente de Avery: a pesar de observar que las fechas de publicación solo se usan para evitar que los manuscritos tengan retrasos de años, respondieron a la noticia de mi diagnóstico ampliando la fecha de publicación en años por si necesitaba todo ese tiempo. A Lucia Watson, que intervino cuando yo estaba en horas muy bajas debido a la radiación para ayudarme a editar el manuscrito sin presionarme en ningún momento. A mi agente, Giles Anderson, que creyó primero en mi capacidad para escribir este libro, y después en que el cáncer retrasaría, pero no impediría, su publicación. A mi asistente de siempre, Kyla Krontz, que hizo de todo menos recibir a mis clientes y convertirse en escritora fantasma para mantenerme a flote. Y a Geraldine Rodríguez, que encarnó la validación y el altruismo que su madre defendió.

A mi gato criticón, que se enfadó tanto cuando oyó al médico diciéndome que tendría que empezar quimioterapia que murió al día siguiente, y a los gatitos que intentaron llenar el enorme vacío que dejó comiéndose todo lo que estaba a la vista, incluyendo (no es broma) una barra de pan entera. Y a mis amigos y familiares: gracias por seguir dándome vuestro amor y apoyo a pesar de que muchas veces no os reforcé con una respuesta. Desafiáis las leyes del conductismo.

También me gustaría dar las gracias a las personas que me influyeron mucho antes de todo este asunto del cáncer de mama. A Jackie Gollan, Zach Rosenthal, Jennifer Sayrs, Marsha Linehan, Jianhu Shifu y el difunto Clive Robins, que fueron fundamentales para dar forma a mi trabajo (y a mi vida, de hecho). A mis colegas de todos estos años (tan buenos en validación que no pudieron evitar convertirse en amigos): Betsy Holmberg, Katrina Blomquist, Dorian Hunter, Jared Michonski, Julia Hitch, Clara Doctolero, Angela Davis, Sanno Zack, Soo Uhm, Julie Leader, Hal Lynne Micali, Samantha Fordwood, Jeanne Jakob, Jennifer Nam, Molly Walsh y la difunta Ayelet Kattan. A mi equipo de imagen editorial, con un agradecimiento especial a Andrea St. Aubin, Christy Wagner, Maria Tilden, y a mi hermano, Jef, que es el verdadero escritor de la familia.

Por último, quiero dar las gracias a Mat y Havana. Mat: además de dejarme compartir con el mundo grabaciones secretas de nuestras conversaciones, leíste cada página que escribí, vaciaste mis drenajes mamarios después de la operación, editaste capítulos a todas horas del día y de la noche, inscribiste a Havana en campamentos de verano, pirateaste una copia de Adobe Illustrator cuando me vi en apuros y tomaste cartas en el asunto de innumerables maneras mientras escribía como si se me acabara el tiempo, y en los días oscuros que siguieron cuando nos temimos que realmente fuera así. Me acuerdo de algo que me dijo Caroline Sutton mientras te dedicaba todos estos elogios: «¿A veces no te sientes como una verdadera zorra por estar casada con un buen tipo?». Sí, Mat, a veces sí.

Havana, este trabajo ha sido mi esfuerzo por *«make the world safe and sound for yoooooooou»*. Te lo dedico a ti, Mu. (P. D.: Siento que mi libro sobre la validación se publique primero; las ilustraciones del tuyo son mucho mejores).

NOTAS

Introducción

1. Marsha M. Linehan y otros, «Dialectical Behavior Therapy versus Comprehensive Validation Therapy plus 12-Step for the Treatment of Opioid Dependent Women Meeting Criteria for Borderline Personality Disorder», *Drug and Alcohol Dependence*, 67, núm. 1 (1 de junio de 2002), págs. 13-26, <https://doi.org/10.1016/s0376-716(02)00011-x>.

1. Validación: el secreto mejor guardado de los psicólogos

1. James A. Blumenthal y otros, «Exercise and Pharmacotherapy in the Treatment of Major Depressive Disorder», *Psychosomatic Medicine*, 69, núm. 7 (1 de septiembre de 2007), págs. 587-596, <https://doi.org/ 10.1097/psy.0b013e318148c19a>.
2. Marsha M. Linehan y otros, «Cognitive-Behavioral Treatment of Chronically Parasuicidal Borderline Patients», *Archives of General Psychiatry*, 48, núm. 12 (1 de diciembre de 1991), págs. 1060-1064, <https://doi.org/10.1001/archpsyc.1991.01810360024003>; Shuyan Chen y otros, «Effects of Dialectical Behaviour Therapy on Reducing Self-Harming Behaviours and Negative Emotions in Patients with Borderline Personality Disorder: A Meta-Analysis», *Journal of Psychiatric and Mental Health Nursing*, 28, núm. 6 (1 de diciembre de 2021), págs. 1128-1129, <https://doi.org/ 10.1111/ jpm.12797>.
3. Ethan H. Mereish, Conall O'Cleirigh y Judith Bradford, «Interrelationships Between LGBT-Based Victimization, Suicide, and Substance Use Problems in a Diverse Sample of Sexual and Gender Minorities», *Psychology, Health &*

Medicine, 19, núm. 1 (27 de marzo de 2013), págs. 1-3, <https:// doi.org 10.1080/13548506.2013.780129>; Kristen Clements-Nolle y otros, «HIV Prevalence, Risk Behaviors, Health Care Use, and Mental Health Status of Transgender Persons: Implications for Public Health Intervention», *American Journal of Public Health,* 91, núm. 6 (1 de junio de 2001), págs. 915-921, <https://doi.org/ 10.2105/ ajph.91.6.915>; Ann C. Haas y otros, «Suicide and Suicide Risk in Lesbian, Gay, Bisexual, and Transgender Populations: Review and Recommendations», *Journal of Homosexuality*, 58, núm. 1 (30 de diciembre de 2010), págs. 10-51, <https://doi.org/10.1080/ 00918369.2011.534038>.

4. Marsha M. Linehan, «Validation and Psychotherapy», en *Empathy Reconsidered: New Directions in Psychotherapy*, eds. A. C. Bohart y L. S. Greenberg, Washington D. C., American Psychological Association, 1997, pág. 355, <https://doi.org/10.1037/10226-16>.
5. Walter E. B. Sipe y Stuart J. Eisendrath, «Mindfulness-Based Cognitive Therapy for Treatment-Resistant Depression», en *Mindfulness-Based Treatment Approaches: Clinician's Guide to Evidence Base and Applications*, 2.ª ed., ed. Ruth A. Baer, Waltham, Massachusetts, Academic Press, 2014, págs. 61-76 (trad. cast.: *Técnicas de tratamiento basadas en mindfulness: guía clínica de la base de evidencias y aplicaciones*, Bilbao, Desclée De Brouwer, 2017).
6. Alec L. Miller, «Introduction to a Special Issue Dialectical Behavior Therapy: Evolution and Adaptations in the 21st Century», *American Journal of Psychotherapy*, 69, núm. 2 (1 de enero de 2015), págs. 91-95, <https://doi.org/10.1176/appi.psychotherapy.2015.69.2.91>.
7. Weight Watchers, «Oprah's 2020 Vision Tour Visionaries: Lady Gaga Interview», YouTube, 9 de enero de 2020, <https://www.youtube.com/watch ?v= f8iNYY7YV04>.
8. Marsha M. Linehan, *DBT Skills Training Handouts and Worksheets*, 2.ª ed., «Distress Tolerance Handout 11: Radical Acceptance», Nueva York, Guilford Publications, 2014 (trad. cast.: *Manual de entrenamiento en habilidades DBT*, Córdoba, Psara, 2021).
9. Jon Kabat-Zinn, *Full Catastrophe Living: Using the Wisdom of Your Body and Mind to Face Stress, Pain, and Illness* (Nueva York, Bantam Books, sello de Random House, 1990; trad. cast.: *Vivir con plenitud las crisis: cómo utilizar la*

sabiduría del cuerpo y de la mente para enfrentarnos al estrés, el dolor y la enfermedad, Barcelona, Kairós, 2021).

10. Jon Kabat-Zinn, «An Outpatient Program in Behavioral Medicine for Chronic Pain Patients Based on the Practice of Mindfulness Meditation: Theoretical Considerations and Preliminary Results», *General Hospital Psychiatry*, 4, núm. 1 (1 de abril de 1982), págs. 33-47, <https://doi.org/ 10.1016/ 0163-343(82)90026-3>; Jon Kabat-Zinn, Leslie Lipworth y Robert G. Burney, «The Clinical Use of Mindfulness Meditation for the Self-Regulation of Chronic Pain», *Journal of Behavioral Medicine*, 8, núm. 2 (1 de junio de 1985), págs. 163-190, <https://doi.org/10.1007/bf00845519>.
11. Jon Kabat-Zinn y otros, «Effectiveness of a Meditation-Based Stress Reduction Program in the Treatment of Anxiety Disorders», *American Journal of Psychiatry*, 149, núm. 7 (1 de julio de 1992), págs. 936-943, <https://doi.org/10.1176/ajp.149.7.936>.
12. Jon Kabat-Zinn, *Wherever You Go, There You Are: Mindfulness Meditation in Everyday Life*, Nueva York, Hyperion, 2005, pág. 4 (trad. cast.: *Mindfulness en la vida cotidiana. Donde quiera que vayas, ahí estás*, Barcelona, Paidós, 2009); Shian-Ling Keng, Moria J. Smoski y Clive J. Robins, «Effects of Mindfulness on Psychological Health: A Review of Empirical Studies», *Clinical Psychology Review*, 31, núm. 6 (1 de agosto de 2011), págs. 1041-1056, <https://doi.org/10.1016/ j.cpr.2011.04.006>.
13. Linehan, «Validation and Psychotherapy», pág. 358.
14. Linehan, *DBT Skills Training*, págs. 110-111.
15. Scott D. Stanley, Howard J. Markman y Susan L. Blumberg, «The Speaker/Listener Technique», *The Family Journal*, 5, núm. 1 (1 de enero de 1997), págs. 82-83, <https://doi.org/10.1177 /1066480797051013>.
16. Kerry Patterson y otros, *Crucial Conversations Tools for Talking When Stakes Are High*, 2.ª ed., Nueva York, McGraw Hill Professional, 2011, pág. 164 (trad. cast.: *Conversaciones cruciales: herramientas para comunicar mejor cuando más se necesita*, Madrid, Empresa Activa, 2022).
17. Tom Bunn, «Megaphone Parenting Can't Meet a Child's Need for Mirroring», *Psychology Today*, 16 de septiembre de 2019, <https://www.psychologytoday.com/us/blog/conquer-fear-flying/ 201909/megaphone-parenting-cant-meet-childs-need-mirroring>.

18. The White House, Office of the Press Secretary, Remarks of President Barack Obama at Student Roundtable in Istanbul, 7 de abril de 2009, <https://obamawhitehouse.archives.gov/realitycheck/the-press-office/remarks-president-barack-obama-student-roundtable-istanbul>.

2. Un remedio para todo: por qué habría que detenerse un momento y aprender a validar

1. Jonathan W. Kantery y otros, «An Integrative Contextual Behavioral Model of Intimate Relations», *Journal of Contextual Behavioral Science*, 18 (1 de octubre de 2020), págs. 75-91, <https:// doi.org/10.1016/j.jcbs.2020.09.001>; Yan Ruan y otros, «Can I Tell You How I Feel? Perceived Partner Responsiveness Encourages Emotional Expression», *Emotion*, 20, núm. 3 (1 de abril de 2020), págs. 329-342, <https://doi.org/10.1037/emo0000650>.
2. Shelly L. Gable, Gian C. Gonzaga y Amy Strachman, «Will You Be There for Me When Things Go Right? Supportive Responses to Positive Event Disclosures», *Journal of Personality and Social Psychology*, 91, núm. 5 (1 de noviembre de 2006), págs. 904-917, <https://doi.org/10.1037/0022-3514.91.5.904>; Amy Canevello y Jennifer Crocker, «Creating Good Relationships: Responsiveness, Relationship Quality, and Interpersonal Goals», *Journal of Personality and Social Psychology*, 99, núm. 1 (1 de julio de 2010), págs. 78-106, <https://doi.org/10.1037/a0018186>; Kanter y otros, «An Integrative Contextual Behavioral Model».
3. Julianne Holt-Lunstad, Timothy W. Smith y J. Bradley Layton, «Social Relationships and Mortality Risk: A Meta-Analytic Review», *PLOS Medicine*, 7, núm. 7 (27 de julio de 2010), e1000316, <https://doi.org/10.1371/journal.pmed.1000316>.
4. Julianne Holt-Lunstad, Timothy W. Smith y J. Bradley Layton, «Social Relationships and Mortality Risk».
5. Steven J. Linton y otros, «Painfully Reassuring? The Effects of Validation on Emotions and Adherence in a Pain Test», *European Journal of Pain*, 16, núm. 4 (1 de abril de 2012), págs. 592-599, <https://doi.org/10.1016/j.ejpain.2011.07.011>.

6. Laurence Alison y Emily Alison, «Revenge versus Rapport: Interrogation, Terrorism, and Torture», *American Psychologist*, 72, núm. 3 (1 de abril de 2017), págs. 266-277, <https://doi.org/ 10.1037/amp0000064>.
7. Laurence Alison y Emily Alison, «Revenge versus Rapport», pág. 270.
8. Laurence Alison y otros, «The Efficacy of Rapport-Based Techniques for Minimizing Counter-Interrogation Tactics Amongst a Field Sample of Terrorists», *Psychology, Public Policy and Law*, 20, núm. 4 (1 de noviembre de 2014), págs. 421-430, <https://doi.org/10.1037/law0000021>; Laurence Alison y otros, «Why Tough Tactics Fail and Rapport Gets Results: Observing Rapport- Based Interpersonal Techniques (ORBIT) to Generate Useful Information from Terrorists», *Psychology, Public Policy and Law*, 19, núm. 4 (1 de noviembre de 2013), págs. 411-431, <https://doi.org/10.1037/a0034564>.
9. Para un análisis acerca de la investigación sobre la validación y la satisfacción del cliente, véase Carol M. Werner y otros, «Clinical Validation and Cognitive Elaboration: Signs That Encourage Sustained Recycling», *Basic and Applied Social Psychology*, 24, núm. 3 (1 de septiembre de 2002), págs. 185-203, <https://doi.org/10.1207/s15324834basp2403_2>.
10. Alan E. Fruzzetti y John M. Worrall, «Accurate Expression and Validating Responses: A Transactional Model for Understanding Individual and Relationship Distress», en *Support Processes in Intimate Relationships*, eds. Kieran T. Sullivan y Joanne Davila (ed. en línea: Oxford Academic, 2010), págs. 121-150, <https://doi.org/10.1093/acprof:oso/9780195380170.003.0005>.
11. Chad E. Shenk y Alan E. Fruzzetti, «The Impact of Validating and Invalidating Responses on Emotional Reactivity», *Journal of Social and Clinical Psychology*, 30, núm. 2 (22 de febrero de 2011), págs. 163-183, <https://doi.org/10.1521/jscp.2011.30.2.163>.
12. Maddy Greville-Harris y otros, «The Power of Invalidating Communication: Receiving Invalidating Feedback Predicts Threat-Related Emotional, Physiological, and Social Responses», *Journal of Social and Clinical Psychology*, 35, núm. 6 (1 de junio de 2016), págs. 471-493, <https://doi.org/10.1521/jscp.2016.35.6.471>.
13. Nina Howe y otros, «Siblings as Confidants: Emotional Understanding, Relationship Warmth, and Sibling Self-Disclosure», *Social Development*, 10, núm. 4 (1 de noviembre de 2001), págs. 439-454, <https://doi.org/10.1111/1467-

9507.00174>; Lawrence R. Wheeless y Janis Grotz, «The Measurement of Trust and Its Relationship to Self-Disclosure», *Human Communication Research*, 3, núm. 3 (1 de marzo de 1977), págs. 250-257, <https://doi.org/10.1111/j.1468-2958.1977.tb00523.x>; Kristin Behfar, Matthew A. Cronin y Kimberly McCarthy, «Realizing the Upside of Venting: The Role of the "Challenger Listener"» *Academy of Management Discoveries*, 6, núm. 4 (1 de diciembre de 2020), págs. 609-630, <https://doi.org/10.5465/amd.2018.0066>.

14. Christina Gamache Martin, Hyoun Woo Kim y Jennifer J. Freyd, «In the Spirit of Full Disclosure: Maternal Distress, Emotion Validation, and Adolescent Disclosure of Distressing Experiences», *Emotion*, 18, núm. 3 (4 de septiembre de 2017), págs. 400-411, <https://doi.org/10.1037/ emo0000363>.
15. Kevin G. Haworth y otros, «Reinforcement Matters: A Preliminary, Laboratory-Based Component-Process Analysis of Functional Analytic Psychotherapy's Model of Social Connection», *Journal of Contextual Behavioral Science*, 4, núm. 4 (1 de octubre de 2015), págs. 281-291, <https://doi.org/10.1016/j.jcbs.2015.08.003>.
16. Vincent Guilamo-Ramos, «Dominican and Puerto Rican Mother-Adolescent Communication: Maternal Self-Disclosure and Youth Risk Intentions», *Hispanic Journal of Behavioral Sciences*, 32, núm. 2 (1 de mayo de 2010), págs. 197-215, <https://doi.org/10.1177/0739986310361594>.
17. Nicole M. Froidevaux y otros, «The Link Between Adversity and Dating Violence Among Adolescents Hospitalized for Psychiatric Treatment: Parental Emotion Validation as a Candidate Protective Factor», *Journal of Interpersonal Violence*, 37, núm. 5-6 (1 de marzo de 2022), págs. NP3492-NP3527, <https://doi.org/10.1177/0886260520926323>.
18. Sylvia A. Morelli, Jared B. Torre y Naomi I. Eisenberger, «The Neural Bases of Feeling Understood and Not Understood», *Social Cognitive and Affective Neuroscience*, 9, núm. 12 (1 de diciembre de 2014), págs. 1890-1896, <https://doi.org/10.1093/scan/nst191>.
19. Konstanze Albrecht y otros, «The Brain Correlates of the Effects of Monetary and Verbal Rewards on Intrinsic Motivation», *Frontiers in Neuroscience*, 8 (18 de septiembre de 2014), <https:// doi.org/10.3389/fnins.2014.00303>.
20. Kristin Neff y Christopher Germer, *The Mindful Self-Compassion Workbook:*

A Proven Way to Accept Yourself, Build Inner Strength, and Thrive, Nueva York, Guilford Press, 2018, pág. 9 (trad. cast.: *Cuaderno de trabajo de mindfulness y autocompasión*, Bilbao, Desclée De Brouwer, 2020).

21. Phan Y. Hong y David A. Lishner, «General Invalidation and Trauma-Specific Invalidation as Predictors of Personality and Subclinical Psychopathology», *Personality and Individual Differences*, 89 (1 de enero de 2016), págs. 211-216, <https://doi.org/10.1016/j.paid.2015.10.016>.
22. Marisa G. Franco, Myles I. Durkee y Stacey E. McElroy-Heltzel, «Discrimination Comes in Layers: Dimensions of Discrimination and Mental Health for Multiracial People», *Cultural Diversity and Ethnic Minority Psychology*, 27, núm. 3 (3 de mayo de 2021), págs. 343-353, <https://doi.org/10.1037/cdp0000441>.
23. Brian A. Feinstein y otros, «A Qualitative Examination of Bisexual+ Identity Invalidation and Its Consequences for Wellbeing, Identity, and Relationships», *Journal of Bisexuality*, 19, núm. 4 (2 de octubre de 2019), págs. 461-482, <https://doi.org/10.1080/15299716.2019.1671295>; Kelly E. Johnson y otros, «Invalidation Experiences and Protective Factors Among Non-Binary Adolescents», *Journal of Adolescent Health* (1 de febrero de 2019), <https://doi.org/10.1016/ j.jadohealth.2018.10.021>.
24. Michael W. Salter, «Invalidation: A Neglected Dimension of Gender-Based Violence and Inequality», *International Journal for Crime, Justice and Social Democracy*, 1, núm. 1 (5 de noviembre de 2012), págs. 3-13, <https://doi.org/10.5204/ijcjsd.v1i1.73>.
25. Sara Edlund y otros, «I See You're in Pain – The Effects of Partner Validation on Emotions in People with Chronic Pain», *Scandinavian Journal of Pain*, 6, núm. 1 (1 de enero de 2015), págs. 16-21, <https://doi.org/10.1016/j.sjpain.2014.07.003>.
26. Steven J. Linton y otros, «Can Training in Empathetic Validation Improve Medical Students' Communication with Patients Suffering Pain? A Test of Concept», *Pain Reports*, 2, núm. 3 (30 de abril de 2017), e600, <https://doi.org/10.1097/pr9.0000000000000600>.
27. Riikka Holopainen y otros, «Physiotherapists' Validating and Invalidating Communication Before and After Participating in Brief Cognitive Functional Therapy Training. Test of Concept Study», *Advances in Physiotherapy*,

25, núm. 2 (23 de septiembre de 2021), págs. 1-7, <https://doi.org/10.1080/21679169.2021.1967446>.

28. Steven J. Linton y otros, «Training in Empathetic Validation».
29. Sara Edlund y otros, «I See You're in Pain».

3. Qué significa ser visto: definición de la validación

1. Paul Rozin y Edward B. Royzman, «Negativity Bias, Negativity Dominance, and Contagion», *Personality and Social Psychology Review*, 5, núm. 4 (1 de noviembre de 2001), págs. 296-320, <https://doi.org/10.1207/s15327957pspr0504_2>.

4. La validación y el arte del sufrimiento: un último motivo para detenerse un momento y aprender a validar

1. Carl R. Rogers, *Client-Centered Therapy: Its Current Practice, Implications and Theory*, ed. 70 aniversario, Londres, Constable & Robinson Ltd., 2021, pág. 230 (trad. cast.: *Psicoterapia centrada en el cliente*, Barcelona, Paidós, 1981).
2. Carl R. Rogers, «The Necessary and Sufficient Conditions of Therapeutic Personality Change», *Journal of Consulting Psychology*, 21, núm. 2 (1957), págs. 95-103, <https://doi.org/10.1037/ h0045357>.
3. Carl R. Rogers, «Toward a Science of the Person», *Journal of Humanistic Psychology*, 3, núm. 2 (1 de abril de 1963), págs. 72-92, <https://doi.org/10.1177/002216786300300208>.
4. Eugene T. Gendlin, «Obituary: Carl Rogers (1902-1987)», *American Psychologist*, 43, núm. 2 (1 de febrero de 1988), págs. 127-128, <https://doi.org/10.1037/h0091937>; Barry A. Farber y Erin M. Doolin, «Positive Regard and Affirmation», en *Psychotherapy Relationships That Work: Evidence-Based Responsiveness*, 2.ª ed., ed. John C. Norcross (Nueva York, Oxford University Press, 2011), pág. 171.
5. David Lester, «Active Listening», en *Crisis Intervention and Counseling by Telephone and Internet*, eds. David Lester y James Rogers (Springfield, Illinois, Charles C. Thomas Publisher, 2012), pág. 94.

6. Carl R. Rogers, «Significant Aspects of Client-Centered Therapy», *American Psychologist*, 1, núm. 10 (1 de enero de 1946), págs. 415-422, <https://doi.org/10.1037/ h0060866>.
7. Marsha M. Linehan, *Building a Life Worth Living: A Memoir* (Nueva York, Random House, 2020), pág. 214.
8. Marsha M. Linehan, *Building A Life Worth Living*, pág. 215.
9. BorderlineNotes, «Marsha Linehan: How She Learned Radical Acceptance», YouTube, 14 de abril de 2017, <https://www.youtube.com/watch?v=OTG7YEWkJFI>.
10. Marsha M. Linehan, *Building A Life Worth Living*, pág. 226.
11. Marsha M. Linehan, *DBT Skills Training*, «Interpersonal Effectiveness Handout 18: A "How To" Guide to Validation».
12. Marsha M. Linehan, «Validation and Psychotherapy», en *Empathy Reconsidered: New Directions in Psychotherapy*, eds. A. C. Bohart y L. S. Greenberg (Washington D. C., American Psychological Association, 1997), pág. 360, <https://doi.org/10.1037/10226-016>.
13. Thich Nhat Hanh, *No Mud, No Lotus: The Art of Transforming Suffering* (Berkeley, Parallax Press, 2014; trad. cast.: *Sin barro no crece el loto*, Barcelona, Kitsune Books, 2020).
14. Viktor Emil Frankl, *The Unconscious God* (Nueva York, Pocket Books, 1975), pág. 137 (trad. cast.: *La presencia ignorada de Dios*, Barcelona, Herder, 1977).
15. Thich Nhat Hanh, *No Mud, No Lotus*, pág. 10.
16. Vivek Murthy, «Work and the Loneliness Epidemic», *Harvard Business Review*, 8 de noviembre de 2022, <https://hbr.org/2017/09/work-and-the-loneliness-epidemic>.

6. Atender: la estrategia de los que saben escuchar

1. Sam Schube, «Derek DelGaudio's Genre-Bending Magic Show Will Make You Feel Things», *GQ*, 16 de julio de 2018, <https://www.gq.com/story/derek-delgaudio-magician-profile>.
2. Eric Dent, «The Observation, Inquiry, and Measurement Challenges Surfaced by Complexity Theory», en *Managing the Complex: Philosophy, Theory*

and Practice, ed. Kurt Richardson (Charlotte, Carolina del Norte, Information Age Publishers, 2004).

3. Helen Parsons, «What Happened at Hawthorne?», *Science*, 183, núm. 4.128 (8 de marzo de 1974), págs. 922-932, <https://doi.org/10.1126/science.183.4128.922>.
4. *Lo que el pulpo me enseñó*, documental dirigido por James Reed y Pippa Ehlrich (Off the Fence and The Sea Change Project, 2020), Netflix.
5. «The 93rd Academy Awards | 2021», Oscars.org, Academy of Motion Picture Arts and Sciences, consultada el 2 de mayo de 2023, <https://www.oscars.org/oscars/ceremonies/2021>.
6. Janis F. Andersen, Peter A. Andersen y Arthur D. Jensen, «The Measurement of Nonverbal Immediacy», *Journal of Applied Communication Research*, 7, núm. 2 (1 de noviembre de 1979), págs. 153-180, <https://doi.org/10.1080/00909887909365204>.
7. Janis Andersen, Peter Andersen y Jensen, «Measurement of Nonverbal Immediacy»; Laura K. Guerrero, «Conceptualizing and Operationalizing Nonverbal Immediacy», en *Researching Interactive Communication Behavior: A Sourcebook of Methods and Measures*, eds. C. Arthur VanLear y Daniel J. Canary (Thousand Oaks, California, SAGE Publications Inc., 2017), págs. 61-75.

7. Copiar: cómo conectar con cualquiera

1. Mariëlle Stel y Roos Vonk, «Mimicry in Social Interaction: Benefits for Mimickers, Mimickees, and Their Interaction», *British Journal of Psychology*, 101, núm. 2 (1 de mayo de 2010), págs. 311-313, <https://doi.org/10.1348/000712609x465424>; Tanya L. Chartrand y John A. Bargh, «The Chameleon Effect: The Perception-Behavior Link and Social Interaction», *Journal of Personality and Social Psychology*, 76, núm. 6 (1 de enero de 1999), págs. 893-910, <https://doi.org/10.1037/0022- 3514.76.6.893>.
2. Rick B. van Baaren y otros, «Mimicry for Money: Behavioral Consequences of Imitation», *Journal of Experimental Social Psychology*, 39, núm. 4 (1 de julio de 2003), págs. 393-398, <https://doi.org/10.1016/s0022-1031(03)00014-3>.

3. Rick B. van Baaren y otros, «Mimicry and Prosocial Behavior», *Psychological Science*, 15, núm. 1 (1 de enero de 2004), págs. 71-74, <https://doi.org/10.1111/j.0963-7214.2004.01501012.x>.
4. Stel y Vonk, «Mimicry in Social Interaction».
5. Bailey Maryfield, «Implicit Racial Bias», Justice Research and Statistics Association, diciembre de 2018, <https://api.semanticscholar.org/CorpusID:231601864>.
6. Michael Inzlicht, Jennifer N. Gutsell y Lisa Legault, «Mimicry Reduces Racial Prejudice», *Journal of Experimental Social Psychology*, 48, núm. 1 (1 de enero de 2012), págs. 361-365, <https:// doi.org/10.1016/j.jesp.2011.06.007>.
7. Ron Tamborini y otros, «The Effect of Behavioral Synchrony with Black or White Virtual Agents on Outgroup Trust», *Computers in Human Behavior*, 83 (1 de junio de 2018), págs. 176-183, <https://doi.org/10.1016/j.chb.2018.01.037>.
8. Mariëlle Stel, Kees van den Bos y Michèlle Bal, «On Mimicry and the Psychology of the Belief in a Just World: Imitating the Behaviors of Others Reduces the Blaming of Innocent Victims», *Social Justice Research*, 25, núm. 1 (29 de febrero de 2012), págs. 14-24, <https://link.springer.com/article/10.1007/s11211-012-0150-2>.
9. Mariëlle Stel, Rick B. van Baaren y Roos Vonk, «Effects of Mimicking: Acting Prosocially by Being Emotionally Moved», *European Journal of Social Psychology*, 38, núm. 6 (1 de septiembre de 2008), págs. 965-976, <https://doi.org/10.1002/ejsp.472>.
10. Béatrice S. Hasler y otros, «Virtual Peacemakers: Mimicry Increases Empathy in Simulated Contact with Virtual Outgroup Members», *Cyberpsychology, Behavior, and Social Networking*, 17, núm. 12 (9 de diciembre de 2014), págs. 766-771, <https://doi.org/10.1089/cyber.2014.0213>.
11. Nicolas Guéguen, «Mimicry and Seduction: An Evaluation in a Courtship Context», *Social Influence*, 4, núm. 4 (14 de septiembre de 2009), págs. 249-255, <https://doi.org/10.1080/15534510802628173>.
12. Tanya L. Chartrand y John A. Bargh, «The Chameleon Effect: The Perception-Behavior Link and Social Interaction», *Journal of Personality and Social Psychology*, 76, núm. 6 (1 de enero de 1999), págs. 893-910, <https://doi.

org/10.1037/0022-3514.76.6.893>; Jessica L. Lakin y otros, «The Chameleon Effect as Social Glue: Evidence for the Evolutionary Significance of Nonconscious Mimicry», *Journal of Nonverbal Behavior*, 27, núm. 3 (1 de septiembre de 2003), págs. 145-162, <https://doi.org/10.1023/a:1025389814290>.

13. Andrew N. Meltzoff y M. Keith Moore, «Imitation in Newborn Infants: Exploring the Range of Gestures Imitated and the Underlying Mechanisms», *Developmental Psychology*, 25, núm. 6 (1 de noviembre de 1989), págs. 954-962, <https://doi.org/10.1037/0012-1649.25.6.954>; Jeannette M. Haviland y Michelle Mary Lelwica, «The Induced Affect Response: 10-Week-Old Infants' Responses to Three Emotion Expressions», *Developmental Psychology*, 23, núm. 1 (1 de enero de 1987), págs. 97-104, <https://doi.org/10.1037/0012-1649.23.1.97>.
14. Encontrarás un análisis de la investigación del desarrollo sobre copiar y empatía en Stel y Vonk, «Mimicry in Social Interaction».
15. Ursula Hess y otros, «The Facilitative Effect of Facial Expression on the Self-Generation of Emotion», *International Journal of Psychophysiology*, 12, núm. 3 (1 de mayo de 1992), págs. 251-265, <https://doi.org/10.1016/0167-8760(92)90064-i>; Daniel H. McIntosh, «Facial Feedback Hypotheses: Evidence, Implications, and Directions», *Motivation and Emotion*, 20, núm. 2 (1 de junio de 1996), págs. 121-147, <https://doi.org/10.1007/bf02253868>; Mariëlle Stel y Kees van den Bos, «Mimicry as a Tool for Understanding the Emotions of Other», en *Proceedings of Measuring Behavior*, eds. Andrew Spink y otros (Eindhoven, Países Bajos, Noldus Information Technology, 2010), págs. 114-117.
16. Stel y Vonk, «Mimicry in Social Interaction».
17. Barbara Müller y otros, «Empathy Is a Beautiful Thing: Empathy Predicts Imitation Only for Attractive Others», *Scandinavian Journal of Psychology*, 54, núm. 5 (1 de octubre de 2013), págs. 401-406, <https://doi.org/10.1111/sjop.12060>; Jie Shen y otros, «The Influence of Facial Attractiveness and Personal Characteristics on Imitation», *Journal of Social Psychology*, 163, núm. 1 (2023), págs. 94-106.
18. Clara M. Cheng y Tanya L. Chartrand, «Self-Monitoring Without Awareness: Using Mimicry as a Nonconscious Affiliation Strategy», *Journal of Personality and Social Psychology*, 85, núm. 6 (1 de diciembre de 2003), págs. 1170-1179, <https://doi.org/10.1037/0022-3514.85.6.1170>.

19. Nobuyuki Nishitani, Sari Avikainen y Riitta Hari, «Abnormal Imitation-Related Cortical Activation Sequences in Asperger's Syndrome», *Annals of Neurology*, 55, núm. 4 (1 de abril de 2004), págs. 558-562, <https://doi.org/10.1002/ana.20031>.
20. John M. Gottman y otros, «Predicting Marital Happiness and Stability from Newlywed Interactions», *Journal of Marriage and Family*, 60, núm. 1 (1 de febrero de 1998), pág. 5, <https://doi.org/10.2307/353438>; John M. Gottman, *What Predicts Divorce?: The Relationship Between Marital Processes and Marital Outcomes* (Hillsdale, Nueva Jersey, Lawrence Erlbaum Associates, 1994).
21. Julia C. Babcock y otros, «A Component Analysis of a Brief Psycho-Educational Couples' Workshop: One-Year Follow-up Results», *Journal of Family Therapy*, 35, núm. 3 (1 de agosto de 2013), págs. 252-280, <https://doi.org/10.1111/1467-6427.12017>.
22. John M. Gottman y Julie Schwartz Gottman, *Gottman Rapoport Intervention* (The Gottman Institute, 2015).

8. Contextualizar: resolver el porqué

1. Jenny Lawson, «Our Stories Set Us Free», TEDx SanAntonio, 8 de enero de 2020, <https:// www.ted.com/talks/jenny_lawson_our_stories_set_us_free?language=en>.
2. *Joan Didion: el centro cederá*, documental dirigido por Griffin Dunne (Netflix, 2017).
3. Kate Sheehy y otros, «An Examination of the Relationship Between Shame, Guilt and Self-Harm: A Systematic Review and Meta-Analysis», *Clinical Psychology Review*, 73 (1 de noviembre de 2019), 101779, <https://doi.org/10.1016/j.cpr.2019.101779>; Amy Y. Cameron, M. Tracie Shea y Alyson B. Randall, «Acute Shame Predicts Urges for Suicide but Not for Substance Use in a Veteran Population», *Suicide and Life Threatening Behavior*, 50, núm. 1 (16 de septiembre de 2019), págs. 292 -299, <https://doi.org/10.1111/sltb.12588>; Diana-Mirela Nechita, Samuel Bud y Daniel David, «Shame and Eating Disorders Symptoms: A Meta-Analysis», *International Journal of*

Eating Disorders, 54, núm. 11 (24 de julio de 2021), págs. 1899-1945, <https://doi.org/10.1002/eat.23583>.

4. Jac Brown, «Shame and Domestic Violence: Treatment Perspectives for Perpetrators from Self Psychology and Affect Theory», *Sexual and Relationship Therapy*, 19, núm. 1 (1 de febrero de 2004), págs. 39-56, <https://doi.org/10.1080/14681990410001640826>; Patrizia Velotti, Jeff Elison y Carlo Garofalo, «Shame and Aggression: Different Trajectories and Implications», *Aggression and Violent Behavior*, 19, núm. 4 (1 de julio de 2014), págs. 454-461, <https://doi.org/10.1016/j.avb.2014.04.011>; Jonathan Fast, *Beyond Bullying: Breaking the Cycle of Shame, Bullying, and Violence* (Oxford, Reino Unido, Oxford University Press, 2016; trad. cast.: *Más allá de la intimidación: ¿Cómo romper el ciclo de vergüenza, acoso y violencia?*, México, FCE, 2019).
5. Kathrin Ritter y otros, «Shame in Patients with Narcissistic Personality Disorder», *Psychiatry Research*, 215, núm. 2 (1 de febrero de 2014), págs. 429-437, <https://doi.org/10.1016/ j.psychres.2013.11.019>; Carlo Garofalo y Patrizia Velotti, «Shame Coping and Psychopathy: A Replication and Extension in a Sample of Male Incarcerated Offenders», *Journal of Criminal Justice*, 76 (1 de septiembre de 2021), 101845, <https://doi.org/10.1016/j.jcrimjus.2021.101845>.
6. Karl Marx a Arnold Ruge, marzo de 1843, Mark and Engels Internet Archive: Letters, <https://www.marxists.org/archive/marx/works/1843/letters/43_03-alt.htm>.
7. Linehan, «Validation and Psychotherapy», págs. 353-392.
8. Nora D. Volkow y otros, «Dopamine in Drug Abuse and Addiction», *Archives of Neurology*, 64, núm. 11 (1 de noviembre de 2007), 1575, <https://doi.org/10.1001/archneur.64.11.1575>.
9. Publicado por Gabe Gentry, «Martin Luther King, Jr. – Where Do We Go from Here», YouTube, 26 de agosto de 2009, <https:/ www.youtube.com/watch?v=GHJQCzv3dko>.
10. Sergio González y otros, «Circadian-Related Heteromerization of Adrenergic and Dopamine D4 Receptors Modulates Melatonin Synthesis and Release in the Pineal Gland», *PLOS Biology*, 10, núm. 6 (19 de junio de 2012), e1001347, <https://doi.org/10.1371/journal.pbio.1001347>.

9. Equiparar: la técnica «cualquiera en tu lugar haría lo mismo»

1. Para repasar la investigación sobre visualización y procesamiento cognitivo, véase Christine D. Wilson-Mendenhall, John P. Dunne y Richard J. Davidson, «Visualizing Compassion: Episodic Simulation as Contemplative Practice», *Mindfulness* (4 de marzo de 2022), <https://doi.org/10.1007/s12671-22-1842-6>.
2. «Golden Rule Argument», Legal Information Institute, consultado el 13 de mayo de 2023, <https://www.law.cornell.edu/wex/golden_rule_argument>.
3. Franz Kafka, *El proceso*, Barcelona, Debolsillo, 2003.
4. T. Christian Miller y Ken Armstrong, «An Unbelievable Story of Rape», *ProPublica* (29 de febrero de 2020), <https://www.propublica.org/article/false-rape-accusations-an-unbelievable-story>.
5. Pulitzer Prize Board, «Explanatory Reporting», ganadores por categoría, consultado el 30 de abril de 2023, <https://www.pulitzer.org/prize-winners-by-category/207>.
6. Miller y Armstrong, «An Unbelievable Story».

10. Proponer: cómo leer las mentes

1. Raquel Gilar-Corbi, Bárbara Yadira García Sánchez y Juan Luis Castejón, «Can Emotional Intelligence Be Improved? A Randomized Experimental Study of a Business-Oriented EI Training Program for Senior Managers», *PLOS One*, 14, núm. 10 (23 de octubre de 2019), e0224254, <https://doi.org/10.1371/journal.pone.0224254>; Nicholas Clarke, «The Impact of a Training Programme Designed to Target the Emotional Intelligence Abilities of Project Managers», *International Journal of Project Management*, 28, núm. 5 (1 de julio de 2010), págs. 461-468, <https://doi.org/10.1016/j.ijproman.2009.08.004>.
2. Elna Baker y Michelle Buteau, «638: Rom-Com, Act Two», 9 de febrero de 2018, en *This American Life*, producido por WBEZ, pódcast, <https://www.thisamericanlife.org/638/rom-com/act- two-23>.
3. Príncipe Harry y Meghan Markle, entrevista de Oprah Winfrey, *Oprah with Meghan and Harry*, CBS, 7 de marzo de 2021.

4. Shirley Povich, «Legend, Truth Mix with Ruth: 100th Anniversary of Babe's Birth», *The Washington Post*, 5 de febrero de 1995, <https://www.washingtonpost.com/wp-srv/sports/longterm/general/povich/launch/ruth1.htm>.
5. Paul Ekman Group, «Micro Expressions», Paul Ekman Group, consultada el 3 de agosto de 2022, <https://www.paulekman.com/resources/microexpressions>.
6. Paul Ekman Group, «Micro Expressions».

11. Tomar cartas en el asunto: cuando las palabras no bastan

1. Presidente Volodímir Zelenski, entrevista de David Muir, *ABC World News Tonight*, ABC, 7 de marzo de 2022.

12. Exteriorizar: mi consejo para Jimmy Kimmel

1. ABC News, «Jon Stewart Slams Congress Over Benefits for 9/11 Responders», YouTube, 11 de junio de 2019, <https://www.youtube.com/watch?v=_uYpDC3SRpM&t=2s>.
2. Nelson Mandela, *Nelson Mandela by Himself* (Nueva York, Macmillan, 2011), pág. 144 (trad. cast.: *Nelson Mandela por sí mismo*, Barcelona, Plataforma, 2013).
3. *Jimmy Kimmel Live!*, creado por Jimmy Kimmel, temporada 15, episodio 57, emitido el 1 de mayo de 2022 en ABC.

13. Desvelar: el poder del Me Too

1. Mehmet Ümit Necef, «Research Note: Former Extremist Interviews Current Extremist: Self-Disclosure and Emotional Engagement in Terrorism Studies», *Studies in Conflict and Terrorism*, 44, núm. 1 (30 de julio de 2020), págs. 74-92, <https://doi.org/10.1080/1057610x.2020.1799516>.
2. Necef, «Former Extremist Interviews Current Extremist», pág. 77.

3. Necef, «Former Extremist Interviews Current Extremist», pág. 78.
4. Necef, «Former Extremist Interviews Current Extremist», págs. 79-80.
5. Necef, «Former Extremist Interviews Current Extremist», pág. 80.
6. Brené Brown, *Atlas of the Heart* (Nueva York, Random House, 2021), pág. 137.
7. Brown, *Atlas of the Heart*, pág. 137.
8. Jennifer R. Henretty y Heidi M. Levitt, «The Role of Therapist Self-Disclosure in Psychotherapy: A Qualitative Review», *Clinical Psychology Review*, 30, núm. 1 (1 de febrero de 2010), págs. 63-77, <https://doi.org/10.1016/j.cpr.2009.09.004>.
9. Georg Simmel, «The Secret and the Secret Society», en *The Sociology of Georg Simmel*, ed. Kurt H. Wolff (Glencoe, Illinois, Free Press, 1950), pág. 307.

14. Estrategias de cambio conductual

1. Alan E. Kazdin, *Parent Management Training: Treatment for Oppositional, Aggressive, and Antisocial Behavior in Children and Adolescents* (Oxford, Reino Unido, Oxford University Press, 2005).

15. Educar a niños emocionalmente inteligentes: validación y crianza

1. Alan E. Kazdin y Carlo Rotella, *The Kazdin Method for Parenting the Defiant Child: With No Pills, No Therapy, No Contest of Wills* (Boston, Houghton Mifflin Harcourt, 2009; trad. cast.: *El método Kazdin para padres de niños desobedientes*, Edición independiente, 2019).
2. Sheila E. Crowell y otros, «Mechanisms of Contextual Risk for Adolescent Self-Injury: Invalidation and Conflict Escalation in Mother-Child Interactions», *Journal of Clinical Child and Adolescent Psychology*, 42, núm. 4 (1 de julio de 2013), págs. 467-480, <https://doi.org/10.1080/ 15374416.2013.785360>; Chad E. Shenk y Alan E. Fruzzetti, «Parental Validating and Invalidating Responses and Adolescent Psychological Functioning», *The Family*

Journal, 22, núm. 1 (20 de junio de 2013), págs. 43-48, <https://doi.org/10.1177/1066480713490900>.

3. Shenk y Fruzzetti, «Parental Validating and Invalidating»; Elizabeth L. Krause, Tamar Mendelson y Thomas J. Lynch, «Childhood Emotional Invalidation and Adult Psychological Distress: The Mediating Role of Emotional Inhibition», *Child Abuse and Neglect*, 27, núm. 2 (1 de febrero de 2003), págs. 199-213, <https://doi.org/10.1016/s0145-2134(02)00536-7>.
4. Molly Adrian y otros, «Parental Validation and Invalidation Predict Adolescent Self-Harm», *Professional Psychology: Research and Practice*, 49, núm. 4 (1 de agosto de 2018), págs. 274-281, <https://doi.org/10.1037/pro0000200>.
5. Nirbhay N. Singh, Bethany A. Marcus y Ashvind N. Singh, «Differential Attention», en *Encyclopedia of Psychotherapy*, eds. Michel Hersen y William Sledge (Filadelfia, Elsevier Science USA, 2002), 629-632; Thomas Sajwaj y Anneal Dillon, «Complexities of an "Elementary" Behavior Modification Procedure: Differential Adult Attention Used for Children's Behavior Disorders», en *New Developments in Behavioral Research: Theory, Method, and Application*, 1.ª ed., eds. Barbara C. Etzel, Judith M. LeBlanc y Donald M. Baer (Oxfordshire, Reino Unido, Routledge, 1977).

16. El lenguaje universal del amor: la validación en las relaciones de pareja

1. John M. Gottman, Carrie Cole y Donald L. Cole, «Negative Sentiment Override in Couples and Families», en *Encyclopedia of Couple and Family Therapy*, eds. Jay L. Lebow, Anthony L. Chambers y Douglas C. Breunlin (Berlín, Springer, 2019), págs. 2019-2022.
2. Dean M. Busby y Thomas B. Holman, «Perceived Match or Mismatch on the Gottman Conflict Styles: Associations with Relationship Outcome Variables», *Family Process*, 48, núm. 4 (1 de diciembre de 2009), págs. 531-545, <https://doi.org/10.1111/j.1545-5300.2009.01300.x>.
3. John M. Gottman, «The Roles of Conflict Engagement, Escalation, and Avoidance in Marital Interaction: A Longitudinal View of Five Types of

Couples», *Journal of Consulting and Clinical Psychology*, 61, núm. 1 (1 de enero de 1993), págs. 6-15, <https://doi.org/10.1037/0022-006x.61.1.6>.

4. John M. Gottman y Julie S. Gottman, «Gottman Method Couple Therapy», *Clinical Handbook of Couple Therapy*, 4.ª ed., ed. Alan S. Gurman (Nueva York, Guilford Press, 2008), págs. 138-164.
5. John M. Gottman, *The Marriage Clinic: A Scientifically Based Marital Therapy* (Nueva York, W. W. Norton & Company, 1999).

17. Valida como un profesional: la validación en el trabajo

1. Charles Duhigg, «What Google Learned from Its Quest to Build the Perfect Team», *New York Times Magazine*, 25 de febrero de 2016, <https://www.nytimes.com/2016/02/28/magazine/what-google-learned-from-its-quest-to-build-the-perfect-team.html>.
2. Matt Sakaguchi, entrevista de la Tory Burch Foundation, «What Sets Effective Teams Apart», consultado el 24 de julio de 2023, <https://www.toryburchfoundation.org/resources/build-my-team/what-sets-effective-teams-apart>.
3. Amy C. Edmondson, *The Fearless Organization: Creating Psychological Safety in the Workplace for Learning, Innovation, and Growth* (Hoboken, Nueva Jersey, John Wiley & Sons, 2019), pág. xvi.
4. «Google's Project Aristotle», Re: Work with Google, Alphabet Inc., consultado el 25 de julio de 2023, <https://rework.withgoogle.com/print/guides/5721312655835136>.
5. Amy C. Edmondson y Zhike Lei, «Psychological Safety: The History, Renaissance, and Future of an Interpersonal Construct», *Annual Review of Organizational Psychology and Organizational Behavior*, 1, núm. 1 (21 de marzo de 2014), págs. 23-43, <https://doi.org/10.1146/annurev-orgpsych-031413-091305>.
6. Gallup, *State of the American Workplace Report* (Gallup, 2017), consultado el 1 de marzo de 2023, <https://www.gallup.com/workplace/238085/state-american-workplace-report-2017.aspx>.
7. Catalyst and Edelman Intelligence, *The Impact of COVID-19 on Workplace*

Inclusion Survey (Catalyst, 2020), consultado el 1 de marzo de 2023, <https://www.catalyst.org/research/workplace-inclusion-covid-19>.

8. Dale Carnegie and Associates, Inc., *What Drives Employee Engagement and Why It Matters: Dale Carnegie Training White Paper* (Dale Carnegie and Associates, Inc., 2012).
9. SHRM, *Global Culture Research Report* (SHRM, 2022), consultado el 3 de febrero de 2023, <https://www.shrm.org/hr-today/trends-and-forecasting/research-and-surveys/Documents/SHRM%202022%20Global%20Culture%20Report.pdf>.
10. Sylvia Hurtado, Adriana Ruiz Alvarado y Chelsea Guillermo-Wann, «Creating Inclusive Environments: The Mediating Effect of Faculty and Staff Validation on the Relationship of Discrimination/Bias to Students' Sense of Belonging», *Journal Committed to Social Change on Race and Ethnicity*, 1, núm. 1 (6 de diciembre de 2018), págs. 59-81, <https://doi.org/10.15763/issn.2642-2387.2015.1.1.59-81>.
11. Hurtado, Ruiz Alvarado y Guillermo-Wann, «Creating Inclusive Environments», pág. 74.
12. Casey Mulqueen, Amy Kahn y J. Stephen Kirkpatrick, «Managers' Interpersonal Skills and Their Role in Achieving Organizational Diversity and Inclusiveness», *Journal of Psychological Issues in Organizational Culture*, 3, núm. 3 (1 de octubre de 2012), págs. 48-58, <https://doi.org/10.1002/jpoc.21062>.
13. Mulqueen, Kahn y Kirkpatrick, «Managers' Interpersonal Skills», pág. 49.

18. Todo el mundo sufre: autovalidación

1. Dave Matthews Band, «Typical Situation», de Dave Matthews, grabada en 1994, tema 5 de *Under the Table and Dreaming*, RCA, disco compacto.
2. Judith S. Beck, *Cognitive Therapy for Challenging Problems: What to Do When the Basics Don't Work* (Nueva York, Guilford Press, 2011; trad. cast.: *Terapia cognitiva para la superación de retos*, Barcelona, Gedisa, 2007).
3. Flávio Osmo y otros, «The Negative Core Beliefs Inventory: Development and Psychometric Properties», *Journal of Cognitive Psychotherapy*, 32, núm. 1

(1 de abril de 2018), págs. 67-84, <https:// doi.org/10.1891/0889-8391.32.1.67>.

4. Kristin D. Neff, Stephanie S. Rude y Kristin L. Kirkpatrick, «An Examination of Self-Compassion in Relation to Positive Psychological Functioning and Personality Traits», *Journal of Research in Personality*, 41, núm. 4 (1 de agosto de 2007), págs. 908-916, <https:/doi.org/10.1016/j.jrp.2006.08.002>.
5. Mark R. Leary y otros, «Self-Compassion and Reactions to Unpleasant Self-Relevant Events: The Implications of Treating Oneself Kindly», *Journal of Personality and Social Psychology*, 92, núm. 5 (1 de mayo de 2007), págs. 887-904, <https://doi.org/10.1037/0022- 3514.92.5.887>; Juliana G. Breines y Serena Chen, «Self-Compassion Increases Self-Improvement Motivation», *Personality and Social Psychology Bulletin*, 38, núm. 9 (29 de mayo de 2012), págs. 1133-1143, <https://doi.org/10.1177/0146167212445599>.
6. Germer y Neff, *The Mindful Self-Compassion Workbook*; Linehan, *DBT Skills Training*.
7. Edwin Rutsch, «Paul Ekman Talks Empathy with Edwin Rutsch», YouTube, 10 de mayo de 2011, <https://www.youtube.com/watch?v=3i1QFv_PtqM>.
8. Viktor Emil Frankl, *Man's Search for Meaning* (Boston, Beacon Press, 1959), pág. 110. Publicado originalmente en 1946 con el título de *Ein Psycholog erlebt das Konzentrationslager* (trad. cast.: *El hombre en busca de sentido*, Barcelona, Herder, 2024).
9. Ada Limón, «We Are Surprised», en *Bright Dead Things* (Minneapolis, Milkweed Editions, 2015; trad. cast.: *Cosas muertas y brillantes*, Granada, Valparaíso, 2024).
10. «Marsha Linehan: How She Learned Radical Acceptance», YouTube, 14 de abril de 2017, <https://www.youtube.com/watch?v=OTG7YEWkJFI>.

Epílogo

1. Sam Schube, «Derek DelGaudio's Genre-Bending Magic Show Will Make You Feel Things», *GQ*, 16 de julio de 2018, <https://www.gq.com/story/derek-delgaudio-magician-profile>.

2. Mark R. Leary y Ashley Batts Allen, «Belonging Motivation: Establishing, Maintaining, and Repairing Relational Value», en *Social Motivation*, ed. David Dunning (Nueva York, Psychology Press, 2011), págs. 37-55.

ÍNDICE ONOMÁSTICO Y DE MATERIAS